伟大摄影师传记

Lives of——
The Great
Photographers

伟大摄影师传记

[英] 朱丽叶·哈金　著

范斌珍　译

中国摄影出版社
China Photographic Publishing House

目 录

引 言

可以说，传记就是西方艺术史的起源——《杰出画家、雕塑家和建筑家传记》（*Lives of the Most Eminent Painters,Sculptors and Architects*，1550）的作者乔吉奥·瓦萨里（Giorgio Vasari）就是公认的首位西方艺术史学家。瓦萨里的传记被誉为个人艺术发展的励志史，他在其中以恢宏而写实的笔触，将米开朗基罗·博纳罗蒂（Michelangelo Buonarroti）称为意大利文艺复兴时期最伟大的艺术家。在浪漫主义和现代主义时期，艺术英雄的形象却演变成了追求自我表达、饱受美学与世俗观念冲突之苦的孤独天才。随着传统赞助模式的没落，艺术家们逐渐转向依靠艺术市场自给自足的创作模式，穷困潦倒的艺术家由此开始绽放光芒，超越一帆风顺的同僚。在20世纪，艺术传记（包含文学领域）逐渐演变成天才们饱受折磨的心路历程，文森特·梵高（Vincent Van Gogh）就是其中的典型。到1980年时，现代主义开始以轰动性的展览和动辄上百万美元的拍卖交易来支持艺术家。传记既是追溯艺术家个人生活和艺术奋斗史的故事，又是破解艺术作品（比如抽象艺术作品）内在隐喻的重要依据。

在20世纪最后20多年间，也就是文化理论上所谓的后现代主义艺术家大量涌现的这个时期，人们发现了一个无法忽略的事实，即被艺术史尊为老派或现代大师的艺术家常集中分布在一个狭小的群体中：他们中几乎所有人都属于“面色苍白的异性恋男性”。女权主义艺术工作者和学者就此发起了呼吁大众重视“被边缘化的群体”的运动，这一群体包括女性、黑人、少数民族和LGBT（同性恋、双性恋及变性者）艺术家（他们的形象、创作材料和创作习惯并不是那么遵从现代主义艺术风格）。向来被视为一种复制行为和大众文化的摄影艺术，正是在此时被赋予生命活力，成了一种拷问现代主义的原创性、独特性和真实性的媒介，此时的人物特性也开始通过重复动作序列在镜头前展露无遗。艺术灵感的来源不再局限于创作者的心智，不同层次的艺术以及广泛的文化、社会和政治领域也成了催生艺术的沃土。专注于挖掘人物内心和奇异性的传记，就在这种情况下诞生了。

本书中所有的艺术家（无论是19世纪还是20世纪的大师），都是巧用镜头表达主观思想的杰出人士。即使生卒年早于弗洛伊德思想盛行的艺术家，也同样难逃后辈所遭遇的思想冲突。就连那些并未丧失信仰的艺术家，也难免遭遇19世纪基督教世界观所面临的强大冲击，比如查尔斯·路特维奇·道奇森（Charles Lutwidge Dodgson）教士（他的别名是“路易斯·卡罗尔”）。我们从中可以看出，道奇森通过大量的摄影行为及其他一系列活动——他丰富的书信写作和一丝不苟的日记习惯——不断升华自己的追求，并同时平息自己的焦虑。20世纪的爱德华·韦斯顿（Edward Weston）所著的日记乍一看似乎是解锁其摄影作品内在隐喻的密码，但我们现在再看时就会发现，这些看似隐秘的情感流露，实则是他人改写、编撰甚至发表的内容。不难看出，道奇森和韦斯顿都在通过摄影作品、文字与生活经历进行一场艰难的对话，他们挣扎在这场基督教信仰同内在心理对弈的精神之旅中。

20世纪初诞生的新思潮，推动了现代主义的概念化发展，尽管它鄙视现代主义的空洞无物，但仍然主张从哲学角度对其进行重塑，而不是全盘否定现代主义。作为美国摄影界屈指可数的天才——阿尔弗雷德·施蒂格利茨（Alfred Stieglitz）深谙这一理念，[1]他提出了令艺术事业上升到世俗精神的浪漫思想。与此同时，他还极其投入地进行了自我分析。奥古斯特·桑德（August Sander）和阿尔伯特·伦格尔-帕奇（Albert Renger-Patzsch）二人的哲学观也同样不乏浪漫主义色彩，他们的创作风格在现代艺术中独树一帜。

本书所记载的具有相似生活轨迹的艺术家多见于20世纪，因为这一时期的艺术家无疑更容易依靠摄影谋生。至于那些希望通过镜头实现艺术抱负的摄影师，就必须同时兼一份能够养家糊口的工作，因为摄影艺术在当时艺术界的地位并不像现在这样稳固。那些因创意追求或经济需求（或两个因素皆有）而进入摄影界的艺术家，时常为这一行较低的社会和文化地位而纠结苦恼。比如，曼·雷（Man Ray）就选择明确区分自己的商业摄影和个人创作行为，足见曼·雷是本书中唯一为艺术而生的摄影师。

除了经济方面的困窘之外，20世纪的摄影大师还有一个难以回避的心结，就是他们对左翼政治思想的爱恨纠葛。他们难以抗拒共产主义和（或）反法西斯题材在摄影界的盛行，一方面左翼思想是20世纪30年代西方艺术界的文化时尚；另一方面，50年代为逃避法西斯迫害而移民美国的艺术家常被指控为共产主义者。除此之外，人们对他们的盘问（比如，他们究竟是不是共产主义者？），在某种程度上也让后人对他们形成了一种根深蒂固的观念。保罗·斯特兰德（Paul Strand）在这方面的经历就是前车之鉴：他的政治立场已经成了艺术史上永久的烙印，即使在今天，他的左翼思想仍然饱受争议。

人在不同的对话者面前，总会产生不同的表达冲动，通过书信、日记和自传等形式，精心构造截然不同的自我形象，这意味着我们所看到的艺术家与其内在形象可能颇有出入。比如，布拉塞（Brassaï）就有这种两面性。我们所称的布拉塞在他自己的笔下常有两个化身：他出身时是“久洛·豪洛斯”（Gyula Halasz），公开的姓名却是“布拉塞”。如果一个人可以映射出多重形象，那么他在一本只有一个纬度且呈现大量人物的图书中的公众形象都不过是自身名誉的囚徒。理查德·艾夫登（Richard Avedon）的“美国西部”（1979—1984）系列是现在公认的20世纪最杰出的人物肖像作品（并不局限于摄影界）之一，但当时有一家东海岸的报纸却批评该作品根本看不出这位著名摄影师的真诚和意图。

摄影已经诞生了近180年，我们实在难以在本书中穷尽史上所有伟大的摄影艺术家及其作品，就拿亨利·卡蒂埃-布列松（Henri Cartier-Bresson）来说，此人一生中就拍摄了超过50万张底片，在此仅选取其中38名已经往生的代表人物，他们都是通过摄影艺术创造出杰出影像的典范，但绝非世间绝无仅有的伟大摄影师。本书主要记录盛行于英国、法国和美国等印欧语系国家的摄影史，不否认仍然存有遗漏。本书并未收录威廉·亨利·福克斯·塔尔博特（William Henry Fox Talbot）或路易斯-雅克-曼德·达盖尔（Louis-Jacques-Mandé Daguerre）等声称自己才是摄影艺术始祖的著名人物，也不包括奥斯卡·雷兰德（Oscar Rejlander）、亨利·皮奇·鲁滨逊（Henry Peach

Robinson）、大卫·奥克塔维厄斯·希尔（David Octavius Hill）、罗伯特·亚当森（Robert Adamson）等早期的摄影艺术家。也许有人会困惑为何阿尔文·兰登·科伯恩（Alvin Langdon Coburn）、刘易斯·海因（Lewis Hine）和加里·温诺格兰德（Gary Winogrand）等20世纪的摄影名人也未进入本书名单，原因是他们当中有些人是最近或当前的研究对象，另外也是为了保持本书收录对象的国籍和性别平衡。不过，美国摄影师在本书所占比重仍然超过了其他国家。此外，本书也没有收录贝伦尼斯·阿博特（Berenice Abbott）、利赛特·莫德尔（Lisette Model）、多萝西娅·兰格（Dorothea Lange）等著名女性摄影艺术家。因为本书不可能面面俱到，巨细靡遗地呈现所有摄影师的生平。

本传记参考了关于摄影艺术的二手文献及已发表的原始资料，但并非基于原始调查的结果——若以这种方式展开研究，则光是考证一位摄影师的生活，就需要传记作者采用撰写沃克·埃文斯（Walker Evans）传记的方法，花上5年时间才可能完工。[2]虽然作者简写了这些摄影师的传记，但这些随笔并非枯燥的编年史，不存在无可辩驳的传记事件、日期，但需要注意的是，其中的书信、日记和自传等原始资料并非我们透视这些灵魂的窗口，它们只不过是摄影师本人内心思想的外在映射。在撰写传记（以及艺术史）的过程中，几乎一切内容都是传记作者的解释，因此本书也不乏我个人的自由表达。

撰写本书的目的是为了提醒读者发现摄影的乐趣及其与艺术史的渊源——不仅是发现摄影的便捷和趣味，还要看到它在当前艺术时尚中的地位。希望本书有助于纠正传记是一种反智主义的盛行观念。我们都认同“生命有限，艺术不息”这句经典格言，但我们更愿意相信艺术家的生活和作品并非相互对立的两面，而是他们创造艺术的两个领域。

个人肖像，纪念碑谷，1958 年

安塞尔·亚当斯（Ansel Adams）

1902—1984

世界之美造就了灵魂的持续震颤——通过艺术的魔力感受自然的形状，这就是想象的形式。

——安塞尔·亚当斯

安塞尔·亚当斯为摄影艺术所做的贡献可能要比其他人更多。他镜头下那些引人入胜的自然风光，加上出神入化的摄影技巧，让许多人恍然发现原来摄影也可以是一种富有表现力的媒介。他是一位孜孜不倦的创意摄影先锋，也是拯救和保护原生自然环境的倡导者，在暮年成了美国摄影界的名誉领袖——他的摄影成了这个新兴国家的一门新艺术。有学者认为他所传达的泛神论自然观，与他欣赏的作家，如沃尔特·惠特曼（Walt Whitman）、爱德华·卡彭特（Edward Carpenter）和威廉·詹姆斯（William James）颇有渊源。作为一名天生的未可知论者，亚当斯对那些能够富有启发性地表达自我观点的人颇感兴趣，但他自己却难免不时与这种说教较劲一番。他所谓的“区域曝光系统”（Zone System）为其提供了一种更广泛，也更有表现力的单色调色板。亚当斯在自传中声称他“成人的模样与童年时代一脉相承”[1]，而30岁时的际遇也决定了其晚年的生活。他似乎只能通过一个假想的隐喻和真正意义上的崇高地位，来维持自己一生的崇高理想。

安塞尔出生的第二年，他的父母查尔斯·希契柯克·亚当斯（Charles Hitchcock Adams）和奥丽芙（Olive）举家搬迁到了旧金山附近的宅子。亚当斯对童年的记忆不是在当地海滩的孤独漫步，就是双亲坐在床头轻声呼唤体弱多病的儿子。他认为自己的童年“总是缺乏安全感”，与“如今人前积极活跃的样子颇有出入”，但有证据表明他这种精力旺盛的表现，以及偶尔抑郁低沉的心理，一直延续到了成年。[2]实际上，正是多病的体质催成了亚当斯对描绘自然世界和摄影艺术的兴趣。12岁患上麻疹时，他被困在床上与画板作伴。在此期间，他逐渐发现“阴影和窗顶之间的空间就像粗糙的针孔，将外面的世界投射到天花板上”。[3]他的父亲则用柯达Bulls-Eye相机调到朦胧模式为他解释了这种现象。

阿尔弗雷德·施蒂格利茨认为亚当斯得吃一点生活的苦头才会有所成长，[4]这种建议让亚当斯大为不快。但亚当斯在自传中也回忆到，自己“与人类大劫难最亲密的一次接触”只不过是1906年的旧金山地震，当时他家都快塌了，而他这个小男孩只被磕坏了鼻子。[5]虽然他一直生活在父母精心细致的保护之下，他的家庭仍然未能逃脱悲剧——他父亲的医药公司倒闭了。据亚当斯所称，他父亲被合伙人和同父异母的弟弟安塞尔·伊斯顿（Ansel Easton），以及好友兼律师乔治·赖特（George Wright）所背叛，才会沦落到如此下场。亚当斯认为父亲生意的没落造成了一家人在社会和经济地位上的窘迫，以及母亲后半生的困苦和抑郁。查尔斯·亚当斯曾试图另谋出路，但这些创业经历最终都不幸地以失败告终，不得不委身于保险销售员和办公室职员这类工作中。

安塞尔·亚当斯是家中备受宠爱的独子，尽管遭遇变故，但家人从未动摇让他过上好日子的决心。在这种环境之下，他也产生了强烈的回报感和取悦双亲的念头。因为母亲擅长钢琴，亚当斯在1914年左右也开始对这种乐器产生了兴趣。他在自传中表示，这种学习体验无形中培养了他的自律精神。[6]他将自己游移不定的学习经历归咎于自身的无能，而不是父母的问题，这一点或许就是这个敏感的孩子用来掩饰经济和社交尴尬的借口。亚当斯曾打算成为一名协奏钢琴家，在1923年买了一台价值6700美元的梅森汉姆林大钢琴——分期付款，把叔叔安塞尔赠予的一块地卖了，用卖地的钱出了首付。他父亲艰难地维持着一家人的生活，总算偿清了这笔款项，足见亚当斯一家究竟有多重视儿子的崇高理想，还向他隐瞒了经济困窘的现实。

据亚当斯所称，姑姑玛丽在1916年初借他的一本关于高山的书，让他坚定了要去约塞米蒂国家公园旅行的念头。[7]这片加州荒野在镜头下尽显其壮阔之美，而全家人到达约塞米蒂国家公园不久，亚当斯就得到了自己的首台相机柯达Box Brownie。第二年，他们又前往这座公园进行了一次家庭旅行，将父亲当年遇到的经济困境暂时抛到了一边。[8]大约在1918年，亚当斯在自家附近，也就是旧金山郊区的一个摄

巨石，半圆山的容姿，约塞米蒂国家公园，1927 年

影工作室兼职，并于当年夏天独身一人再次去了约塞米蒂国家公园。此时，他不但开始与家人和城市的物质世界划清界限，而且笃信约塞米蒂有利于他的体能发展，认为此地是他重要的情感和精神支柱。[9]

1919年亚当斯加入了高山俱乐部，此后的余生他一直是该环保组织的活跃成员。这家俱乐部让亚当斯对摄影艺术的兴趣与日俱增，1920年夏天他带上自己的大型Graflex相机参加了俱乐部前往高地的短期旅行，并在约塞米蒂冲洗了自己的底片，由此诞生了一系列摄人心魄的美景摄影作品。他在这家俱乐部还结识了小提琴家兼业余摄影师塞德里克·赖特（Cedric Wright）——此人恰好是他父亲前任生意伙伴的儿子，因此两人一见如故。亚当斯和赖特通过他们阅读的文本和自己拍摄的照片，传递了他们在美国荒野中的体验。亚当斯发现摄影艺术有可能给自己带来收入——在1928年俱乐部前往加拿大落基山脉地区时，他因为担任官方摄影师而得到了足以抵偿此行开销的收入。

从20世纪20年代前半期及其余生的书信中可以看出，亚当斯的精神归宿开始在协奏钢琴家和荒野之间摇摆不定。这种进退两难的选择，以及出售摄影作品的渴望，最终让他和哈利·凯西·百思特（Harry Cassie Best）的工作室结缘，此人正好是一名会弹钢琴的风景画家，且已经顺利出售了自己的约塞米蒂画作。鳏居的百思特膝下只有一名17岁的女儿弗吉尼亚，此女后来就和亚当斯订婚了。面对父辈的殷切期望，即将来临的兵役，以及为艺术和自然而生的渴望，使亚当斯在这三重压力下衍生出了一种更夸张的表现手法。他在1925年给弗吉尼亚的信中写道："这个世界与我的意愿背道而驰，我知道没人理解我。"[10]被生活的现实逼得喘不过气时，亚当斯选择了归皈荒野。

20年代的后半期是亚当斯一生中最重要的时期。塞德里克·赖特将亚当斯引荐给一名保险公司合伙人及艺术赞助人艾伯特·M.本德（Albert M. Bender）。本德后来又将亚当斯引进了旧金山文化界，并在1926年帮助他出版了摄影作品集《高山上的帕米利人》（*Parmelian Prints of the High Sierras*，1927），这就是亚当斯1948年发行的限量版照片集的原型。1927年，亚当斯和本德前往新墨西哥的圣达菲拜访作家玛丽·汉特·奥斯汀（Mary Hunter Austin），这次拜访催生出了《印第安淘斯族》（*Taos Pueblo*，1930）这本奥斯汀与亚当斯联合完

成的作品集。如果没有前往圣达菲，也就不会出现这本让亚当斯与保罗·斯特兰德结缘的书，当时保罗·斯特兰德向亚当斯展示了自己的胶片。据亚当斯所称，这次会面让他如获新生——他开始真正意识到自己的宿命是摄影而不是音乐。[11]亚当斯的母亲和姑姑极力想把他拉回钢琴凳，宣称“相机并不能表达人类的灵魂！”[12]而他却选择用余生的努力来回应她们的错误结论。

1930年，亚当斯的摄影手法已经开始呈现独特的个人风格。在1927年4月17日前往约塞米蒂的途中，他感受到了缪斯女神光顾的灵光。正当他费劲地思考如何在照片中表达自己在半圆山（约塞米蒂东部的一块大理石巨岩）的感受时，突然想到用红色滤镜可以将最终冲洗出来的照片处理成暗色。用他的话来说就是：“我找到了自己首个真正的视觉化方法！”[13]后来他将这种“视觉化”改称为“预视觉化”，后者成了他的两大美学信条之一。他的另一则美学信条就是“区域曝光系统”：“预视觉化照片是在最后印刷的过程中通过特定

汤姆小林，南场风景，曼赞纳迁移中心，1943年

介质中进行一系列处理后冲洗出来的照片。”[14]他还用音乐术语进行了诠释：“底片是音符，照片就是演奏。”[15]

有三位摄影家对亚当斯产生了非凡的影响，他们分别是斯特兰德、施蒂格利茨和爱德华·韦斯顿。亚当斯通过本德认识了韦斯顿，1930年韦斯顿也成了西海岸摄影圈中的一员——这个圈子中的伊莫金·坎宁安（Imogen Cunningham）、亨利·斯韦夫特（Henry Swift）和约翰·保罗·爱德华（John Paul Edwards）逐渐为追求一种“直观”的美感而拒绝画意摄影技巧。亚当斯当时已经是该群体的一位核心成员，自创了一套f/64摄影技巧。[16]亚当斯给伦敦年刊杂志《现代摄影》（*Modern Photography*）撰写了“新摄影艺术”的文章之后，受到该发行商的委托编写了《摄影指南：摄影入门教程》（*Making a Photograph:An Introduction to Photography*，1935）一书，并请韦斯顿为该书作序。亚当斯的摄影展和其他文章邀约也不断随之而来。1933年，亚当斯和弗吉尼亚搬到了纽约，并得以向施蒂格利茨展示自己的作品。这次会面让亚当斯受到震撼：“真没想到，世上居然会有人兼具如此旺盛的精力和强大的精神。”[17]三年后，施蒂格利茨为亚当斯开办了一个独立摄影展。

若将亚当斯称为风景摄影家，那其实忽略了他逃向约塞米蒂的真正原因——城市生活中的商业任务压力。1941年2月，他曾给摄影圈颇有影响力的赞助人大卫·麦卡尔平三世（David McAlpin Ⅲ）写信，提到自己在过去10多年中“曾经拍过广告、肖像、建筑、插图、复制艺术品、显微照片……拍过日蚀、彩色照片、风景、自然事物、城市、人物、动物、云朵、新闻、怀旧等题材的照片。”[18]由此我们可以看出，他曾经为《生活》（*Life*）和《财富》（*Fortune*）这类杂志拍过照片，这两者往往会采纳更擅长与社会打交道的摄影师（比如多萝西娅·兰格）所拍摄的作品，而我们所知道的亚当斯显然并非此类人物。不过我们还可以从亚当斯的曼赞纳（二战时关押日裔美国人的集中营）摄影作品《生而自由平等》（*Born Free and Equal*，1944）中看出，亚当斯对社会问题并未袖手旁观，他热衷于唤醒祖国人民的忧患意识，警醒世人不要屈服于敌人所激发的“民族仇恨”。[19]

关注亚当斯早年的生活，并不意味着赞同资料管理人员约翰·萨考斯基（John Szarkowski）对亚当斯的评价——亚当斯是一名反智主义者，他生命中的前20多年是个追求极致的摄影师，此后的余生则不过是在重复自己的工作而已。[20]摄影史学家安妮·哈蒙德（Anne Hammond）则认为年轻时的亚当斯是个理想主义者和精英主义者。[21]要认识亚当斯在摄影艺术上的哲学观念，就不能忽略他内在的精神纬度。少年时的亚当斯曾一度致力于取悦父母，但却发现此举并不能让他们快乐。他囿于自己的抑郁寡欢而不自知，却将高地作为一个敏感少年的心理寄托。逃离物质世界的悲惨境地之后，他开始容光焕发且尽情释放艺术天赋，通过艺术的魔力将赤裸裸的现实包装成了伪宗教和精神形式。提到他是个半吊子的贵族，以及他曾经在酒后用臀部弹钢琴的往事，并不会破坏他的高大形象。[22]相反，这恰恰说明他在1930年时已经建立了自己的一套生活策略和哲学，并且得到了精神上的持续升华——他终于能够自信地向世人展示自己并不脱俗的一面。

曼纽尔・阿尔瓦雷斯・布拉沃肖像，20 世纪 80 年代（摄影师不详）

曼纽尔·阿尔瓦雷斯·布拉沃

(Manuel Álvarez Bravo)

1902—2002

我们还有时间。

——曼纽尔·阿尔瓦雷斯·布拉沃

曼纽尔·阿尔瓦雷斯·布拉沃常被人们拿来与爱德华·韦斯顿、尤金·阿杰特(Eugène Atget)和安德烈·柯特兹(André Kertész)等北美、欧洲摄影家相提并论，因为他们的作品风格呈现出了强烈的异曲同工之妙。但最近针对阿尔瓦雷斯·布拉沃的学术研究则着力强调其作品所呈现的墨西哥文化特点，以消除这种有偏见的西方观念。虽然他曾经通过迭戈·里维拉(Diego Rivera)和弗里达·卡罗(Frida Kahlo)等人物，与20世纪20至30年代的墨西哥艺术革命结下了不解不缘，但他的艺术创作却丝毫没有民族主义的色彩，还曾经一度投入了安德烈·布列塔(André Breton)的超现实主义怀抱。说阿尔瓦雷斯·布拉沃的创作主题是"墨西哥"，这其实是由他的身份所决定的，他在很长一段时间中一直是英语世界公认的20世纪唯一的墨西哥摄影家。直到最近，人们才开始发现他不但具有理性和美学的影响力，对电影行业也发挥了重要作用。他有不少传记细节也逐渐被世人披露，但其中有些描写与他实际的生活和工作情况颇有出入。不过，他那些命名很有诗意的作品背后的寓意与其个人生活究竟有何渊源，这一点我们不得而知。他曾将摄影作品命名为"口出利箭，燃烧信号"，直接引发了人们思考具体与广泛二者之间的关联。[1]阿尔瓦雷斯·布拉沃的摄影主题常与梦想、想象力和隐喻挂钩，[2]而真正激发其创作灵感的个人梦想、想象力和隐喻却和他拍摄底片的日期一样，永远保持着神秘，无从揣测。

他的父母有8个孩子，他排行第5，从小在墨西哥城长大。虽然他父亲是名首席教师，但他直到13岁才开始接受正式的学校教育，之后干脆就在家自学了。[3]他自称："我实在是太害羞了，甚至接近于精神错乱。而在我还是个小孩子的时候就开始看书，这就是我最初认识世界的方式。”[4]他年轻的时候经常在跳蚤市场和书店逗留，买一些旧照片和塞万提斯、弗洛伊德、伏尔泰等人的二手书。1910年墨西哥革命爆发时，阿尔瓦雷斯·布拉沃正在特拉尔潘的帕特里克欧萨恩斯寄宿学校上学。在他的印象中，学校课程时常被打断，他和小伙伴们经常要穿过满街横尸上学和回家。[5]有人认为这些经历导致他“厌恶政治问题”，或者可以说，阿尔瓦雷斯·布拉沃通过艺术和文学的滤镜，表达出了自己对此类问题的排斥。[6]他外公是一位肖像画家，而他父亲又是一名业余画家、编剧和摄影师。在阿尔瓦雷斯·布拉沃的孩提时代，他就对艺术情有独钟，[7]频频光顾离家很近的两座博物馆——人类历史博物馆和圣卡洛斯博物馆，前者主要展示前西班牙殖民时期的手工艺品，后者则展示欧洲艺术，可以说他毕生的艺术事业都在致力于创造这两种文化的合体。

阿尔瓦雷斯·布拉沃步入社会的头15年，充分利用业余时间培养自己在艺术、音乐和摄影方面的爱好。他14岁的时候就成了财务部的一名会计，次年（1917年）就读于圣卡洛斯学院文学和音乐学科的夜校，此外还研习绘画技巧。20世纪20年代时他接触了西班牙语和英语摄影杂志，并以画意摄影的手法拍摄照片，这一时期对他产生重大影响的人是德裔摄影师雨果·布雷默（Hugo Brehme），此人后来成了墨西哥的一流摄影家。我们无从得知阿尔瓦雷斯·布拉沃究竟如何模仿雨果·布雷默的摄影艺术，只知道他之后就宣布放弃画意摄影的手法，并毁掉了自己所有的此类作品，他对此的说法是：“毕加索（Picasso）和他的立体主义，为我创造了另一种境界的现实。”[8]

阿尔瓦雷斯·布拉沃在20世纪20年代中期与现代主义的对话，发挥了他那些多才多艺的文化教育的整合优势。一方面，他更加积极地参与墨西哥城的当代文化活动；另一方面，用罗伯托·特哈达（Roberto Tejada）的话来讲就是，“返回墨西哥就可以在欧洲和美洲文化现代主义的融合趋势中占有一席之地”。[9]爱德华·韦斯顿就曾抱着对墨西哥的这种好感，于1923年抛弃自己的祖国，带着自己的爱人蒂娜·莫多蒂（Tina Modotti）迁到了墨西哥城。阿尔瓦雷斯·布拉沃在1923的展览中看到了韦斯顿的摄影作品，但并没有见过韦斯顿

光学寓言，1930 年 4 月

本人，只是碰巧在1927年和第一任妻子德洛丽丝·马丁内斯·德安达（Dolores Martinez de Anda，人称“洛拉”）返回首都时结识了莫多蒂。1928年，他的部分摄影作品与韦斯顿、莫多蒂的作品一起在墨西哥城美术馆的首届墨西哥摄影沙龙上展出。一年之后，三人的作品再次于加利福尼亚同台展出。尽管如此，阿尔瓦雷斯·布拉沃这个时期的摄影作品在风格和精髓上却十分接近于德国新客观主义派摄影家阿尔伯特·伦格尔-帕奇。

1930年初，阿尔瓦雷斯·布拉沃的工作与艺术生活开始呈现更多交集。他在1931年辞掉了财务部的工作，开始专职为其他政府部门和机构拍摄存档照片并以此谋生。从1929年至1930年，他在圣卡洛斯学院教授摄影课程；在1938年至1940年，也就是迭戈·里维拉担任校董期间曾再次重返讲台。1930年莫多蒂因参加政治活动而被驱逐出墨西哥时，阿尔瓦雷斯·布拉沃就接替了她在《墨西哥民俗》（*Mexican Folkways*）杂志的摄影工作。1931年，阿尔瓦雷斯·布拉沃和已经成为合格摄影师的妻子在墨西哥城的家中举办了一场非正式的作品展，他们在此展出了里维拉、大卫·阿尔法罗·西凯罗斯（David Alfaro Siqueiros）和约瑟·克莱门特·奥罗斯科（José Clemente Orozco）等人的作品。从1935年开始，阿尔瓦雷斯·布拉沃开始连续多年为艾米莉·爱德华（Emily Edwards）的《墨西哥画壁：从史前到现代》（*Painted Walls of Mexico:From Prehistoric Times until Today*，1966）提供插图。此类艺术活动和人脉无疑在一定程度上界定了他“墨西哥主义”式的艺术特征。不过，我们也不能忽视1945年西凯罗斯在一篇文章中对阿尔瓦雷斯·布拉沃的攻击，他在文中指出阿尔瓦雷斯·布拉沃对政治漠不关心，充满了一种倾向于欧洲超现实主义的伪精英作派。

在20年代末至30年代初期间，阿尔瓦雷斯·布拉沃就成了之后人们所谓的“街景摄影师”。有些学者认为这一点与尤金·阿杰特有关，阿尔瓦雷斯·布拉沃通过尤金·阿杰特充分认识到了自己在艺术上的过失，比如他最著名的代表作《光学寓言》（*Optical Parable*，1930年4月）就是一组阿杰特式的商店橱窗照片。阿尔瓦雷斯·布拉沃当时住在危地马拉街20号，他自己也表示：“我很喜欢住在这些街道边上，所有街景都是我镜头捕捉的对象，一切都充满了与生俱来的社

雏菊与手臂，约 1940 年

会内容。”[10]至于他究竟是一个超现实主义者还是一个关心社会的艺术家，我们可以从他在1984年发表的一番言论中看出端倪：“那些如实反映现实的作品，与创作者根据外在环境与内心所想创造和发明出来的作品并没有什么不同。”[11]《光学寓言》于1935年3月与亨利·卡蒂埃-布列松的作品一起在墨西哥城的艺术宫展出。尽管这两人在该时期的摄影作品风格极为相近，但阿尔瓦雷斯·布拉沃拒绝使用徕卡这类手持相机，他更青睐支在三脚架上的格莱弗莱克斯相机。

安德烈·布列塔将阿尔瓦雷斯·布拉沃称为“自然的超现实主义者”。[12]两人于1938年在迭戈·里维拉的家中相遇，次年布列塔在超现实主义杂志《弥诺陶洛斯》（*Minotaure*）的最后一期中撰写了关于阿尔瓦雷斯·布拉沃的文章，并挑选了他的一些作品送到巴黎的科尔-雷诺画廊参展。据称大约在1938年的时候，阿尔瓦雷斯·布拉沃接到了一位西班牙中介的电话，后者询问他能否看在布列塔的份上，为即将在墨西哥城美术馆举办的“国际超现实主义展”的目录提供封面照片。阿尔瓦雷斯·布拉沃立即着手准备，将镜头架在了圣卡洛斯学院屋顶，拍摄了《良誉入眠》（*The Good Reputation Sleeping*，1938年9月），该作品的主角是一名半裸的模特。但由于该照片未能通过审查，他只好提供了另一张图片作为封面。西凯罗斯认为阿尔瓦雷斯·布拉沃的这张照片大失水准，展示裸体模特的做法明显有悖他拍摄诗意照片的一贯作风。

阿尔瓦雷斯·布拉沃是墨西哥电影俱乐部的创始成员之一，该组织的宗旨是推广制作国家和国际实验电影。他想成为电影摄影师，但该组织拒绝了他的申请，他就换了个思路，在1945—1960年间担任剧照摄影师，为电影拍摄宣传海报。他自己唯一制作过的完整电影是《特万特佩克》（*Tehuantepec*，1933），该片现已流失，找不到相关资料。1945年，他成了科亚特利库埃电影公司的创始人之一，该公司的电影作品包括约瑟·雷韦尔塔斯（José Revueltas）的《黑暗究竟有多黑？》（*How Great Will the Darkness be*，1945），这部电影的剧照就出自阿尔瓦雷斯·布拉沃之手。他在这个过程中得到了美国学者桃瑞丝·埃登（Doris Heyden）——其研究方向是前哥伦布时代的美索美洲——的帮助，二人在1942年结为连理。最近的研究表明，在50至

70年代期间，他还用8毫米和Super 8胶片摄像机拍摄了自己的业余电影，其中有些电影由他的第三任妻子科莱特·阿尔瓦雷斯·阿巴杰特（Colette Álvarez Urbajtel，于1962年结婚）和两个女儿担任主角。有人指出，阿尔瓦雷斯·布拉沃曾表示“电影是增加了动作的摄影”，[13]意在“通过图片来叙事”。[14]

若说阿尔瓦雷斯·布拉沃是一个擅长用单色摄影方法的墨西哥现代主义者，则难免有失偏颇，因为他也拍过彩色照片，最初是在20年代，然后自1938年开始，曾短期使用染印法冲洗照片。《雏菊与手臂》（*Arm with Daisies*，约1940年）等作品就属于其非彩色作品的典范，这些照片都恰到好处地运用了适合它们的色彩。早在1928年，他就使用了铂金印相技术，令他的底片与同时期的其他现代主义摄影作品形成了强烈对比。直到六七十年代他才分别重新拍摄和冲印彩照，这一点说明他是出于控制成本的原因而放弃彩照的。直到他女儿奥雷莉娅在2005年成立阿尔瓦雷斯·布拉沃协会，学界也才开始转变对其作品的固有印象，重新认知他在彩色摄影和电影方面的成果。

毫无疑问，阿尔瓦雷斯·布拉沃是公认的“墨西哥摄影之父”。[15]但这种头衔却容易让人忽视他在“融合文化方面的研究”。[16]他的摄影作品被称为具有“超现实主义、政治或人道主义”的特征，而它们实际上是三者的合体。[17]有学者声称，“这种复杂而本土化的墨西哥地域特色，常让阿尔瓦雷斯·布拉沃的摄影作品在外国人眼中呈现出与世隔绝、高高在上和神秘莫测的特点。阿尔瓦雷斯·布拉沃对自己作品所呈现的这种本土视角也倍感遗憾，有时候甚至希望自己的作品能够更全球化，至少更为美洲化。”[18]那么，阿尔瓦雷斯·布拉沃究竟是不是真的为此感到遗憾？还是说他其实已经意识到，将自己的视觉世界转变成能够吸引全球目光的符号，实在是一项不可能完成的任务？

孕中的个人肖像，纽约，1945 年

黛安·阿勃丝（Diane Arbus）

1923—1971

对我来说，照片的主题永远比照片本身更重要，也更复杂。

——黛安·阿勃丝

对于传记作家来说，黛安·阿勃丝是一个难以捉摸的描写对象，但这并不是因为有关她的生前资料实在稀少——2003年一个重要的巡回展“黛安·阿勃丝启示录”以及由阿勃丝家族和兰登书屋出版的同名书籍，已向世人揭开了其创作和私人生活的另一面。这本103页的编年书（含有阿勃丝生前所写书信的摘录内容）颠覆了世人对这名摄影家的固有印象，例如人们曾认为她是苏珊·桑塔格（Susan Sontag，美国女作家）笔下《畸形秀》（*Freak Show*，1973）中的冷血窥淫狂，是喜欢颐指气使的编舞人，以及帕特丽夏·博斯沃斯（Patricia Bosworth）所著传记（1985年）中追求刺激的失控女人。这些描述容易让人推断出阿勃丝热衷于拍摄“怪胎”，以及她的艺术作品缺乏感性，她是个与社会格格不入的叛逆者等一系列结论。实际上，关于阿勃丝的这些描述与她本人的自我意识、诙谐风趣而流畅有力的文笔，以及友人对她个人魅力的评价相去甚远。阿勃丝对他人永不厌倦的好奇心，对于某些人来说却并不是一种无礼，而是一种难以抗拒的吸引力，她那种看似缺乏感性的特征，其实也可以解读为聪明理智。可以这么说，她实际上绝非缺乏同理心，而是太有同理心了。

各种资料显示，阿勃丝和两个兄妹霍华德、蕾妮打小就受到父母严厉的管教。他们的母亲格特鲁德·鲁塞（Gertrude Russek）是一名波兰毛皮零售商的女儿，父亲戴维·内梅罗夫（David Nemerov）则是一名乌克兰移民的儿子，也是格特鲁德家族旗下一家商店的橱窗设计师。毛皮商鲁塞在业界颇负盛名，他们将家族事业打造成了一个时尚商场。阿勃丝在1960年给画家、平面设计师和艺术总监马文·阿斯瑞尔（Marvin Israel）——这是她多年的恋人，此人的童年经历与她极为相似，其家族名下也有一系列连锁商店——写信表示："我们的资产阶级遗产对我来说就像烙印一样耀眼，看着它在镜中来回折射和闪耀时，这种感觉尤其明显……它是一种魔法，魔法总要有一些伪装，而我们的伪装可能比身为黑人或侏儒更可笑。"[1]阿勃丝还是理查德·艾夫登的密友，后者的身世、背景与阿勃丝同样惊人地相似。

有位传记作者指出，黛安这个名字的发音起源于一部百老汇戏剧中的某个角色，[2]其在全家福照片中是个十分美丽动人的孩子。据她自己所述，她在7岁之前一直都在接受法语家庭女教师的辅导和教育，[3]所以她会说法语。[4]5岁时的阿勃丝进入了哥哥之前就读的私立文理学校（位于中央公园西部）。在经济大萧条时期，阿勃丝曾和家庭女教师一起造访中央公园，到达了一个矗立在干涸水库边上的简陋小镇。阿勃丝用一幅意味深远的照片重现了这次经历——一名受宠的小孩牵着"家庭女教师的手"，目不转睛地望着"铁路的另一端"。[5]阿勃丝回忆称自己小时候是个"极度害羞"的孩子，[6]总感觉受制于自己的身份。她曾自嘲地表示，她就是个"鲁塞公主"，[7]因为家中的佣人总用一种谄媚的态度奉承她。虽说经济大萧条对内梅罗夫的业务影响不大，[8]但这家人还是在1932年搬进了一套新公寓（这是黛安出生以来的第3次搬家），外祖父母格特鲁德也随之搬进了女婿家里。

1934年，阿勃丝进入了文理学校位于布朗克斯区的费尔德斯顿高级学校。她在后来的回忆中表示，虽然一直"被家人捧为掌上明珠，但我还是觉得自己比其他人更胆小"。[9]她的家庭鼓励她将自己当成才华出众的艺术家，但这种称号更让她倍感压力。[10]她在13岁时遇见了比她大5岁的艾伦·阿勃丝（Allan Arbus），他是她父亲戴维·内梅罗夫生意合伙人的侄子，就职于鲁塞公司的广告部门。他们开始每周约会一次，在中央公园散步，观看"1839—1937摄影展"（1937年）以及"沃克·埃文斯：美国影像"（1938年）等纽约现代艺术博物馆的主题展览。1938年，阿勃丝进入马萨诸塞州的卡明顿夏季学校学习艺术，次年则在费尔德斯顿主修艺术专业，同时还选择了由埃尔伯特·雷诺（Elbert Lenrow）授课的高级英语课程，毕业时还参加了父亲安排的绘画班。她自己的文笔也不赖，从她寄给阿斯瑞尔的明信片中的只言片语就能看出她在文字上的造诣。

黛安和艾伦于1941年4月10日（黛安过完18岁生日之后的1个月）结婚，两人在纽约北部的一个农场度蜜月，连《纽约时报》（*New York Times*）都公布了二人的婚讯。在同一年，黛安收到了丈夫赠送的格拉菲2¼—3¼相机，她开始兴致勃勃地将自己在贝伦尼斯·阿博特的课堂上所学到的摄影知识传授给艾伦。艾伦在1941年拍摄的一系列时尚摄影作品，就是用黛安作模特，据称阿勃丝的父亲还因此兴致大发，请这对组合为鲁塞的报纸广告拍照。[11]艾伦于1942年入伍之后，在密苏里州接受基础训练，之后就被调遣到新泽西州的蒙墨斯堡，并在那里和妻子团聚。当他被重新分配到陆军通信兵的摄影部门时，这对夫妻重返曼哈顿，在东部地区租了一套公寓。

1944年，艾伦被派遣到海外，此时怀有身孕的黛安则搬去和父母同住于公园大街888号。虽然这对年轻夫妇对内梅罗夫家的资产阶级作派颇为不满，但他们仍然不时地接受内梅罗夫家的周济，直到黛安独自住进纽约医院等待分娩，他们才重新获得了独立。临走前，她给父母留下了一张纸条："就算不能和艾伦在一起，我也不要其他人。"[12]他们的长女杜恩·阿勃丝（Doon Arbus）在1945年4月降生了。我们可以从黛安写给阿尔弗雷德·施蒂格利茨（她在4年前认识了阿尔弗雷德·施蒂格利茨）的信中看出她初为人母的心情，该信写于女儿出生5天之后。她发现怀孕和分娩并没有让自己发生多大变化，因此不无兴奋地宣布："我现在更有自信了。"[13]艾伦于1946年1月退役后，回到了公园大街的这个大家庭。

1946年阿勃丝夫妇搬回了自己的公寓，在内梅罗夫的帮助下租了一个工作室。这对夫妇开始以"黛安和艾伦·阿勃丝"的组合名称，重新为鲁塞家族企业工作，不久之后也开始接广告机构和《时尚》（*Vogue*）等杂志的拍摄工作。他们此时开始尝试各自独立创作，1946年向后来担任现代艺术博物馆馆长的南希·纽霍尔（Nancy Newhall）展示了自己的作品，次年又向亚历山大·利伯曼（Alexander Liberman）展示了所拍的照片，并且都获得了热烈反应。除了为《时尚》杂志拍摄更多的照片之外，他们还拿到了《十七》（*Seventeen*）和《魅力》（*Glamour*）等其他杂志的佣金。艾伦在之后的回忆中承认："因为某些原因，我们无法在毫无头绪的情况下创作，而黛安出了90%的主意。”[14]

从1951年春开始，阿勃丝夫妇进行了为期一年的休假。他们将工作室转租给他人，飘洋过海去欧洲，只带着女儿杜恩和他们的车子。他们在巴黎落脚后又去探索了法国附近的地区，并前往西班牙旅行，之后又定址于意大利（先是在佛罗伦萨，之后又迁到了弗拉斯卡蒂，并在那里租了一间农舍）。他们在旅途中接了一些商业拍摄项目，由此来延长在欧洲逗留的时日。阿勃丝夫妇于1952年4月重返纽约，不久就在东72大街319号租了一个三人间套房，在那里居住和工作。他们的次女艾米（Amy）在两年后降生。1955年，他们合作的一幅摄影作品进入现代艺术博物馆的“人类大家庭”主题展览。

20世纪50年代中期，黛安开始成为独立摄影师。这一迹象始于她在1955年向《时尚芭莎》（*Harper's Bazaar*）的美术总监阿列克谢·布鲁多维奇（Alexey Brodovitch，1934—1958年任总监）学习摄影的举动。1956年，她开始清点自己拍摄的底片和客户联络单（她生前拍摄的底片超过8万张）。在同一年，阿勃丝夫妇中止了摄影合作关系。黛安参加了由莉赛特·莫德尔授课的摄影课程（她在1957—1958年再次参加了这个课程），后来她表示这些课程帮助她实现了突破，“我开始因为作品的清晰度而大受关注。”[15]除了中止职业合作关系之外，黛安和艾伦的伴侣关系也走到了尽头，二人于1959年夏天在格林威治村开始分居。只不过黛安还是继续使用艾伦家的暗室，而艾伦则会在周日上午去黛安家和妻女一起吃早餐。在同一年，黛安遇见了阿斯瑞尔，并同后者展开了恋情。

黛安作为独立摄影师的首个拍摄任务是“垂直之旅：位于城市中心的六个瞬间”（Six Movements of a Moment within the Heart of the City），为《时尚先生》（*Esquire*）杂志1960年7月刊登的一篇文章供图。虽然后来因一个关于呈现纽约社会极端的摄影主题没能登上《时尚先生》，但最终还是在1961年11月发表在《时尚芭莎》上。与此同时，阿勃丝也在接受这些委托任务的过程中逐渐积累了自己的名气，在摄影艺术界占据了一席之地。1963年，黛安因作品《美国礼节、习俗和风俗》（*American Rites, Manners and Customs*）而获得了古根海姆奖金。她能拿到这个奖，在一定程度上是因为得到了沃克·埃文

调酒师女士在家与小狗纪念品一起，新奥尔良，路易斯安那州，1964 年

斯、莉赛特·莫德尔、罗伯特·弗兰克（Robert Frank）和李·弗里德兰德（Lee Friedlander）的支持。3年后，她因“内在景观”的主题项目再次获奖。她有7幅摄影作品于1964年被现代艺术博物馆收购，至少有两幅照片于1965年在该馆的“近期藏品”中展出。现代艺术博物馆还在1967年的“新馆藏作品”中展示了她和李·弗里德兰德、加里·温诺格兰德的作品，此次展出了她的30幅作品。此时的阿勃丝已经许久不再裁剪底片，也早已放弃了35毫米相机，改用禄来福来等方画幅的相机了，这也成了其作品风格走向成熟的一个标志。

尽管她的镜头已经对准了社会的极端现象，关注特权阶层、底层和边缘群体的命运，黛安仍然不幸被贴上了“怪胎”摄影师的标签，她自己也无奈地承认“我拍摄了很多‘怪胎’照片”。[16]在《畸形秀》这篇文章中（之后将该标题改成了“通过摄影看黑暗中的美国”），评论家苏珊·桑塔格称阿勃丝是一位黑暗旅人，她鼓足勇气向自己的资产阶级身份发起挑战。[17]学者菲利普·夏利尔（Philip Charrier）最近则指出，将黛安的摄影作品定义为其个人生活的史诗并不妥当，因为这样等于否认了其作品与“新传媒业”时期——这一时期的代表人物是诺曼·梅勒（Norman Mailer）和汤姆·乌尔夫（Tom Wolfe）——之间的关联。夏利尔声称，“阿勃丝当属深入研究非常规、‘非权威’主题的‘人性化’新闻摄影的先驱之一”。他还认为黛安的创作方式与布鲁斯·戴维森（Bruce Davidson）、丹尼·里昂（Danny Lyon）和拉里·克拉克（Larry Clark）颇为相似，他们都曾积极投身于亚文化事业。[18]这是超越心理层面来诠释其作品的少数学术分析之一。

阿勃丝成了资深摄影师后，开始兼任传授摄影技巧的老师。1965年，她在曼哈顿的帕森斯设计学院授课，后来到附近的库伯联盟学院担任教职。当然，她走上讲台主要是迫于生计。1966年夏天，大约在准备开启自己的第二个古根海姆项目时，黛安染上了肝炎，这让她连续好几个月陷入低迷状态。两年后，她终于因为身体熬不住，在医院休养了3周。1969年，上了多年表演班的艾伦放弃摄影，与黛安在墨西哥正式离婚（在60年代的墨西哥办理离婚手续相对便宜和快捷），同女演员玛丽克莱尔·科斯特洛（Mariclare Costello）一起搬到了好莱坞。此时的阿勃丝遭受了身体疾病、精神损失和经济压力的三重打击。1970年，她开始着手创作自己最有争议的项目（该作品在她死后才以“无题”的名称予以发表）——她拍摄的是新泽西州瓦恩兰地区的精神病患者住宅区，她认为这是自己有史以来最好的作品。次年7月，阿勃丝自杀离世。

她给人物拍摄的清晰轮廓，让这种自我展示的工作室人像摄影呈现出一种时而像是街头摄影，时而具有“家庭”温馨氛围的风格特点，这些照片成了阿勃丝收藏的“蝴蝶标本”（她曾告诉哥哥，她私底下就是把这些照片称为“蝴蝶标本”）。[19]她的言论和自杀行为很容易让人联想到，她在自己的旅程中将他人的苦难尽收眼底，最终也一头撞上了自己的劫数。如果蝴蝶是彼此孤立的昆虫，那么收集蝴蝶标本就没有多大意义了，与此同理，我们也无法孤立地看待阿勃丝的作品，只有结合她当时当地的社会环境，才能如实还原她的创作理念。我们还必须将她的作品与其他类型的项目（比如她所认识和景仰的摄影师作品）相比较才能做出客观评价，比如奥古斯特·桑德镜头下的当代社会也同样是毫无情感流露的景象。

阿勃丝的人生显然就是一部史诗，但若说她的人生经历就是一部不得已的创伤史则不免有以偏盖全之嫌，因为这种看法几乎没有考虑到她作品中那些积极向上的光明面——才智上的富足、新意不断的创想，以及社交中的喜悦。年轻时的阿勃丝写道：“万物的差异、独特性以及生活的重要意义，都是我深爱的事物。”[20]她能享受阳光明媚，也能看到阴郁黑暗，能在这两者之间游弋，这种作品的主题无疑远比我们所知的更为复杂，一言难尽。

尤金・阿杰特肖像，1927 年（贝伦尼斯・阿博特 摄）

尤金·阿杰特（Eugène Atget）

1857—1927

这些只是我制作的文件而已。

——尤金·阿杰特

尤金·阿杰特是史上最有影响力的摄影师之一，本书所收录的许多摄影师（以及许多未被收录的摄影师）都算得上是他的直系或旁系艺术传人。他的一些代表作曾于1929年在斯图加特市轰动一时的“电影与照片”展览中亮相，他的个人档案也被纽约现代艺术博物馆珍藏。他还是无数专题论文的研究对象，首篇关于他的研究论文出自法国作家皮埃尔·马克·奥伦（Pierre Mac Orlan）之手，该文章发表于1930年，当时关于摄影家的专题论文还比较罕见。他的照片被众多收藏者奉若珍宝，有一小部分照片曾一度以6位数的价格拍卖。但阿杰特有生之年却无缘享受这一切光环。这名摄影师静悄悄地死于1927年，据说出席他葬礼的人廖廖无几。[1]因此世上出现了两种关于阿杰特的传记，一种是关于他的生平事迹，另一种则是他死后的荣耀。对于法国收藏家和摄影史学家安德烈·雅姆（André Jammes）等评论家来说，阿杰特是当之无愧的摄影之父，他一生都在用自己独特的视角记录旧巴黎时代的场景。对于其他人来说，阿杰特的这种人格特征，也就是我们所知的阿杰特，其实是艺术家精心构造出来的形象。但从现存资料的证据来看，这两种说法都有失公允。

让-尤金-奥古斯特·阿杰特（Jean-Eugène-Auguste Atget）出身相对卑微，他个人成长历程中的不幸遭遇更是把他逼到了社会边缘，但他却以非凡的志向打破了寒门出身的局限性。他生于波尔多附近的利布尔纳，5岁时就成了孤儿，由外祖父母抚养成人。他称自己当初选择的第一个职业是水手，和商船打了多年交道。他人生中的第二次际遇出现了一个对他来说原本看似遥不可及的大逆转。1878年，他申请进入巴黎音乐学院，且终于在次年如愿以偿。他在音乐学院的老师是颇有名望的演员弗朗索瓦·朱尔斯·埃蒙德·戈特（François Jules Edmond Got），这位老师称阿杰特企图以兵役为由消极对待学业，也指出这名学生保留了浓重的加斯科口音。戈特一开始十分看好阿杰特，但之后对他的评价就很消极了，最后在1881年将他劝退。

至于阿杰特随后几年的生活境况，我们就只能从小道消息中略知一二。据称1882年，阿杰特居住在巴黎美术学院附近，担任漫画杂志《游街》（*Le Flâneur*）的编辑。据称他还有数年时间在乡间当演员，有时候会在巴黎市郊演出。阿杰特在1912年时仍然自称是“戏剧艺术家”，[2]表示自己是因为声带问题而被迫放弃戏剧生涯的。[3]问及他在戏剧中扮演哪些角色时，他总以“罗伯特·麦克尔”（Robert Macaire，法国戏剧中反派人物的典型）这类人物来回答，但其他人却声称他在演出中不过是跑跑龙套而已。[4]无论他担任演员时究竟有多大作为，这段经历至少让他收获了爱情，大约1886年时他遇到了自己的终身伴侣——女演员瓦伦丁·德拉福斯·贡巴尼翁（Valentine Delafosse Compagnon）。除此之外，他在这一时期还得到了自己的相机，只是当时的他还不懂摄影。这个据称曾经连夜背诵莎士比亚和莫里哀台词的人，怎么看也不像是美国摄影家曼·雷和贝伦尼斯·阿博特在20世纪20年代中期遇到的那个沉默寡言的男人。这也许是因为他们拜访阿杰特的工作室时，只看到了阿杰特作为摄影师时忙碌的身影。只有当阿杰特回到公寓的私人空间时，他才能够完全释放自己的艺术潜能。

1926年，当曼·雷决定复制阿杰特在《超现实主义革命》（*La Révolution surréaliste*）中的4幅摄影作品时，阿杰特告诉这位美国人，不要在作品中为他署名，并表示“这些只是我制作的文件而已”。[5]他这番言论被艺术史学家们传为佳话，令阿杰特与他们幻想中“天真的天才形象”一拍即合，曼·雷将他称为“周日画家”，[6]超现实主义诗人罗伯特·德斯诺（Robert Desnos）将其誉为摄影界的卢梭，马克·奥伦则认为他是“旧街传播者”。[7]摄影家兼评论家伊曼纽尔·索格兹（Emmanuel Sougez）曾这样评价他：“阿杰特从来没有意识到自己是阿杰特。”[8]也有人认为阿杰特发表这种声明实际上是一种精明的策略，是为了避免自己的作品被雷·曼的波希米亚风格恶搞。阿杰特的作品《1912年4月17日巴士底广场的日食》（*During the eclipse,*

金鼓，都尔奈勒河堤 63 号，1908 年，选自“老巴黎的艺术”系列

Place de la Bastille，1912）登上《超现实主义革命》（6月15日，第7期）的封面时，增加了一个副标题“最新的转变”，将巴黎人通过纸质眼镜观看日食的景象转变成了一幅超现实主义画面。有许多评论家随之发表了不同于我们对阿杰特摄影理念的看法，其中最著名的言论之一来自作家卡米尔·雷希特（Camille Recht）以及文化理论学家瓦尔特·本杰明（Walter Benjamin），他们认为这些照片的画面就像是犯罪现场。[9]

阿杰特这名业余画家本打算成为一位艺术家，却发现摄影才是一个既可以让他谋生又能施展艺术才能的渠道。1890年或1891年时，他在位于巴黎德拉皮特街的公寓外立了一块指示牌，上面写着“艺术家文件”。1897年左右，已经步入40岁的阿杰特开始富有条理地拍摄其余生岁月的创作主题——巴黎。他将一台老式相机架在三脚架上，采用了广角镜头（这也是其摄影作品最鲜明的特征之一），并提升了透视效果。[10]这种微妙而超现实的变形，加上他冲印照片时采用的暖色调，与他的18×24厘米的底片所产生的清晰轮廓碰撞出了奇妙的火花。

他的照片销售额首次突破15法郎时，[11]阿杰特开始更关心摄影的商业性（记录老巴黎的景象则成了一个较高层次的目标）。但这并不是说他为商业动机而放弃了自己的主观能动性。要了解他的作品，我们就有必要将其视为希望从事地志摄影的个人愿望与客户实际需求之间的权衡。阿杰特接受了多个客户的摄影任务（他的客户通讯录被保存到了现在），但这并不代表他的作品完全是根据客户需求定制的照片。他时常安排和重组自己的库存，根据他为新作品系列设定的标题重构摄影主题。阿杰特的客户包括法国国家图书馆、巴黎卡那瓦雷博物馆、伦敦维多利亚和阿尔伯特博物馆，以及众多设计师、插图家和艺术家——包括莫里斯·德·弗拉芒克（Maurice de Vlaminck）、乔治·布拉克（Georges Braque）和藤田嗣治（Foujita）。[12]从这些照片让阿杰特顺利创收的现象，我们不难看出阿杰特深谙与法国建筑界、设计界顶级人士打好交道的要诣。

阿杰特的档案内容实在浩瀚丰富，我们无法一语概括他的创作主题：虽然他拍摄的许多场景中没有人物（比如犯罪现场），但许多街景照片中又出现了人群，而且许多地志照片中还出现了孤独的人像或

站街的妓女，阿斯兰街，拉维莱特，1921 年

群像。为了进一步了解阿杰特的作品（他一生拍摄了大约8500张照片），有学者将其作品划分为5种主要类型：风景文件、如诗如画的巴黎、老巴黎的艺术、市郊和地志。最后一种还增加了老法国、服装/宗教艺术、内在心理、杜伊勒里宫、圣克卢、凡尔赛、巴黎公园和索镇等子系列。若从现代化的巴黎为何没有入镜等方向来研究阿杰特的创作，我们或许也能得到不少收获。阿杰特留存的作品主要记录了如画的美景，如咖啡门或街头摊贩等注定将销声匿迹的景象。阿杰特这位现代主义摄影界的伟人，其目光却无暇逡巡现代景象。

在为摄影事业献身的30多年间，阿杰特一直使用相同的器材，因为他的生活一向很拮据。第一次世界大战让人们生活极度困难：瓦伦丁与旧情人所生的儿子一上前线就丧了命，而阿杰特在战争的最后两年中没有拍摄一张照片。战争所带来的贫困还产生了一个永久的后遗症：朋友和邻人回忆阿杰特曾经一度食不果腹，他们还称阿杰特在包括饮食在内的许多话题上，都有强烈且不同寻常的主张。在瓦伦丁过世之后，他也在次年离世，据他的邻居所称，他的死亡也颇富戏剧性：他站在自己公寓所在街区，口中念念有词："我要死了。"[13]

关于阿杰特最详细的记录多为他死后的声望，这部分记录始于他临终前两年，当时贝伦尼斯·阿博特前去造访他的工作室，一眼就看上了他的作品，并就此成为他的忠实拥趸。贝伦尼斯在余生积极呼吁世人关注阿杰特的才华，并在1928年收购了阿杰特的摄影作品，最终促使纽约现代艺术博物馆在40年后收购了阿杰特的档案。阿杰特死后被追封的情况意味着，我们终于得到了能够了解一个微妙人物的丰富依据。从阿杰特微寒的出身可以看出，他在巴黎学习戏剧时保留了乡下口音，也形成了他在追求大都市梦想时，却又保留着乡下人自尊心的分裂人格。他给自己的公寓拍照，表明他在收集艺术品的过程中自得其乐。摄影让阿杰特成了一个巴黎人和古文物研究者。有证据显示，他还是一名工人阶级的激进分子。如果我们翻阅他收藏的杂志和剪报，就会发现他还是一名反战主义者和阿尔弗雷德·德雷福斯（Alfred Dreyfus，1894年被误判叛国罪的法军将士）的支持者。种种迹象表明，"阿杰特"是一个讨人喜欢的现代派后期艺术家及现代主义者。曾有学者提问："如果世间并不存在尤金·阿杰特，上天是否有必要再造一个这样的人？”[14]

阿杰特既不认为自己是艺术家，也不以纪录片制作者自居，但他却找到了让摄影同时发挥艺术与古文物研究的价值，同时又不需要向市场需求妥协的途径。阿杰特一直强调自己从来不为佣金工作，[15]尽管有明确证据显示事实并非如此，比如拍摄妓女站街招揽生意的那个作品系列，就是受艺术家安德烈·迪尼蒙（André Dignimont）委托而拍摄的。阿杰特常根据不同的标题，将摄影作品保存成册。当这些作品集成为博物馆或政府的藏品时，阿杰特当然就可以在自己的名片上印“作者—发行人”的头衔了。与在他之前的其他摄影师相同，他也借助摄影这个媒介来宣扬自己的所思所想，而非为他人定制的手工作品。更重要的是，阿杰特遵从自己的抱负和需求，创造了一种堪与沃克·埃文斯作品并称的“纪录片式”的艺术形式——它并非阿博特所述的“朴实无华的现实主义”，而是冒充成散文的诗歌。[16]

理查德·艾夫登与索菲亚·洛伦，纽约，1966 年 5 月 27 日

理查德·艾夫登（Richard Avedon）

1923—2004

人如果没有明确的角色定位，就会被美貌、才智、疾病和困惑所累。

——理查德·艾夫登

理查德·艾夫登是将动态摄影引进美国时尚摄影界的灵魂人物，但他其实也同样擅长拍摄极富代表性的静态人像，即使镜头前的人物是美国社会最边缘的群体也不例外。他在1945年开启了摄影师职业生涯，最初是在《时尚芭莎》担任摄影师，这个国际工作机遇让他获得了经济保障，得到了摄影器材和助理，并拓宽了他的视野。艾夫登很早就形成了自己独有的摄影风格，这种常在静态与动态之间切换的特色一直贯穿了他60年的职业生涯。和电影《甜姐儿》（*Funny Face*，1957）中的角色迪克·艾夫里（该角色的原型就是艾夫登），以及备受公众关注的业余摄影师雅克-亨利·拉蒂格（Jacques-Henri Lartigue）一样，艾夫登也是个魅力无穷、彬彬有礼的人物。他和艾夫里一样都喜欢成功的标志，深谙这个世界在才智和精神上的贫乏。艾夫登会对这些肤浅的事物产生兴趣，并不代表他的脑子空洞无物。

艾夫登的父亲雅各布·阿斯瑞尔·艾夫登（Jacob Israel Avedon）是一个在俄罗斯出生的犹太人，他从小在纽约东部的一家孤儿院长大。在艾夫登少年时期，父亲及其叔父山姆经营着“艾夫登第五大街”，也就是介于街道39号至40号的一家女性百货商店。据作家亚当·高普尼克（Adam Gopnik）所称，艾夫登从父亲那里吸收了“男人必须能‘养家’，否则就一无是处”的思想。[1]在艾夫登的成长过程中还受到许多关键女性人物的影响，包括她的母亲安娜，和他们同住的表妹玛吉，他妹妹（即他的第一任模特）露易丝。艾夫登之后回忆称，“露易丝的美丽是我们家的不幸，也是她生活的毁灭之源……她恃宠而骄，除了这副好皮囊一无是处。”[2]露易丝患上了严重的精神病，终于在42岁时死在家中。艾夫登表示，“我的首批模特儿，都有我妹妹的影子。”[3]显然他也对自己和家人对妹妹的纵容感到愧疚，因为正是这种对美丽的盲目迷恋和宠溺将妹妹置于死地。

与同一时期的许多摄影师一样，艾夫登也出生于一个充满商业与艺术之争的家庭。他父亲靠经商来养家，而他母亲则口口声声宣称自己“讨厌商人，钟爱艺术家”，尊奉金钱买不到的自由和世界性成就。[4]从1993年《新闻周刊》（*Newsweek*）上的资料可以看出，“艾夫登热衷于搜集名人签名，常在车库表演，在饭后跳舞，在厨房背诗。”[5]安娜 · 艾夫登（Anna Avedon）经常把孩子们从长岛的家里带到曼哈顿参观博物馆和出席音乐会[6]（一家人后来住在上东区86街东55号）。据艾夫登所称，他9岁时在弗兰克美术收藏馆观看了伦布兰特（Rembrandt）的《波兰骑士》（*Polish Rider*，约1655年），这部作品“在很长一段时间中让我深受震撼，我觉得自己就是那个年轻人。”[7]

艾夫登12岁时得到了自己的柯达Box Brownie相机，并在同年加入了希伯来青年协会的摄影俱尔部，父亲就是他的首任摄影老师。他还表示妹妹就是他的首位人像模特，他用外科手术的绷带，把负片贴在自己的肩膀两三天，以拍摄一张照片。[8]他在就读于布朗克斯的迪威特 · 克林顿高中时，担任了校园文化杂志的主编，该杂志的文学编辑就是后来颇有名气的作家和人权运动者詹姆斯 · 鲍德温（James Baldwin）。而他高中毕业后究竟干了什么，就无人知晓了。据艾夫登所言，他当时是在附近一家摄影工作室担任打杂的小助理。[9]

1942年，艾夫登进入美国商船队，成了摄影师大副。在驻留布鲁克林的羊头湾期间，他为人拍摄证件照片，还为海员杂志《船舵》（*The Helm*）拍照。他在1944年退役后，决定试着用父亲赠予的禄来福来相机以拍摄为生。据称他起初曾向曼哈顿的高档女性百货店鲍温 · 特勒（Bonwit Teller）求助，试图向其借用服装。他为雇来的模特拍照，然后再把照片出售给商店，后者再将这些照片贴在电梯中。[10]和他担任跑腿助理的工作经历一样，他给鲍温 · 特勒摄影的经历充分显示了他父亲的作用，也足见他父亲拥有深藏不露且敏锐的商业嗅觉。此外，父亲教儿子使用相机的事迹，也表明艾夫登的创意深得其父真传。

在孩提时代，艾夫登就从《时尚》和《时尚芭莎》上剪下了自己最喜欢的图片加以收藏，还打算向《时尚芭莎》当时的艺术总监阿列

克谢 · 布鲁多维奇展示自己的作品集。后来，艾夫登开始参加布鲁多维奇在曼哈顿社会研究新学校开设的“设计实验室”课程，布鲁多维奇在课堂上提出了商业与艺术能够共生共荣的理念。艾夫登认为，布鲁多维奇是个很严厉的人——“很像我父亲”，在其影响下自己获得了成长。[11] 1944年11月，艾夫登的首张时尚照片登上了《时尚芭莎》中的“初级集市”版块。艾夫登开始树立自己的风格，他参照匈牙利流亡者马丁 · 蒙卡奇（Martin Munkácsi）的风格（此人的时尚作品常以移动物体和户外背景为主），采用了多变的焦点，着力表现热情与活力。由此，25岁的艾夫登被《美国摄影》（*U.S. Camera*）称为“摄影界最有争议的人物”。[12]

艾夫登拍摄的另一个主题是人物肖像。他在1946年拍摄了自己首张白色背景的人像，1953年在《时尚芭莎》上发表了奥黛丽 · 赫本（Audrey Hepburn）和格洛丽亚 · 范德比尔特（Gloria Vanderbilt）等雕塑般优雅的褪色照片。有人称他对现代摄影的影响主要在于他在1953年拍摄的玛蕊乐 · 阿涅利（Marella Agnelli）的照片，这种风格启发了克里斯汀 · 迪奥（Christian Dior）1954—1955年H系列秋冬装的设计灵感。[13]艾夫登在1956年更是声名远扬，导演斯坦利 · 多南（Stanley Donen）根据他及其首任妻子多加 · 诺埃尔（Dorcas Nowell）的故事，拍出了音乐喜剧《甜姐儿》。不过艾夫登和多加在1949年就离婚了，两年之后又迎娶了伊夫林 · 富兰克林（Evelyn Franklin），并同后者生了一个儿子约翰。艾夫登担任多南的特别视觉顾问时年仅32岁，据《甜姐儿》的主演弗雷德 · 阿斯泰尔（Fred Astaire）所称，“这种感觉实在是太奇怪了，我必须假装自己就是他，但我又得教他怎么扮演我。”[14]

据学者卡罗尔 · 斯魁尔（Carol Squiers）所称，艾夫登的商业摄影作品常常突破美学与社会习俗的边界。[15]尽管威廉 · 伦道夫 · 赫斯特（William Randolph Hearst）在1964年颁布了禁令，严禁他发表含有非裔美国人的照片，而艾夫登还是在《时尚芭莎》上刊登了首张黑人模特儿的照片。他还在1946年与詹姆斯 · 鲍德温拍摄了一系列名为“哈莱姆区门口”（哈莱姆曾是曼哈顿的黑人区）的照片。20世纪90年代初人们才得知，艾夫登在1949年就开始拍摄街头照片，其中有些照片就是以非裔美国人和其他人种为主题的。他最初接受《生活》的拍摄任务，就是以镜头直击纽约市所面临的问题。艾夫登表示，“6个月之后我把钱退回去了，并将照片装在一个信封里，再也没有看过它们一眼。”[16]他并不想重走那些街头摄影师的老路。

艾夫登的职业和兴趣远比他作为一名严谨的摄影师所呈现的特征更为多变。1949年，他成了《戏剧艺术杂志》（*Theatre Arts Magazine*）的编辑助理，之后与杜恩·阿勃丝（Doon Arbus，好友黛安之女）合作出版了一本记录《爱丽丝漫游记》（*Alice in Wonderland*）——安德列·格雷戈里（Andre Gregory）及其曼哈顿剧组拍摄的电影——制作过程的书。1963年底，艾夫登在华盛顿特区的史密森学会首次举办个人展。这次展览由他和画家、教师马文·阿斯瑞尔（Marvin Israel）一起设计，后者曾在1961年担任《时尚芭莎》艺术总监（原艺术总监布鲁多维奇在3年前就被该杂志解聘了）。艾夫登将这次展览的照片以非正式的排列方式悬挂在空中，以贴近他们在设计或杂志工作室中做事的风格，这种设计“重塑了摄影展览的方式”。[17]

1963年初，艾夫登开始为阿斯瑞尔、詹姆斯·鲍德温出版的一本书拍摄人物肖像。该书收录了《毫无隐私》（*Nothing Personal*，1964）这张含有强烈视觉冲击力的摄影作品，其中的人像包括美国纳粹党魁、裸体的艾伦·金斯伯格（Allen Ginsberg），以及玛里琳·门罗（Marilyn Monroe）和马尔科姆X（Malcolm X）等各色人物，鲍尔温在配文中抨击了美国社会偏执的价值观。这本书还收录了艾夫登在医院拍摄的精神病人的照片，并因此饱受舆论批评。也许在人们看来，艾夫登的名字与时尚魅力密不可分，所以大众实在难以接受他的“变节”。

1965年，《时尚芭莎》推出了艾夫登特刊，刊登了由他特别拍摄和编辑的照片，以纪念他入行20周年。这个特刊中的照片的确能够证明他的兴趣广泛，但读者却并不买账。除此之外，这些照片中出现的黑人模特儿，也明显冒犯了该杂志在南方的广告主。在重新商谈他与《时尚芭莎》合约的过程中，他的前任老板及《时尚》主编黛安娜·弗里兰（Diana Vreeland）毅然以100万美元的预付款，将他挖到了《时尚》杂志。[18]艾夫登在《时尚》杂志中就遇到了自己的竞争

马尔科姆 X，黑人民族主义领袖，纽约，1963 年 3 月 27 日

对手欧文·佩恩（Irving Penn），以及佩恩的导师亚历山大·利伯曼（Alexander Liberman）。弗里兰对该杂志的愿景与60年代的青年运动较为相似，她期望艾夫登的摄影能打破时尚与名气的桎梏。《时尚》于1966年3月1日首次刊登了艾夫登的照片，直到70年代中期，他的照片几乎一期不落地登上了《时尚》杂志。

艾夫登表示他在《时尚》工作期间，他的佣金任务和个人作品之间才出现了泾渭分明的界线；而在《时尚芭莎》就职时，他的创意只能在自己的商业作品中体现。[19]他为《时尚》工作的同时，仍然没有放弃“哈莱姆区门口”等其他个人项目。也许他就是想划清两种不同工作的界线，以免自己的个人项目流于肤浅庸俗。他的代表作“美国西部”，收集了始于1979年的为期5年拍摄的125张人物肖像，该作品的赞助者是德克萨斯州的华兹堡卡特美术馆。他借助这种白色背景，向世人表明，蓝领工人和流浪者等边缘群体与公众人物一样能够吸引观者的目光。他的做法是将相机放在模特的视线之外，把图片放大到壁画的尺寸。这些照片与奥古斯特·桑德的地志摄影项目具有相似的神韵，都呈现了人种志和纪录片的惯例，但在冲印阶段又都进行了创造性的处理。这一系列照片拍摄于罗纳德·里根（Ronald Reagan）总统任职时期，暗藏着对经济大萧条的抨击，也因此难免让艾夫登饱受非议，有批评者认为这些照片折射出了艾夫登的伪善。但实际上，这个项目的政治意义并非艾夫登创作的切入点。

在艾夫登这一生的最后20多年中，他的魅力仍然不减当年，并将这种魅力延伸到了更严肃的主题。从20世纪80年代起的这20多年中，他为詹尼·范思哲（Gianni Versace）进行一年两次的时装展拍照，而且这一时期的多数作品是彩照，人物主角就是第一代超模。同时，他还为卡尔文的品牌香水指导拍摄电视广告。1985—1992年，他的编辑工作集中在法国文学艺术杂志《自我》（*Egoïste*），并于1989年新年夜为该杂志拍摄了东西柏林统一的景象。1992年，他成了《纽约客》（*New Yorker*）首位也是唯一的专业摄影师，当时的搭档是蒂娜·布朗（Tina Brown）。2004年，他在德州圣安东尼奥为该杂志拍照时死于脑溢血。

他在所谓的《自传》（*An Autobiography*，1993）中忏悔式地介

绍了自己的这一生和他的创作。艾夫登早年被美丽和名气所奴役，后来在自由主义良心的召唤下，于1971年前往越南，后因为参加反战游行而被捕入狱。1973年，艾夫登为父亲拍摄照片，这组照片既有父亲西装革履的神气模样，也有穿着病号服的憔悴身影。次年，他父亲过世后，这些人物照片就成了艾夫登在纽约现代艺术博物馆的首场展览作品。20多年过后，艾夫登于1995年在《纽约客》上将“死亡主题”引进时尚界，“已故者曾经的快乐回忆”系列中的主角就是模特儿娜嘉·奥尔曼（Nadja Auermann）和一具骷髅。乍一看，这组照片就好像是呈现美丽与死亡这种鲜明对比的老套作品，但对于艾夫登而言，这并不是同肤浅绝裂的宣誓，而是对肤浅的致敬。时尚、美丽、魅力、错觉——它们可以是虚伪的朋友，但同样也可以是创伤的避难所。艾夫登的创伤，究竟是不是妹妹不幸遭遇的客观折射呢？他主动将这段故事公诸于世的举动，实际上树立了一道防止外人深入窥探其内心世界的盾牌。

玛格丽特·伯克－怀特在克莱斯勒大厦楼顶，纽约，1934 年（奥斯卡·格拉布内 摄）

玛格丽特·伯克－怀特

（Margaret Bourke-White）

1904—1971

我的梦想是名利双收。

——玛格丽特·伯克－怀特

对于玛格丽特·伯克-怀特这一生在摄影事业上的成就，我们实在无法用廖廖数语一笔带过。她是《生活》杂志首期封面和头条文章的作者，该杂志于1936年初面世时大受好评，引领了新闻媒体的革命。1955年，《生活》杂志创始人亨利·卢斯（Henry Luce）甚至还亲口承诺，将把这位担任了20多年明星摄影师的玛格丽特·伯克-怀特送上月球。她有许多作品和个人项目的拍摄主题是那些对20世纪具有决定性意义的人物和事件，比如圣雄甘地（Mahatma Gandhi）、1947年印度分治等。她在自传中呈现的是一个英勇无畏、不屈不挠，以及拥有强大社会责任感的人物形象。[1]她自言没有什么可遗漏和隐瞒的东西，但据学者维基·戈德伯格（Vicki Goldberg）考证，她的自传明显回避和省略了一些内容。[2]与她的职业角色一样，这部自传不仅折射了她的个人追求，还有父母对她的高度期望。

她父母约瑟夫·怀特（Joseph White）和明妮·伯克（Minnie Bourke）都是移民后代。约瑟夫很排斥自己的犹太血统，并受到“伦理文化”的影响，给自己找了一个相当现代、理性而冷漠的妻子。用约瑟夫的话来说，他们结婚后就开始“创造精神和道德上的完美家庭”。[3]他们生了三个孩子，伯克-怀特出生于布朗克斯，排行第二。在她还小的时候，一家人就搬到了新泽西州的邦布鲁克，以便离约瑟夫工作的地方更近一些。

这三个孩子的生长环境比较单一，他们的父亲是一名工程师和发明家，他相信工作是一种自我救赎。而他们的母亲则为了家庭放弃了自己的教育，以理性的价值观来培养自己的孩子。在这样的教育环境下，伯克-怀特记忆中的母亲经常告诫孩子们“打开所有思路！”，

“不要走捷径，走困难的那条路！”而父亲的人生格言却是“你能行”。[4]对自然和现代机械都很感兴趣的约瑟夫同时还是名业余摄影师，他允许这个次女在浴室中帮忙冲洗照片。

伯克-怀特的父亲死于1922年，同年她在就读于纽约哥伦比亚大学期间，报名参加了克拉伦斯·H.怀特（Clarenec H.White）为期两周的摄影课程。[5]只不过，她当时的梦想是成为爬虫学家，摄影只不过是居于其次的爱好，这或许与她从小就不怕蛇和爬行动物有关。她进入密歇根大学时，动物学家亚历山大·G.鲁思文（Alexander G.Ruthven）告诉她，她并不适合做爬虫学家，在她坦然认同了这个观点后，清楚地说出了她的另一个抱负：“我想成为新闻摄影记者，而且是很优秀的那种。”[6]

她大学时常被称为佩吉或佩格、怀特，当时的她还无法接受密歇根学生埃弗雷特·查普曼（Everett Chapman）的求婚，但后来在心理医生的建议下，她终于向他坦白，他们之间的阻力在于她父亲，因为她父亲是个犹太人。他们在1924年她20岁生日的前一天结婚了，并依靠出售他们拍摄和冲印的照片来谋生。也是在那一年，他们迁到了印第安纳州的普渡大学，查普曼在那里谋了一个教职，而伯克-怀特则第三次当起了大一新生。虽然她有时候也想过要孩子，但真正怀孕时却又选择了做人流。这对夫妻于1925年搬到了俄亥俄州的克利夫兰，她在那里继续学业。但这段婚姻最终还是以失败告终。她在之后的描述中表示，这就像是“重新以独身的状态面对生活”，“我好像从病床上起身，重新走向了光明，看到外面的世界重现生机”。[7]

伯克-怀特在1926年进入纽约康奈尔大学研读生物学，并于次年9月返回克利夫兰，开始担任职业摄影师。在好友拉夫尔·斯坦纳（Ralph Steiner）的影响下，她原来的画意摄影风格开始更显棱角。她的另一名导师是阿尔弗雷德·哈尔·比米斯（Alfred Hall Bemis），此人是当地一家相机店的老板。她有自己的小公寓、车子、位于时髦终端塔的工作室以及时尚的外表，所以仍然能够收获不少爱慕者。另外，她也很善于利用自己的这些优势，并成功地劝服奥的斯公司总裁埃尔罗伊·库拉斯（Elroy Kulas）允许她夜间进入该公司的工厂拍摄。通过诸多人脉的帮助，她克服了许多挑战，以每张100美元的价格向库拉斯出售自己拍摄的照片。

1929年5月，亨利·卢斯看了奥的斯公司的照片之后，邀请伯克-怀特前往纽约工作。卢斯当时正在筹办第一期《财富》杂志，最终与伯克-怀特签下了每月支付她1000美元的兼职合同。尽管该年10月份遭遇经济危机，卢斯仍然没有放弃《财富》，终于在1930年2月发行了该杂志。由于该杂志读者群逐渐壮大，卢斯劝伯克-怀特长驻纽约工作，并为她在克莱斯勒大厦挑选了房子和工作室。她的房间在该大厦的61层，她的助理奥斯卡·格拉布内（Oscar Graubner）在该建筑顶层给她拍了一张照片。这位对自然科学和展示形象都很感兴趣的摄影师，还在自己的新工作室阳台上养了两条鳄鱼。

1930年夏天，伯克-怀特被《财富》派往德国拍照，并通过德国进入了苏联，由此产生了摄影师是“机器时代的艺术家”的感悟。[8]这次经历让她收获了一场文化洗礼和《关注苏联》（*Eyes on Russia*，1931）这本书。1932年，她第三次去苏联，拍摄了6000分钟的静态电影，她本来可以把这些胶片卖个好价钱，但最终她还是决定自己剪辑胶片。因为欠下债务，她的工作室规模缩水，不得不拍摄一些商业广告来度日，其中包括1933年给麦斯威尔咖啡屋拍摄的广告。次年夏天，《财富》将她派往俄克拉荷马州拍摄大草原的旱情。她在当地遭到阻挠后，逐渐开始支持左派分子，并积极替苏联说话。我们并不清楚这种举动是否让她失去了利润丰富的广告合约，只知道她后来表示，因为做梦都看到自己拍摄的车子在追撵她，从而决定放弃这种立场。

1936年1月，伯克-怀特找到文稿代理人马克西姆·利伯（Maxim Lieber），向对方表达了她十分想同作家厄斯金·考德威尔（Erskine Caldwell）合作项目的愿望。考德威尔因1932年发表的小说《烟草之路》（*Tobacco Road*，1932）被成功搬上舞台而小有名气，但他对南部农业区的剥削与种族歧视的指控，让他备受南方权贵的谴责，后者认为他的文字根本就是夸大其词。他正打算写一本纪实性图书，其中含有能够为他的主张增加说服力的摄影插图。当时外界对伯克-怀特与考德威尔的合作争议不断，但二人的合作成就了《你看看他们的脸》（*You Have Seen Their Faces*，1937）这本书，只不过伯克-怀特在自传中似乎有意省略了二人后来的这段婚姻关系。尤其值得注意的是，

佩克堡大坝，蒙大拿州，1936 年

集体农场上的妇人，苏联，1941 年

她对自己与考德威尔这段感情的评价，与周遭人的看法相去甚远。至于伯克-怀特究竟是更看重自己在这本书上的署名，还是考德威尔这个人（她在1939年春与考德威尔结婚），这一点我们就无从考证了。

与考德威尔在南部旅行了两周之后，伯克-怀特就与时代公司签约，为新杂志摄影。根据这项合约的安排，她将自己的工作室、暗室和4个团队搬到了时代公司的办公室。她是该杂志的4名签约摄影师之一，也是唯一的女性、唯一使用大型相机，以及唯一能够自己冲印照片的摄影师。1936年，她为《生活》创刊号拍摄的封面照片具有强烈的几何立体感，照片上是位于密苏里河岸的佩克堡大坝。同时，她还为该照片撰写了题为“美国边境生活之人文记录”的文章。[9]这图文足以证明她在美学与社会意识方面的进步。

1940年，伯克-怀特被《美国摄影》杂志称为“全世界最著名的现场记者”。[10]《生活》杂志利用她的名气，在二战期间将她派往罗马尼亚、土耳其、叙利亚、苏联，以及英国的伦敦。她在战场上是唯一直击莫斯科战火硝烟的西方摄影师。战争接近尾声的那几年，她的经历仍然极具传奇色彩：她主动请缨前往美国空军部；在前往北非的途中，轮船遭到鱼雷破坏，但她却侥幸获救；她参加过战斗任务；顶着枪林弹雨前往意大利前线拍摄。也正是在这个时期，她和考德威尔的婚姻于1942年11月走向了终点。1945年，她随同盟军前往德国，其到达布痕瓦尔德的时间与帕滕（Patten）上将及其部队相差无几。对多数美国人来说，她拍摄的布痕瓦尔德及其他集中营的照片，就是纳粹发动大屠杀的罪证。

无论是拍摄印度分治（1946—1947年）的场景、南非的种族歧视问题（1950年），还是朝鲜战争中的不幸生活（1952年），伯克-怀特都会千方百计克服眼前的种种阻力，冒险拍摄自己所需要的照片。她常被称为“第一个吃螃蟹的女人”，曾劝说强大的男子服从自己的指示，在战场上留下浪漫佳话，返回美国后又授课和写书。49岁时她被诊断出了帕金森氏病，并在此时开始撰写自传。

为了突出南方人民在20世纪30年代生活的惨状，《你看看他们的脸》这本书的插图直接引用了伯克-怀特镜头下的人物所发表的语录，但实际上这些语录是该书作者杜撰出来的。从她的自传中，我们可以看出这种通过虚构来展现真实的积极意义。她所自述的成就一生名利的历程、社会意识的觉醒，以及面对病魔的坚强意志，实在像是一个天衣无缝的英雄故事，容易让人想象她为这种生活付出了多少代价。但这并不是说，因为独身无子，她的生活就是不完整的。她最大的人生乐趣之一就是在康涅狄格州与工作相伴的独居生活。如果说她在自传中遗漏了那些可能破坏故事完整性的细节，比如她在1936年对母亲的死讯漠不关心，她和考德威尔想象中的孩子，以及她从1931—1955年断断续续接受的治疗，那应该是因为她从小生长在一个要求事事完美的环境中。她的经历足以回报父亲所给予的期望——她已经成为一种美好精神的化身。

个人肖像，1966 年

比尔·勃兰特（Bill Brandt）

1904—1983

摄影不是一项运动，它没有规则可言。

——比尔·勃兰特

比尔·勃兰特常被誉为20世纪最杰出的英国摄影家，但实际上他出生于德国汉堡，原名是赫尔曼·威廉·勃兰特（Hermann Wilhelm Brandt），在20岁前从来没去过英国。但他的身份的确是英国公民，当他终于在伦敦定居时，还是用一副外国人的好奇眼光和同情心来打量这座城市。勃兰特的创作可以分为两个阶段：20世纪30年代晚期到40年代晚期的纪实作品，和之后的艺术照创作时期。而且他的这两个创作时期延续的时间，比他自己所说的更长。他在1951年左右开始以一种强烈对比的风格冲印新旧底片，而其早期作品显然结合了社会现实主义与高度的主观审美品位。他在40年代中期至末期拍摄的风景、人像和人体作品也在接佣金任务期间获得了发展。从他早期的商业作品和令其成为艺术家的摄影书籍来看，他显然既是一名作者又是一名冷静的旁观者，总能预见甚至是构建自己的拍摄场景。有学者从他于1945年开始拍摄的扭曲人体，时而公开、时而躲避的变化，以及他于20年代在维也纳接受精神分析的情况推测出，黑暗、深思的创作主题就是他潜意识的心理折射。但我们仍然无从知晓，德国人或恋物癖这两个隐秘的身份，哪一个才是他最在意的，又或者两者都是他极力掩饰的。

勃兰特在家中的四个儿子中排行老二，父亲是富有的商人路德维格·沃尔特·勃兰特（Ludwig Walther Brandt），母亲是露易丝·墨克（Louise Merck，人称“莉莉”）。路德维格及其兄弟出生于伦敦，他父亲当时负责管理一个家族商业银行的分支。所以从法律角度来看，他是英国人，嫁给他的莉莉和之后出生的子女也都不例外。在第一次世界大战期间，外国人的身份让这个家庭备受困扰。路德维格于1914

年与5000多名英国人被拘禁在德国，并同其他5人在马厩被关押了6个月。1919年他的儿子威利，也就是当年的比尔·勃兰特被送到德国北部埃尔姆斯霍恩的一所中学，其登记卡上注明他是个英国人，必须向警察汇报他的行踪。尽管种种考验都在迫使勃兰特一家人与英国划清界线，但他们还是选择保留了英国国籍。

除了英国公民的身份之外，还有许多因素导致勃兰特疏远了其他同龄人。他是学校唯一的寄宿生；他体弱多病，曾在某个学期落下了80多节课，3年后就因为患上了严重的肺结核而被迫离校。[1]勃兰特是1923年初瑞士阿格拉疗养院接待的首位肺结核患者，他在那里恢复了一些力气之后，就在次年被母亲送到了达沃斯的瑞士宫疗养院。在达沃斯的那两年半，他几乎一直卧病在床，[2]后来就决定试试精神分析疗法。他辗转到了维也纳，在那里参加了弗洛伊德的早期弟子威廉·史德克尔（Wilhelm Stekel）开设的治疗课。勃兰特借宿在史德克尔家附近，他在那里通过哥哥罗尔夫的介绍，认识了年轻的俄罗斯女子莉娜·班扎斯基（Lyena Barjansky）。但勃兰特和班扎斯基的友情却耽误了他在史德克尔那里的课程。所幸数月之后的体检结果显示，勃兰特的肺结核痊愈了。

据称勃兰特受到尤金妮娅·施瓦茨（Eugenie Schwarzwald）博士的启发，从此立志成为摄影师。尤金妮娅在奥地利中部的格伦德尔地区有一个避暑寓所，勃兰特和罗尔夫在20年代末曾前往该地。1927年，格蕾特·柯琳娜（Grete Kolliner）将勃兰特收为维也纳工作室的学徒，一年之后又招收了另一名学徒伊娃·博罗斯（Eva Boros）。这名年轻的匈牙利女子的母亲和姐妹均死于肺结核，而她自己也染病在身。博罗斯还曾经在布达佩斯给安德烈·柯特兹当学徒。她和勃兰特一见如故，并深深地爱上了勃兰特。1930年，师徒三人迁到了巴黎，勃兰特在此短暂地成了曼·雷的“学生”，或者说非正式的门徒。[3]虽然勃兰特自称他从曼·雷那里获益匪浅，[4]并以他的风格创作了至少一张人体摄影作品，但实际上在巴黎期间对他影响最大的人物却是布拉塞。勃兰特究竟是否和布拉塞、柯特兹在蒙帕纳斯的咖啡馆一起小聚，这一点仍然存疑。因为没有证据显示养尊处优又有点挑剔，每天都要从帕西赶到蒙帕纳斯的勃兰特，究竟和波希米亚式的巴黎人有何关联。

1934年，勃兰特在欧洲旅行了一段时间之后，终于迁到了伦敦，而他哥哥罗尔夫及嫂子埃斯特尔（Ester）从1933年开始，就已经因为厌恶德国兴起的纳粹主义而定居伦敦了。比尔和伊娃·勃兰特（Eva Brandt）这对夫妇（他们于1932年在巴塞罗那结婚）分居在伦敦的同一个街区，有人认为他们这样安排是因为勃兰特害怕重新染上肺结核，当然也可能是因为他就是不想承担婚姻的责任。勃兰特兄弟的两位叔父已经定居伦敦，勃兰特的首本书——《英国人家》（*The English at Home*，1936）中收录了罗尔夫、伊娃、埃斯特尔及其他移居家庭成员和朋友的照片，捕捉了他们在英式社交生活中的模样。

常被称为“比利”或“比尔”的勃兰特至少从1936年起就开始为《每周画报》（*Weekly Illustrated*）拍照，在1937年为刚刚创刊的《小人国》（*Lilliput*）拍摄照片，次年又接了《图画邮报》（*Picture Post*）的拍摄任务。在这些插画杂志中，勃兰特拍摄的照片（没有署名）主要作用是给斜体文字配图。虽然他也曾经拍摄了《捡煤人回家的路上》（*Coal-Searcher Going Home to Jarrow*，1937）这种具有强烈象征意义的照片（照片上是一个人弯腰推着自行车，车上载着一袋沉重的废煤），但勃兰特坚决否认这张照片所传达的社会或政治思想。他后来曾表示，“我只是心血来潮地拍了这些照片，因为30年代的社会反差让我很震惊。我从来没打算为了政治宣传而拍照”。[5]

布拉塞于1933年出版的《巴黎之夜》（*Paris de nuit*）让勃兰特深受启发，于是他在1938年发表了作品《伦敦之夜》（*A Night in London*）。一年之后，因为迷恋拍摄夜景时“不会引起他人注意，可以捕捉每个瞬间”的感觉，他竟然不顾宵禁命令，走上了伦敦大街拍摄。[6]次年他受雇于英国信息部，负责拍摄伦敦人在地铁站和其他地下避难所躲避闪电战的场景。在战争即将结束时，勃兰特开始改变作品风格，重返自己早年在欧洲大陆时主张的诗意派摄影风格。这一时期他观看了奥森·威尔斯（Orson Welles）的电影《公民凯恩》（*Citizen Kane*，1941），并因此深受影响。[7]1944年，他购买了一台二手的柯达Angle相机，其110°的固定镜头产生了“一种不现实的陡峭视角”。[8]他用这款相机拍摄了一系列扭曲了大小和比例，且充满爱丽丝漫游记风格的人体摄影作品。而像《警察的女儿，汉普斯特德》（*The Policeman's Daughter, Hampstead*，1945）这种以维多利亚室内装饰为背景的裸体模特照片，则同时反映了一种超现实主义，带有扭曲的情色意味。他的这类照片在1961年《人体摄影视角》（*Perspective of Nudes*，1961）出版之后，才被世人所了解。查普曼·莫蒂默（Chapman Mortimer）在该书的引言中强调，勃兰特的摄影艺术并非折射现实的镜子，而是"窥探"童话世界的镜子。[9]

勃兰特在自己第三本书《伦敦摄影》（*Camera in London*，1948）的引言中表示，他在寻找一种能让自己的作品主题呈现"既熟悉又陌生"之感的创作环境。[10]据勃兰特自己称，他对纪实摄影失去兴趣，部分原因是由于30年代的战争所创造的强烈社会反差让他深深为之着迷。[11]但勃兰特在50年代初放弃社会纪实摄影其实更可能是因为：他的第二任妻子马乔里·贝克特（Marjorie Beckett）——时任《图画邮报》时尚编辑——与另一名编辑，也就是勃兰特的好友及热心支持者汤姆·霍普金森（Tom Hopkinson）一起从《图画邮报》辞职，以抗议该报撤掉关于朝鲜战争的照片。在其职业生涯的第二阶段，他出版了令他稳居艺术家宝座的书籍——《文艺英国》（*Literary Britain*，1951）、《人体摄影视角》（1961年）和《光影》（*Shadow of Light*，1966）。当时的《摄影》（*Photography*，1952—1962）杂志编辑诺曼·哈尔（Norman Hall）是他最重要的支持者。如果没有哈尔的帮助，勃兰特"就可能仍然是个默默无闻的摄影师"[12]。

勃兰特在摄影界的成功并不仅仅来源于男性友人。从他认识莉娜·班扎斯基开始，他生命中就一直有两个女人相伴左右。从勃兰特的三人组合（最初是与伊娃、莉娜，之后是与伊娃、马乔里），据弗洛伊德精神分析，他在1977—1980年拍摄的施虐受虐狂式的裸模，以及他曾经光顾某些妓女模特的生意等种种迹象不难推断，勃兰特是一个通过摄影寻找宣泄出口的性压抑者。这是勃兰特传记作者保罗·德兰尼（Paul Delany）的结论，他认为《警察的女儿》与斯温伯恩（Swinburne）未发表的同名色情小说之间存在关联。[13]无论他究竟有什么性嗜好或性幻想，勃兰特这一生显然都逃不过与女人剪不断理还乱的情感纠葛。1948年，伊娃和勃兰特离婚时，勃兰特在个人生活

在阳台上的伊娃和莉娜，1934 年

和事业上都很依赖贝克特，但却在同居了30多年之后才娶了她。1971年贝克特因癌症去世后，他几乎立刻就向其妹妹求婚——但被小姨子断然拒绝了。次年，他经人介绍认识了苏联离异女性诺亚·柯诺特（Noya Kernot），立刻与之坠入爱河。他们在1972年12月结婚时，伊娃找上门来，之后两个女人就开始了一场旷日持久的消耗战，成天争执究竟谁才是勃兰特的真爱。

勃兰特声称摄影没有章法可循，他的意思是指摄影师有权以最适合自己的方式展现自己的想象。在战后，他的这种观点遭到了摄影界的否定，因为当时摄影界的许多重要人物都认为，提升摄影艺术的唯一途径就是参与单一的审美实践。他早期的一些作品强调纪实性，那时他口头上承认了摄影界的这种正统思想；后来的作品则强调艺术感，他也就坦言自己是名艺术家，不是记者。勃兰特在私生活和事业上的借口，有可能源于他无法承受的“烦扰”。[14]但我们要注意，他拒绝被称为20世纪中期典型欧洲知识分子，因为在他看来这种标签总透露着一股神经质。勃兰特认为，“过度的自我审查或自我意识”可能会抑制自己的美学动力。[15]他坚信摄影师“必须保持孩童首次感知世界，或者旅人进入陌生国度时的好奇心”。[16]从他这番话的心理分析中就可以看出，他不可能是个久坐于沙发上的宅男。

警察的女儿，汉普斯特德，1945 年

个人肖像，巴黎圣雅克大道，约 1931 年

布拉塞（Brassaï）

1899—1984

我没有发明，我想象万物。

——布拉塞

布拉塞只是久洛·豪洛斯的笔名，年轻时就沉迷于艺术形式的自我表达。他出生于特兰西瓦尼亚（当时还是匈牙利的一部分）的布拉索，先后在布达佩斯和柏林接受美术教育。他在柏林和巴黎（他于1924年初迁到了巴黎）发现，自己内心追求的梦想和实际从事的工作颇有出入——他先后接触了新闻工作、摄影报道，最后是艺术摄影。摄影让布拉塞（这个名字的意思是“来自布拉索”）实现了名利双收，但同时也让他备受困扰，他真正的愿望是成为像毕加索一样的画家。[1]我们可以说这位摄影师有两个独特的人格：一个是胸怀壮志想当画家，但却偶然成了摄影师的“久洛·豪洛斯”；另一个则是将摄影艺术作为主要自我表达方式的文艺青年“布拉塞”。最终，他还是选择了以这个笔名来展现真实的自我。皈依法国，这也许就是这个高度分裂人格的理想归宿。

布拉塞对自我的迷恋源于少年时期的专注，以及20世纪初动荡的政治局势。1918年，奥匈帝国崩塌，独立的匈牙利崛起之后，布拉塞到布达佩斯游历并进入美术学院。他在那里为先锋画家亚诺什·马蒂斯-托伊奇（János Mattis-Teutsch）的人格魅力所深深折服。1919年秋，他加入了匈牙利红军，担任军事话务员，为刚组建政府的匈牙利苏维埃共和国抵抗捷克、塞尔维亚、法国和罗马尼亚组成的盟军。匈牙利革命分子被罗马尼亚军队打败之后，他也被当成军事俘虏关押了数周。[2]1920年签订“特里亚农条约”后，特兰西瓦尼亚正式变成了罗马尼亚，布拉索就成了布拉索夫。由此不难看出，已经变成敌国公民的布拉塞为何想去别处继续学业。

布拉塞自1920年12月到达柏林时，就开始用坦率、自大却时而暴躁的口吻给父母和兄弟写信，此时的他主要通过写作来寻找“自己的表达方式”。[3]在一家私人工作室就职一段时间后，他成功地申请到了工艺美术学校的名额。1921年中，画家埃米尔·奥立克（Emil Orlik）认为他的画作更符合“学院派”的风格，他就报名进入了柏林-夏洛滕堡的学术学院。[4]此时他已经在匈牙利媒体上发表了不少文章，还于1921年底举办了个人画展。大约在此时他开始奉行新客观主义，且摒弃了过去的表现主义。

1924年初，布拉塞到达巴黎，很快融入了流亡法国的匈牙利群体，并在家书中同时提到了自己在巴黎必须切换多种角色的快乐与困扰。他在巴黎曾充当玛丽安·德劳内-贝尔维尔（Marianne Delaunay-Belleville）的护花使者，这位中年女人已经同汽车商丈夫离婚了。尽管他对自己在巴黎从事的活动心情复杂，但不得不承认，他对巴黎怀有深厚的感情。1903年，他的父亲（索邦大学的法国文学教授）举家迁到巴黎，进行为期一年的休假。布拉塞在50年后描写这段经历时写道，“对于一个孩子来说，世界上最好的地方就是巴黎的林荫大道。”[5]

布拉塞很喜欢的一句话是“我没有发明，我想象万物”，传记作家乔治·D.佩恩特（George D.Painter）曾在《寻找丢失的时光》（*In Search of Lost Time*，1913—1927）中用这句话来描述普鲁斯特（Proust，法国作家）：“虽然他没有发明什么，但他能改造一切事物。”[6]布拉塞更改了佩恩特的原话，但也很贴切地描述了他与现实打交道的本质。对于一个（最初）使用三脚架工作，有时候要自己摆拍场景的人来说，摄影的本质并非快速捕捉街头生活的某一瞬间，而是通过摄影来回应自己亲眼目睹或想象中的场景。从他的家书中可以看出，布拉塞并没有从自己早期的新闻摄影角度来评价巴黎，而是从一名欧洲读者的视角来解读巴黎的内涵。

1925年，一位德国出版商建议布拉塞专心以摄影为业，不要从事其他工作，[7]但直到1929年末他才终于据此行事。他在自己早期书信集（1978年）的序言中让读者不要误认为他是出于实际原因才从事摄影的。[8]在之前25年时间中，他的确是为了艺术而非赚钱才投入了摄影事业。[9]他还推出了自己首部成功的作品集《巴黎之夜》（1932年）。[10]布拉塞宣称如果他放弃了摄影这种自我表达方式，就说明他对摄影报道工作失去了兴趣——这显然是提升其艺术境界的一个好说法。

布拉塞自称1923—1933年是他这一生中的“转折点”，不仅仅是因为《巴黎之夜》大获成功，还因为他在《弥诺陶洛斯》杂志的摄影工作为他打开了通往巴黎艺术殿堂的大门。[11]希腊评论家和出版商特里亚德邀请他为艺术家及其工作室拍摄刊登在《弥诺陶洛斯》上的照片，这些机遇让他结识了许多朋友，包括他在《我生命中的艺术家》（*The Artists of My Life*，1982）中提到的一些友人。他的这些友谊都是作品带来的，而不是单靠艺术实现的，所以他后来才敢于坚称自己的才智和审美水平接近曼·雷和毕加索。同时他也强调，《时尚芭莎》编辑卡梅尔·斯诺（Carmel Snow）在1933—1957年给予他的创作权限同样让他受益匪浅。

布拉塞在1930年宣称他将摄影当成一种创意表达方式，但他在1937年3月6日的日记中却出现了与此矛盾的说法，“我必须回归造型艺术……摄影实际上只是一个起点……它是一种选择而不是表达。”[12]我们可以从他的文字中找到这种危机意识的一些源头——他母亲因为他在浪费生命曾对他施加惩罚，他在柏林时期的画作受到毕加索等人的称赞，以及他在年近40岁时对自己设定的目标。[13]至少从短期的实用性来看，他的这些危机都算是解决了。布拉塞从1934年开始为瑞夫摄影机构工作，到了1937年已经小有成就，不少照片登上了《时尚芭莎》，而他给杂志拍摄照片，两三个月就能赚到4万法郎。[14]

布拉塞在1949年取得法国国籍，但他实际上在二战期间就已经是个地道的法国人了。与摄影界中的其他人不同，他并没有在硝烟四起的20世纪30年代末逃离巴黎，只在1940年6月巴黎遭遇轰炸时，才前往法国西南部的临时避难所。1948年7月，他同《意志》（*Volonté*）杂志的资料管理员吉尔贝特-梅赛德斯·波伊尔（Gilberte-Mercédès Boyer）结婚，据称她当时要求布拉塞获得法国国籍后才肯和他结婚。[15]这一点或许也是他坚守法国的原因，妻子后来猜测他不肯动身前往他国，也许就是因担心出境后就无法重新入境了。[16]

布拉塞从来没有专门练习过摄影技巧，他对电影制作、诗歌和雕塑也同样很感兴趣。尽管他在其他媒介艺术上也表现活跃，但只有摄影助他年少成名。1937年，他的部分作品被纽约现代艺术博物馆收录到“1839—1937年摄影展”。1956年，他在纽约现代艺术博物馆举办了自己的“涂鸦”专题作品展，次年获得了威尼斯双年展的金奖；60至70年代间分别在巴黎、纽约和伦敦举办摄影展，获得法国荣誉军团勋章之后，又在1978年赢得了法国国家摄影大奖。

年轻时的布拉塞迫切想找到自己的归属。他被迫远离故士，只能以外人和观察者的目光来打量自己的祖国。摄影师这个职业只是他行走于世的诸多面具之一，但他却放弃了其他营生，独独保留了这一项决定了他一生的艺术。他少年时一直在向父母让步，成年后则在改写传记时表示，他是经过深思熟虑才选择了摄影，我们只能通过仔细阅读他字里行间的表达，才能揣摩出他的真实感受。在生命的最后10年，他创作了《为摄影所迷的普鲁斯特》（*Proust in the Power of Photography*，1997），以呈现普鲁斯特这位法国文学巨人深深为摄影艺术所折服，并将其运用到文学创作的情景。将摄影上升到法国文学著作的高度，也许就是他让年少时的自己和父亲达成和解的一种方式。

俄罗斯桌球馆的女人，蒙马特，1933 年

个人肖像，1927 年

克劳德·卡恩（Claude Cahun）

1894—1954

人生总在不同的面具之间切换，我永远不会停止更换角色。

——克劳德·卡恩

克劳德·卡恩现今最为人称道的是她在20世纪20至30年代拍摄的奇特照片，但这些照片在她死后的半个世纪才被世人“发现”。尽管她生前在巴黎文化圈中有不少人脉，还是一名忠实的超现实主义者，曾被安德烈·布列塔称为“当代最有好奇心的灵魂之一”，却仍然无力扭转她死后才成名的命运。[1]卡恩擅长多种媒体艺术，包括诗歌、散文、评论、表演、雕塑和摄影，并经常融合这些艺术形式进行自我表达。她出生于一个文艺世家，原本应该成为一名作家，但今天让她赢得声名的却是她的肖像摄影作品。她的这些肖像作品收录了各种人物角色，表达了一种脱离常规，有别于社会风俗、世俗偏见的生活观。她认为，艺术和文学只是一种映射而不是镜子，她在生活和创作中都是个激进分子。30年代初，卡恩开始奉行左翼艺术家和知识分子应该通过艺术表达政治立场的思想。二战时，她发现自己已经置身于纳粹的统治之下，就开始发起大胆而富有创意的反纳粹宣传活动。

卡恩只是这个女人的笔名，她的真实身份是出生于法国南斯的露西·蕾妮·玛蒂尔德·施沃布（Lucy Renee Mathilde Schwob）。她的童年时光主要与祖母玛蒂尔德·卡恩（Mathilde Cahun）相伴，她母亲玛丽-安托瓦内特（Marie-Antoinette）患了精神病后不幸自杀。虽然这个阿尔萨斯—犹太家庭诞生了不少知识分子，但卡恩的父亲和叔叔却都是不可知论者。[2]她的祖父乔治·施沃布（Georges Schwob）曾经收购和经营共和党报纸《卢瓦尔河灯塔》（*La Phare de la Loire*），而她父亲莫里斯则是一位政治经济评论员，在1892年祖父过世后就一手接管了这家报纸。两年后，她的叔叔、富有影响力的象征主义小说家马塞尔·施沃布（Marcel Schwob）帮助创办了文学评论特刊《法兰西信使》（*Mercure de France*）。卡恩深受父系亲属的知性主义教育的影响，同时又备受家长统治观念的掣肘。

德雷福斯事件——1894年拥有犹太血统的法军将领阿尔弗雷德·德雷福斯被误判叛国罪一事成了法国政坛的丑闻——之后兴起的反犹太主义对卡恩造成了直接影响，她在1906年左右被送到了萨里，在那里继续完成学业。她的祖母在次年过世后，她于1908年回到南斯由父亲抚养。1909年，卡恩在南斯的公立中学遇到了苏珊娜·马勒布（Suzanne Malherbe，笔名"马塞尔·摩尔"），二人后来成了终身的艺术合作伙伴和情侣。卡恩常在父亲经营的报纸档案室逗留，在那里饱读其中收藏的文学著作，1914年进入索邦大学主修文学和哲学。她首篇面世的文章《看法和愿景》（*Vues et visions*）于1914年5月发表在《法兰西信使》上，署名是"克劳德·库利"，之后在1919年将其出版成书，而书中的插图作者是马勒布。从一开始，马勒布和卡恩就一直在研究卡恩一生专注的主题，最初是她父辈主张的象征主义，后来是创作超现实主义作品——摄影和写作。

因为患了厌食症和抑郁症，卡恩只好提前退学了。1917年，她的父亲续弦娶了马勒布的寡母，这样一来，卡恩和马勒布不但是恋人，还成了姐妹。除了这种遭到父亲反对的同性恋关系，卡恩还出现了其他许多离经叛道的举动。1918年，她为了给自己拍照，剃光了头发；之后在巴黎时，她又去理了个平头。[3]这可不是青春期的叛逆表现，而是被知识沙文主义边缘化的女性向世俗发起的挑战。她继续以"克劳德·卡恩"和"丹尼尔·道格拉斯"的笔名为报纸撰文，"丹尼尔·道格拉斯"这个笔名是从奥斯卡·王尔德（Oscar Wilde）的恋人阿尔弗雷德·道格拉斯（Alfred Douglas）衍生而来。1918—1921年期间，她还给父亲创办的期刊《拉热尔布》（*La Gerbe*）撰文，同时还和马勒布一起写作、雕塑、摄影和创作拼贴画。

在南斯期间，卡恩结识了菲利浦·苏波（Philippe Soupault）、西尔维亚·比奇（Sylvia Beach）等巴黎文学界的名人，经常出入这些人物举办的非正式沙龙。1922年，她和马勒布迁到巴黎并在蒙帕纳斯定居时，仍然同这些文艺人士保持着联系，她也在此时正式更名为克劳德·卡恩。从1921年开始的那三四年，卡恩发表的作品不多，直到1925年才在“女英雄”（Héroïnes）系列中发表了几则故事，即颠覆性地改写了历史、神话和圣经上的一些知名女子的人生故事。卡恩的文学作品和人物摄影都算得上是对身份和性别固有属性与流动性的探索，尽管她这一生都在和马勒布合作，但她多数作品的创作动力却来源于自恋式的自我探索。她最持久的内在探索的代表作是《无效供词》（*Aveux non avenus*，1930），她负责撰文，并和马勒布一起配图。该文开篇写道：“轻率而残忍，我喜欢寻找自己灵魂深处彼此交织绞缠的碎片。”[4]

卡恩在30年代与超现实主义产生交集，这与她激进的政治立场及她在1932年认识安德烈·布列塔的经历密切相关。她在1932年与布列塔一样成了作家和艺术家革命协会的成员。尽管该协会的创始人疏远了许多艺术和政治同仁，但她始终与之保持着相同的超现实主义意识形态。她和布列塔都是反法西斯分子。1934年，她发表了《相信巴黎》（*Les Paris sont ouverts*）这篇辩论文章，在其中写道：“在我看来，从宣传和诗歌入手，采取间接行动才是唯一有效的手段。”[5]她还宣扬了艺术应该普及大众的思想。

据作家加文·詹姆斯·鲍尔（Gavin James Bower）所称，卡恩在1936年成了一名成熟的超现实主义者。[6]她在该年参加了巴黎查尔斯拉东画馆的“超现实主义作品展”，但此时她已经很少拍摄人物肖像，更常创作的是雕塑或象征主义手工作品。1926年，她开始创作集合体，即融合肖像和雕塑艺术，并推出了“我们之间”系列作品。1935年，她开始摆拍物体照片。次年，她开始创作塑料物品，并拍摄记录了其中某些作品。1936年，她则同布列塔游历伦敦，在新伯灵顿美术馆协助举办了“国际超现实主义作品展”。超现实主义过去一直是“男人”的阵营，[7]而她却被这些男人接纳了，真是让人感到既欣喜又悲哀。但卡恩坚定不移地宣称，她从小就是名超现实主义者。[8]

1937年，卡恩和马勒布离开巴黎前往英国的泽西岛，少年时的她常在此度假，她俩过去就是当地的常客。她们买了一幢房子，并在次年夏天搬了进去。1940年法国沦陷时，卡恩和马勒布并没有离开泽西岛，而是坚持留守该岛，生活在德军的统治之下。这名主张间接行动的艺术家现在变成了秘密行动的反抗力量，她鄙视那些经过德国审核

个人肖像（在橱柜中熟睡），约 1932 年

的宣传内容，和马勒布创作了自己的宣传画，四处发放伪造的叛国禁令，炮制出多份不同笔迹的内容，让人们相信这是许多良心发现的德军士兵发自肺腑的心声。卡恩和马勒布最终因为这种造假行为于1944年7月25日被捕，两人原本都打算服用氰化物自尽，但却被救活了。因为有群众请愿反对将她们处死，所以她们又在狱中活到了1945年5月8日全岛解放的那一天，但她们回到家时却发现大多数作品、文稿和物品都已经被战火烧尽毁坏了。

1953年，卡恩和马勒布访问巴黎（卡恩一度想重返巴黎），但由于她的身体健康每况愈下，最终未能如愿，并在次年于泽西岛过世。马勒布在她死后离开了她们的旧居，搬到了附近的博蒙特镇，并于1972年自杀。虽然卡恩的许多作品都有马勒布参与的证据，但马勒布的名气仍然远不及卡恩。卡恩知道自己是个自恋狂，也清楚分发反纳粹的宣传单会让马勒布受到牵连，但她在精神、创造力、才智和政治层面的需求和愿望占了上风，把爱人也拉进了万劫不复之地。也许在卡恩的创作史中，她俩的戏份其实一样重。但无论如何，她们艺术生涯中最经得起考验的作品仍然是“克劳德·卡恩”。

朱莉娅・玛格丽特・卡梅伦与女儿朱莉娅的肖像，1845 年（摄影师不详）

朱莉娅·玛格丽特·卡梅伦

(Julia Margaret Cameron)

1815—1879

我的志向是结合理想与现实，保留诗歌与美学的质感，把摄影变成高贵的艺术。

——朱莉娅·玛格丽特·卡梅伦

朱莉娅·玛格丽特·卡梅伦于1874年开始撰写《玻璃屋的编年史》（*Annals of My Glass House*），她在这本未完稿的回忆录中就指出，传记作者在写作中应该避免“紧抓私人细节不放，以及掺杂个人感情”。但她自己却也难免如此，从她一生对待生活与艺术的关系就能看出端倪。她是一位幸福的已婚妇女，生育了6个子女，在48岁的时候才拿起相机，把摄影当成业余爱好。常有人说卡梅伦是当时英国上层中产阶级价值观的典型代表，但她却并不符合该阶级的标准特征。她从小在印度长大，与自己的法国祖母关系最为亲近，她和丈夫的家庭都面临家道中落的情况，却在衣着打扮上的品位仍很时髦。她的摄影主题并没有准确地划分创意领域与个人日常生活之间的界限，她最著名的代表作也同样不存在艺术与其时代特征的隔阂。她镜头下的人物，无论身世显赫还是出身低微，都能够在她的处理之下呈现鲜明的重要特征。卡梅伦声称，这些人物的特征来源于他们本身的美丽或天赋。在一个日趋世俗的社会中，她致力于用镜头为模特儿和摄影师创造一个永生的来世。

卡梅伦与诗人阿尔弗雷德·坦尼森（Alfred Tennyson）、亨利·泰勒（Henry Taylor）和罗伯特·勃朗宁（Robert Browning），作家安东尼·特罗洛普（Anthony Trollope）、威廉·梅克比斯·萨克雷（William Makepeace Thackeray）和托马斯·卡莱尔（Thomas Carlyle），画家乔治·弗雷德里克·沃特（George Frederic Watts），科学家约翰·赫歇尔（John Herschel）、查尔斯·达尔文（Charles Darwin）等人都过从甚密（除了萨克雷，她给这些人物都拍过照片）。我们之所以能够将这些人物划分到同一个知识分子朋友圈，很大程度上要归功于卡梅伦积极与他们建立的联系。她加入的第一个圈子就是她自己家的“帕特尔圈”，这是萨克雷为描述帕特尔七姐妹（艾德琳、朱莉娅、莎拉、玛丽亚、露易莎、弗吉尼亚和苏菲亚）的世界而创造的一个词。这七姐妹均出生和成长于英属印度的加尔各答，她们的父亲是在东印度公司就职的英国人詹姆斯·帕特尔（James Pattle），这七姐妹中有6人嫁给了殖民地居民。但“帕特尔圈”并不仅仅宣扬英国海外移民的价值观——她们的母亲艾德琳·德埃唐（Adeline de l'Étang）拥有法国血统，而且艾德琳、朱莉娅、莎拉、玛丽亚4人有大半的童年时光是在凡尔赛的外祖母家度过的。外祖母出生于印度，她的母亲还是个孟加拉人。从小在加尔各达、凡尔赛、巴黎和伦敦长大的卡梅伦自然精通英语、法语和北印度语（后来还学会了德语），但她们姐妹却没有接受过正规系统的教育。帕特尔姐妹显然都为自己的混合血统和不同寻常的出生而自豪，不过卡梅伦却认为自己对“英国”这个词并没有太多感情。

1837年，朱莉娅·玛格丽特·卡梅伦在非洲好望角养病散心，具体原因不明，我们只知道此事发生于她姐姐艾德琳死后不久（她患有先天疾病）。据一名评论家观察，她可能想借此逃离终日酗酒成性、肆无忌惮的父亲。她在这里认识了她这一生中最重要的两个人：天文学家约翰·赫歇尔以及查尔斯·卡梅伦（Charles Cameron，比她年长20岁的一名法律学者）。1838年2月，她和卡梅伦在加尔各答结婚，当年12月就生下了他们的第一个孩子朱莉娅。次年，巴黎和伦敦分别诞生了两种不同的摄影技术。已经返回英国的赫歇尔是早期重要的摄影试验者，他根据新的处理过程创造了“摄影术”，以及“负片”和“正片”这些术语，还发现了定影剂（硫代硫酸钠）能够用于“稳固”图像。1842年，赫歇尔将印在纸上的摄影样本寄给当时远在加尔各答的卡梅伦，而后者却抱怨这种图像缺乏内涵。1845年，小朱莉娅因健康问题被送到欧洲时，卡梅伦开始通过摄影寻找慰藉，如试着用银版照相法给她和女儿拍照。

1848年，在卡梅伦的双亲接连亡故后，她和查尔斯带着孩子朱莉娅、尤金、埃文和哈丁（他们后来又生了两个儿子，即1849年出生的查理和1852年出生的亨利）定居伦敦。卡梅伦的两个妹妹莎拉和弗吉尼亚当时已在伦敦落脚，玛丽亚也在同年回到了伦敦。1849年遇见诗人亨利·泰勒之后，卡梅伦可能是出于对莎拉和弗吉尼亚当时社会地位的嫉妒，立即对泰勒夫妇展开了外交攻势，并通过泰勒认识了更有名的文学人物阿尔弗雷德·坦尼森。1852年，艾米莉·坦尼森（Emily Tennyson）在特威克纳姆的家中早产，卡梅伦立刻跑到伦敦中心找医生。正是这一热心举动，彻底攻破了大诗人的心理防线，不再排斥她总是贴上来套近乎的姿态。卡梅伦对于她想结识和热络的朋友，总是不厌其烦地“自我牺牲”。[1]也正因如此，他们开始对她“缴械投降”，甚至还把她称为上天给他们送来的“只会关心他人，不会惦记自己”的超级大礼。[2]

1853年，坦尼森一家搬到了怀特岛西端的一个村庄弗雷什沃特。7年之后，当查理终于从长期的疾病中痊愈时，卡梅伦一家也搬到了那里。卡梅伦在弗雷什沃特开始正式接触摄影，据英国散文家和传记作者威尔弗雷德·沃德（Wilfred Ward）所称，卡梅伦开始与坦尼森展开意志与智慧的较量。[3]卡梅伦与这位诗人关系绝裂的原因就在于卡梅伦总是过于热情的表达方式——总想将自己的意志强加于他人。她曾在给赫歇尔的信中提到了英国人对短长格五步格诗的偏见，声称“阻力越强大，成功的希望就越大”，由此可以看出她所主张的个人信念和美学信条。[4]除此之外，她所布置的极不舒适的摄影背景和冗长的摆拍时间，也让镜头下的模特备受煎熬。她指示模特摆拍的姿势和表情因无法维持太长时间，并不能达到她预期的要求。坦尼森虽多次同意按她的要求摆坐姿，但嘴里还是嚷嚷着他更情愿由商业摄影工作室给他拍肖像，这一点让卡梅伦非常不快。

卡梅伦在1853年底从事摄影工作，也因此尝尽了没有经验和实践，仅靠凭空想象来拍照的苦头。但在19世纪50年代末，她的摄影技术开始炉火纯青，接到了其家人、坦尼森和泰勒等人介绍来的肖像摄影工作，她为家人和朋友精心编撰相册，甚至还冲印和裁剪了奥斯卡·雷兰德的底片。她在《玻璃屋的编年史》中提到，她在1863年圣诞节收到了女儿女婿赠送的相机，礼盒上面的字条写着：“希望这台相机能让您更好地打发在弗雷什沃特独居的时光。”[5]这台11×9英寸相机在当时算是十分昂贵的大礼了，但对于卡梅伦来说这份礼物并不算是出乎意料的惊喜。

这里提到的“在弗雷什沃特独居的日子”颇值得玩味，它可能是指一两年后，卡梅伦家的小孩不是去寄宿学校，就是完全自立门户了；也有可能是暗示她丈夫所遭遇的变故。她在1878年给妹妹玛丽亚写信时提到，查尔斯知道“他在弗雷什沃特维持了10年（我认为是15年）的‘睡鼠州’生活”。[6]卡梅伦这里所说的“睡鼠州”是游客对弗雷什沃特的戏称。查尔斯的衰老和健康状况可能与他在这里的生活情况有关，但也很可能要归咎于他自己沉湎于食用鸦片、酒这种止痛品。无论究竟是什么原因导致他和妻子分别，对于卡梅伦来说，这种缺少亲密陪伴和心智启发的经历的确是她的心头之痛，并深深地影响了她的艺术创作。

对于镜头下的女性模特，卡梅伦很少让她们以自然状态进行拍摄，而是想方设法将她们拍成从历史、神话、圣经或小说中走出来的角色。至于那些不愿意在镜头前摆拍的男性角色，她通常会使用斗篷或毯子将他们裹起来，创造出一种时空交错的合成影像。有位模特表示卡梅伦是一位擅长唤醒他人内心理想角色的女人，[7]也有人称卡梅伦是一个善于帮助人们通过扮演虚拟人物而提升内在品格的摄影师。[8]亨利·泰勒于1864年在弗雷什沃特生活的数周时间中，他每次来访卡梅伦都要给他拍照，他夫人因此写下了这样的话：“我想多数照片都很棒，可能比你写过的东西更好，所以我开始希望你有更大的成就。”[9]卡梅伦给侄女朱莉娅·杰克逊（Julia Jackson）写信时表示：“我充满干劲儿的时候，就必须表扬一下我所爱的那些人。”[10]这种表扬可能是发自肺腑的，但因为卡梅伦总是用力过猛，她的这种表扬就显得充满心机和策略。乔治·弗雷德里克·沃特就曾在1859年向泰勒抱怨：“卡梅伦夫人热情而夸张的溢美之词真让我受不了，这让我感觉自己是个名不符实的骗子。她会称赞某张照片很棒，但那照片是她的，不是我的。”[11]对于卡梅伦这位“在生活和书信中都要比他人更显份量”的人来说，摄影就是一种促进自己与他人沟通的媒介，无论是才智还是情感，无论是生活还是艺术，概莫例外。[12]

卡梅伦这一生拍摄了数千张照片，每一张照片的技术含量都很

我在等待，1872 年（雷切尔 • 格尼 摄）

骑士兰斯洛特和王后桂妮薇儿的离别，1874 年

高。从1864年开始，她曾一度成功出售自己展出的照片，但后来却因为慷慨赠送照片而让自己的摄影艺术价值大打折扣。因为在锡兰（现在的斯里兰卡）的投资回报甚少，加上几个孩子庞大的教育费用，卡梅伦家的经济状况受到影响，并于1875年重返锡兰（当时他们有4个儿子已经在锡兰定居），以便节省开支。这对夫妇在儿子哈丁的陪伴下，在南安普敦登船，随行的物件是一对棺材、一头奶牛和卡梅伦的相机。在1878年中期访问英国数月之后，卡梅伦就逝于小儿子亨利在锡兰的家中。数年之后，亨利返回伦敦，并在那里成了职业摄影师。卡梅伦的摄影作品备受亨利时期画意摄影师的赞赏，因为这种摄影风格与他们所主张的艺术理念一脉相承。但她给后代留下的最宝贵的遗产却并不是她出色的摄影审美品位或惊人的才智，而是她与那个时期的“名人和名媛”之间建立的关系。[13]我们可以这样来理解她这一生的角色——朱莉娅 · 玛格丽特 · 卡梅伦的生活和创作目标就是，将所有人和物都收入自己的镜头中。

罗伯特·卡帕的个人肖像，1940 年（摄影师不详）

罗伯特·卡帕（Robert Capa）

1913—1954

光有才能是不够的，你还得是匈牙利人。

——罗伯特·卡帕

如果有一个人的传记能够在20世纪早期诸多摄影从业者中独树一帜，那一定非罗伯特·卡帕莫属——他有犹太血统，曾经改名，少年时曾效忠于左派分子，曾旅居巴黎，是个逍遥学派的自由人，在50年代因共产党员身份受到威胁，后为创造戏剧性的效果，也为淡化当年追随左派分子的色彩而改写了传记。罗伯特·卡帕无疑是史上最著名的战地摄影师，他的照片因不加修饰地还原真相、近距离接触军事或政治实情的特色而被世人称道。但他为自己在二战期间担任美军摄影师的经历而撰写的回忆录，却又夸张得接近于虚构。他有一张著名的摄影作品——“倒地身亡的士兵”（The Falling Soldier），现在被人怀疑是伪造的照片。新闻摄影对于他那一代在两次大战期间因政治和社会动荡而被迫背井离乡的人来说意义重大，它的中立性也是摄影师的一道重要盾牌。对于卡帕这个从小就机灵无比的人来说，摄影就是他的自由通道。

卡帕出生时的名字是艾尔诺·弗里德曼（Ern Friedman），他是朱莉安娜·博科维茨（Julianna Berkovits）和德勒·弗里德曼（Dezs Friedmann）的第二个儿子。弗里德曼夫妇最早是当学徒起家，妻子当裁缝学徒，丈夫则是女装裁缝学徒。他们婚后于1910年在布达佩斯的时尚街区开办了一家定制裁衣沙龙。卡帕认为，父母的这场婚姻就像是“一场漫长的拉锯战”，他的母亲总在不停地数落父亲的缺点（比如赌博、游手好闲和坑蒙拐骗），但她又十分纵容儿子的缺点。[1] 1919年夏天匈牙利苏维埃共和国解散后，大家的生活十分困窘，多亏他父亲的一点小聪明才养活了全家人。[2]在当年的数月间，年仅5岁的卡帕就先后经历了共和政府、白色恐怖（镇压共产党及其支持者的运动）的噩梦，之后不久就被送进了学校。而课堂外的卡帕则经常与小伙伴四处恶作剧和疯闹。

少年卡帕通过《劳动》（*Munka*）期刊接触了激进的文化和政治思想，加入了该期刊支持者发起的反抗游行活动（即抗议政府造成的民不聊生）。据称他扬言要加入共产党，后来却走上了反共的道路，卡帕在传记中煞有介事地描述了事情的经过，但这段经历怎么看都像是他自己编造出来的故事。[3]当时他打算去见一个入党介绍人，岂料未能如愿，还被带到一个审讯室进行盘问和拷打，后又被关进监狱，多亏他父亲乔装成警察才把他救了出去。[4]卡帕于1931年7月12日动身前往柏林，冒用他哥哥科奈尔的名字（后来又使用了“科奈尔·卡帕”这个名字）才得以脱身。[5]与卡帕传记中的多数内容一样，这件事也可能是他杜撰出来的——显然他并不想抖出真相，以免自己精心构造的好故事丧失光芒。

卡帕到达柏林后，开始广泛结交流亡在外的匈牙利人，其中包括他童年时的玩伴及摄影家伊娃·拜什涅（Éva Besnyö），以及画家、设计师兼教师捷尔吉·凯派什（György Kepes）。卡帕进入了德意志政治大学，但才上课几个月，匈牙利经济就崩溃了。因为家里已经无法承担他的生活费，他只得自己在德波特摄影机构找了一份助理的工作。至于卡帕究竟如何从一名小助理晋升为摄影师，这一点我们也找不到可靠的消息来源，只知道他曾在 1932 年 11 月前往哥本哈根为列昂·托洛茨基（Leon Trotsky）拍摄其被苏联开除党籍后的首张公开照片，这位名不见经传的年轻摄影师居然能得到这种千载难逢的机会，实在出人意料。

1933年2月，卡帕离开了危机四伏的柏林，动身前往维也纳。该年6月，他又前往布达佩斯避暑，并为一家旅游机构拍摄风景照。之后他和朋友伊姆雷·韦斯（Imre Weiss）返回维也纳，在另一家摄影工作室担任新闻摄影师。卡帕的生活由此开始了一轮周而复始的循环——要不就是长期无收入；要不就是收获意外横财，然后立即被他挥霍一空。据称他母亲的一位忠实客户还曾经借给他们一笔钱，帮他们凑够了1933年9月前往巴黎的路费。[6]但这笔钱被两人坐吃山空后，他们居然干起了一些小偷小摸的勾当。[7]他们早期闯荡巴黎的故事，与卡帕身

英格丽 • 褒曼在《凯旋门》中的剧照，1946 年

上的其他传闻一样被人津津乐道，但这可能也是他们的一个小手段：他越是做出楚楚可怜、穷困潦倒的姿态，就越可能得到朋友和陌生人的资助。

卡帕——那时使用的名字是安德烈·弗里德曼（André Friedmann）——在巴黎结交的朋友包括摄影家大卫·西摩（David Seymour）、亨利·卡蒂埃-布列松以及吉泽尔·弗罗因德（Gisèle Freund）。他后来也混进了名人圈，与欧内斯特·海明威（Ernest Hemingway）、吉恩·凯利（Gene Kelly，好莱坞明星）和约翰·休斯顿（John Huston，著名导演）等人结为好友。卡帕身上的另一则趣事发生在1953年，当时FBI要求他宣誓自己不是共产主义者。[8]尽管卡帕指定的传记作者理查德·惠兰（Richard Whelan）对他的左翼政治立场轻描淡写地一笔带过，但还是有充分证据显示，卡帕的确从事过政治活动。他在柏林时就是个激进分子，居住在维也纳和巴黎时也积极参与政治活动。他在巴黎时认识了来自斯图加特的犹太女子格尔塔·波何烈（Gerta Pohorylle），此女曾因煽动共产主义的罪名被纳粹逮捕。卡帕和波何烈相见恨晚，在1935年同居。据称他还教她使用相机，而她也开始成了他的经纪人。1936年3月时，卡帕得到了联盟摄影机构的固定工作，并在当年的春夏两季为左翼报刊拍摄了大量插图照片。

大约在1936年，安德烈·弗里德曼正式变成了罗伯特·卡帕，格尔塔·波何烈则更名为格尔达·塔罗（Gerda Taro）。据卡帕所称，他担任新闻摄影记者期间，这个笔名给他带来了不少收入，他和塔罗开始化身为一个著名而又神秘的美国摄影师“罗伯特·卡帕”。[9]虽然这个伎俩很快就被揭穿了，但他们也收获了预期的效果，不久之后，“罗伯特·卡帕”的名气远远超过其创造者的预期。西班牙内战（1936—1939年）让他名气大涨，卡帕和塔罗于1936年8月到达巴塞罗那（他们从空难中侥幸脱险），前往阿拉贡地区。在当年9月5日到达了科尔多瓦，并在那里拍摄了他最著名的一张照片，即一名保皇派士兵中弹倒地的瞬间。直到今天仍然有人争议，究竟是否该将这张照片作为新闻摄影界的标志作品。有一个说法是，卡帕也为此感到愧疚，因为将本该虚构的画面切换成残忍的现实照片的确非其所愿。他在传记中讲述那些高大上的故事时也提到了这一点，他大量酗酒或许就是想缓解自己的负罪感。他不但没有回去接管家里的生意，反而离开布达佩斯去了柏林，还把塔罗也带进了新闻摄影这一行。1938年，卡帕出版了《死亡瞬间》（*Death in the Making*）一书，并用“倒地身亡的士兵”这张照片做封面，以此纪念在前一年死于战场的塔罗。[10]

若将卡帕称为战地摄影师，就很容易忽略他的作品所流露出的人文情怀，他创作的主题其实更适合大众插画报刊。在西班牙内战期间，他的多数作品充满了人文精神，关注的也是战争对西班牙民众的影响。除了亲历西班牙战场，前往巴黎、纽约和布鲁塞尔之外，他还在1938年1月与荷兰电影导演尤里斯·伊文思（Joris Ivans）来到中国，制作关于共产党和爱国者同盟反抗日军侵略的纪录片。他旅居中国的7个月间，还向西方插画报纸提供了剧照。1938年10月，他返回西班牙，拍摄了解散前的国际纵队。

二战爆发后，卡帕离开欧洲去了纽约，也就是其兄科奈尔定居的地方。为了解决他的临时美国签证即将到期的问题，他通过朋友介绍认识了一位叫托妮·索雷尔（Toni Sorel）的女人，并匆匆和对方结了婚。之后卡帕又趁着离开美国的6个月，于1940年4月前往墨西哥拍摄当地选举引发的政治动乱。然后他又取道德克萨斯州，最终返回了纽约，此时他已正式解决了定居美国的问题。1941年夏天，他抵达伦敦与黛安娜·福布斯-罗伯森（Diana Forbes-Robertson）合作推出了《滑铁卢路之战》（*The Battle of Waterloo Road*，1941）这本书，讲述了饱受闪电战之苦的伦敦工人阶级的境况。卡帕次年夏天回到英国，并在那里一直居住到了1943年春，因为他需要在此拍摄战争照片，另一个原因是他在这里爱上了已婚的年轻英国女子伊莱恩·贾斯汀（Elaine Justin）。[11]

卡帕那本不甚可信的回忆录《轻微失焦》（*Slightly Out of Focus*，1947）开篇所讲的故事，就是他这个匈牙利人如何化解敌国身份的尴尬，顺利取得美军的信任并当上战地摄影师的经历。1943年3月，卡帕在取得了美军的完全信任后，就在其后的12个月间潜心拍摄盟军在欧洲的各项军事行动，包括1943年9月解放那不勒斯的战役（发表在《生活》杂志），以及1944年1月22日盟军登陆安其奥的行动。1944年4月时，卡帕还在伦敦，但数周之后就与第116步兵团一起乘坐美国海岸警备队的运输船，准备诺曼底登陆了。他在6月5日穿过英吉利海峡，乘坐登陆舰与第一批美军部队到达了奥马哈海滩。不过最近有学者指出，卡帕声称自己在这一系列惊心动魄的经历中拍摄了100多张底片，但只有11张保存了下来，其他照片都因为在暗室操作不当而被销毁了——这番说辞显然漏洞百出，值得推敲。有人推测，卡帕这个向来自诩胆大无畏的摄影师，在真枪实战面前露怯了。[12]

卡帕于6月8日返回奥马哈海滩，当天晚上就到达巴约。他在诺曼底战役期间一直与美军相伴，在伦敦逗留一段时间后返回了巴黎，并在1944年8月25日见证了法国首都解放的盛况。该年12月，他又出现在巴尔吉战场。次年3月他和美军第17空军师一起跳伞降落德国，跟随盟军进入莱比锡、纽伦堡和自己曾经居住过的柏林。他在1931年到达柏林时还是个匈牙利人，1945年重返柏林时却已然是美国人了。

卡帕的另一个传奇则充满了浪漫色彩：他和女演员英格丽·褒曼（Ingrid Bergman）——当时嫁给了彼特·林德斯特罗姆（Petter Lindstrom）——之间有一段长达两年的婚外情。1947年，卡帕和大卫·西摩、卡蒂埃-布列松、乔治·罗杰（George Rodger）以及威廉·万迪沃特（William Vandivert）一起成立了马格南图片社，由卡帕负责图片社的主要运营事务。[13]该年夏天，卡帕与美国小说家约翰·斯坦贝克（John Steinbeck）在《纽约先驱导报》（*The New York Herald Tribune*）的资助下游历苏联。1948—1950年期间，卡帕去了3次黎凡特，游历了以色列，直击了阿以战争的状况。他在20世纪40年代末与50年代初的主要经济来源是靠《假期》（*Holiday*）杂志，该杂志的照片主要展现欧洲战后的悠闲生活品质。他最后一段风流韵事的女主角是美国离异女杰米森·麦克布莱德·哈蒙德（Jemison McBride Hammond），他们在1949年初的一个派对上相遇。

不管是在牌桌上、赛马场还是生活中，卡帕都是一个积习难改的赌徒。1954年5月，他接到了为《生活》杂志拍摄越战的任务。尽管他多次宣布要放弃战地摄影，但还是接受了这次安排。5月25日，他加入法国护航队破坏红河三角洲两个堡垒的行动。护航队半途停止时，卡帕步行前进，拍摄法军在草丛中前进的画面。这张照片就此成了他的遗作——他踩到了越南人布下的陷阱，因重伤而殒命，享年41岁。卡帕

夸夸其谈的本性让他收获了一个诨名"自我创造的人"，[14]借用帕特里克·朱迪（Patrick Jeudy）在2004年纪录片的标题，我们可以将其称为"自我催眠的男人"（The Man Who Believed His Own Legend）。据称玛莎·盖尔霍恩（Martha Gellhorn）创作的中篇小说《与子偕老》（*Till Death Do Us Part*，1958）中的人物蒂姆·巴拉就是以卡帕为原型的，他属于"人们看不透却又津津乐道的那种人，乐于被他人围观和利用的人"。[15]但无论是"卡帕"这个人物形象，还是他那些真实得无懈可击的照片，我们都可以从中看到许多人的身影。

从越南南定省到太平省的路上，1954 年 5 月

亨利・卡蒂埃－布列松在仓库外拍摄，纽约，1946 年（吉纳维芙・内勒 摄）

亨利・卡蒂埃－布列松

（Henri Cartier-Bresson）

1908-2004

摄影是智慧的一种表现形式。

——亨利・卡蒂埃－布列松

亨利・卡蒂埃－布列松的摄影作品可以被称为20世纪中叶重要的视觉编年史——在50多年的摄影生涯中，他的足迹遍及40多个国家，拍摄的底片超过50万张。他的两本早期摄影书《决定性瞬间》（*Images à la sauvette*，1952）和《欧洲人》（*Les Européens*，1955）充分证明，街头摄影和新闻摄影不但能传达信息，还能让人赏心悦目。卡蒂埃－布列松几乎就是摄影的同义词，但他本人却极其神秘内敛。他被称为"新闻摄影大师"，[1] 可他的回应却是"我不是记者"。[2] 他拍摄的照片最早刊登于1932年的插画报纸上，并在同一年进入了摄影展。卡蒂埃－布列松这一生所呈现的最大悖论就是，摄影并非他的激情所在，他更喜欢绘画。对于这名享誉世界的摄影师来说，摄影只不过是一种"升级版的绘画"。[3] 卡蒂埃－布列松的神秘不在于他很少谈及自身和个人作品，而是他的所言所行常常自相矛盾或言行出格。这个镜头后面的男人并不喜欢将自己曝露在世人的目光之下。

卡蒂埃-布列松出生于巴黎附近的尚特卢，从小在首都长大。他家经营毛线制造的生意，"卡蒂埃-布列松"是其家族的名称。据小说家和传记作家皮埃尔・阿苏利纳（Pierre Assouline）所述，卡蒂埃-布列松曾经在学校偷看亚瑟・兰波（Arthur Rimbaud）的诗歌被抓了个正着并受到公开批评，但学校的首席监事私底下却又鼓励他继续保持对文学的热情。[4]他原本打算进入商学院完成学业，然后再接管家业，但后来却只读完了商学院的预科，还故意3次拿不到学位。这个叛逆少年此后一生都受到这种模式的羁绊——他既不会完全服从体制，也不会完全奋起反抗。

卡蒂埃-布列松自称"小时候每周四和周日都要画画，其他时间我都盼着这两天快点到来”。[5]他父母最后终于在1925年妥协了，同意他去追求画家梦。次年，他就师从画家琼·考特奈特（Jean Cottenet），在同一时期他和堂兄路易斯还得到了雅克·埃米尔-布兰奇（Jacques-Émile Blanche）的指导。1926年秋，他报考了蒙帕纳斯美术学院，但直到1928年才如愿考上。虽然卡蒂埃-布列松在绘画上接受了正规训练，但他的文化教育却并非如此。他通过布兰奇见到了世界各地的画家和文学家，其中就包括将他引入超现实主义世界的作家勒内·克勒韦尔（René Crevel）。卡蒂埃-布列松参加了这些名人在蒙马特一家咖啡馆的聚会，却成了其中最沉默寡言的成员。[6]他之后回忆说："我非常喜欢安德烈·布列塔的超现实主义观，喜欢这种发自内心的表达和直觉，以及叛逆的态度。"[7]

1929年春，卡蒂埃-布列松开始在巴黎外的勒布尔热机场服兵役。1930年10月他离开法国前往象牙海岸，11月到达当地时就开始了周游列国之旅，先后去了喀麦隆、多哥，并在沿着尼日尔河游历的同时饱览群书，阅读了包括兰波、洛特雷阿蒙（Lautréamont）和布莱斯·桑德拉尔（Blaise Cendrars）等人的作品。次年春天他返回法国，但在这一时期用30×44毫米的伊卡克劳斯相机拍摄的照片只有一小部分留存了下来，这些照片采用了不同于常规人种风物志摄影规范的风格。但直到他生命的尾声时，这些照片才正式进入他的作品集。真正触发他早期审美意识的是匈牙利摄影师马丁·蒙卡奇在非洲拍摄的一张照片——上面是几个当地小孩冲向海浪的画面。

卡蒂埃-布列松于1931年底在童年好友及作家安德烈·皮耶尔·德·芒迪亚格（André Pieyre de Mandiargues）的陪同下继续周游世界。1932年夏天，画家利奥诺·菲尼（Leonor Fini）也加入了他们的行列。卡蒂埃-布列松将自己的作品划分成两个类别，分别代表自己职业生涯不同阶段的创作历程："第一作品集"（编撰于1931年），收录的是他早期在巴黎受到尤金·阿杰特的影响而拍摄的作品，以及他在非洲拍摄的那些照片，还有整理于1946年的"剪贴簿"；另一个作品集的收录时间始于1932年，当时卡蒂埃-布列松购买了那台他这辈子最珍视的徕卡相机，其中有一些照片是受到"新想象力"影响的早期作品。显然1931年就是他创作的分水岭——当时的卡蒂埃-布列松喜欢自由自在地周游世界，并逐渐意识到摄影可以帮助他实现这个梦想。

卡蒂埃-布列松在20世纪30年代浪迹天涯的人生追求，与1929—1930年他在巴黎结交的那些人脉颇有关联。他经常光顾美国人凯尔西（Caresse）和亨利·克洛斯比（Henry Crosby）在巴黎城郊的中世纪磨坊举办的流浪者派对，在那里成了布列塔、克勒韦尔、马克斯·恩斯特（Max Ernst）和萨尔瓦多·达利（Salvador Dalí）等人的密友。他通过克洛斯比又结识了格雷琴（Gretchen）和皮特·鲍威尔（Peter Powell），这两人的名气虽然不大，但卡蒂埃-布列松曾经声称他是受到二人的影响而进入摄影行业的，[8]而且卡蒂埃-布列松和格雷琴后来成了一对情人。[9]除此之外，卡蒂埃-布列松还通过克洛斯比认识了朱利安·莱维（Julien Levy），此人于1932年在纽约开办了自己的画廊，并于次年为他举办了"亨利·卡蒂埃-布列松摄影作品及反图像风格摄影作品展"。莱维创造了"反图像"一词来形容明显不同于阿尔弗雷德·施蒂格利茨的那种手工冲印且极具艺术气息的照片，它们通常在操作和构图上更为随意。

1934年，卡蒂埃-布列松前往墨西哥，在墨西哥城逗留了几个月。1935年3月，他和曼纽尔·阿尔瓦雷斯·布拉沃在该城市的美术馆联合举办作品展。次月他离开墨西哥去了美国，最终到达纽约。他与阿尔瓦雷斯·布拉沃和沃克·埃文斯的作品在纽约的莱维画廊同台亮相。

皮耶尔·德·芒迪亚格称，在他们早年的友谊中他和卡蒂埃-布列松共同遇到了共产主义。[10]作家克莱门特·克罗克斯（Clément Chéroux）在最近的研究中指出，30年代的卡蒂埃-布列松是一个空想家。克罗克斯称卡蒂埃-布列松通过超现实主义而接触了共产主义，或者说是那些超现实主义者自愿皈依法国共产党的文化活动。克罗克斯结合卡蒂埃-布列松的人脉，根据30年代他的新闻摄影和电影制作行为，以及在法国、墨西哥、纽约等地的共产主义支持者、组织和活动中，推断出这名摄影家在中美洲和纽约是个激进分子。虽然克罗克斯列出的这些证据的确很有说服力，但我们也可以理解为，卡蒂埃-布列松在这方面的出发点是以文化为武器来对抗法西斯主义，而并非与特定的意识形态有染。他后来回忆起那段岁月时表示："希特勒在我们后面，我们都站到了左派分子一边。这没什么丢人的，也没什么骄傲的。"[11]对于30年代末的卡蒂埃-布列松——此时他已同爪哇舞蹈家和诗人卡罗莱娜·珍妮·德·苏扎-伊莱（Carolina Jeanne de Souza-Ijke）结婚——来说，究竟是选择成为摄影师还是电影导演，才是他当时需要纠结和考虑的问题。

1940年6月23日，签署德法停战协定后的那一天，卡蒂埃-布列松这名被派往梅茨的新电影和摄影部的法军下士却被敌军抓获了。1943年2月，蹲了3年监狱的卡蒂埃-布列松最终成功脱身，并同"战俘和流放者国民运动"组织取得联系，成功获得了一张伪造的遣散证。1944年9月，他在巴黎拍摄城市获得解放的盛况，并获准拍摄了讲述战俘被遣送回国的电影《回归》（*La Retour*）。而这个"回归"对卡蒂埃-布列松来说就是回到德国，并在1945年5月和6月继续拍摄电影。次年他和伊莱去了纽约，并在那里帮忙筹办1947年初在纽约现代艺术博物馆的摄影展。值得一提的是，人们原先以为他早已经在战火中丧生了，为悼念这位摄影师所以发起了举办这个摄影展的计划。后来，他在纽约开始为《时尚芭莎》拍照供图。卡蒂埃-布列松对艺术与商业摄影的分寸拿捏得十分到位，对待两种工作同样游刃有余。

在战争爆发之前，罗伯特·卡帕曾发起了成立一个摄影师合作社的倡议，以保护摄影师的作品版权。这个计划终于在1947年5月落地成形——马格南图片社正式成立。这个合作社的另一个要旨就是，摄影师要前往何地拍摄，主要取决于其个人意愿而非编辑的决定。他们就这样划分了各自的"势力范围"——卡帕和大卫·西摩驻守欧洲，乔治·罗杰负责非洲和中东，卡蒂埃-布列松去亚洲。1947年8月，卡蒂埃-布列松和伊莱乘船离开了纽约，前往印度和巴基斯坦，在随后4年间一直在外飘泊。

1948年1月，卡蒂埃-布列松与圣雄甘地（Mahatma Gandhi）见面，数小时后甘地就被暗杀了，之后他一直留在印度，拍摄这位独立领袖的葬礼和印度人播撒其骨灰的情景。1948年他去了缅甸，又收到了马格南的电报，要求他为《生活》杂志去中国拍摄"国民党苟延残喘"的照片。1949年10月，共产党接管上海之后，他离开中国去拍

乔治六世加冕日的特拉法加广场，伦敦，1937 年

摄印度尼西亚独立的照片。后来，他和伊莱又去了苏门答腊岛、巴厘岛、新加坡、马来西亚和锡兰（现在的斯里兰卡），在1950年3月返回南印度之前曾途经巴基斯坦、伊朗、伊拉克、叙利亚、黎巴嫩和埃及，最后回到法国。卡蒂埃-布列松充满活力的自由精神受到了马格南的赞许。

50年代初，卡蒂埃-布列松返回欧洲，但仍然不时在各国间奔走。1952年出版了《决定性瞬间》，封面由马蒂斯（Matisse，法国画家、雕刻家和版画家）设计。该书原先的译名是“眼疾手快的照片”，用于表达卡蒂埃-布列松的行事风格。这也正是作家杜鲁门·卡波特（Truman Capote）对他的描述，杜鲁门·卡波特曾在1946年7月与他一同前往新奥尔良执行任务，他回忆说：“我记得布列松有一次在新奥尔良的大街上工作时，就像一只激动的蜻蜓在人行道上飞舞，他脖子上挂着3台徕卡相机，手上还拿着一台相机，咔嚓咔嚓地不停拍照（好像相机就长在他身上一样），以高度的注意力一气呵成地完成了所有动作。”[12] 1962年拍摄的卡蒂埃-布列松电视纪录片中也有这样一个镜头，这名摄影师在街上像跳舞一样不停拍照——拍摄过程中他的

杜鲁门·卡波特，新奥尔良，1947 年

脚几乎没有一刻停歇。卡蒂埃-布列松在《决定性瞬间》中写道：“对我来说，每张照片都是在毫秒之内，事件发生的瞬间立即捕捉的最经典一幕的图像。”[13]据称“决定性瞬间”这个描述其工作方式的词，现在也几乎和这位摄影师齐名了。

1954年夏天，卡蒂埃-布列松获得了一位苏联电影导演帮忙办理的签证，成了1947年以来唯一获得许可在苏联境内拍照的首位西方摄影师。据称马格南还因为这张照片而向《生活》杂志收了一笔钱。[14]50年代末至60年代，卡蒂埃-布列松接二连三地收到展览（最值得一提的是1955年在巴黎举办的大型作品展）、书籍以及国际拍摄任务的邀约。60年代末至70年代初，他的艺术、工作和旅行接近尾声。1967年他和伊莱离婚，在1970年和摄影师玛蒂娜·弗兰克（Martine Franck）结婚，并在1972年同她生了一个女儿梅拉妮（Mélanie）。婚姻和家庭，或许就是已近花甲之年的卡蒂埃-布列松不再热衷于飘泊的原因。1974年，因为受到多种威胁，他终于辞职离开了马格南。70年代初，他开始只拍摄人像和风景，并重新拾起了他最心爱的画笔。

据花边消息称，朱利安·莱维的母亲皮埃尔·科莱（Pierre Colle）曾经准确地预测了卡蒂埃-布列松这一生的重大事迹——只有他会英年早逝这一项预言没有成真。实际上，他相当长寿，从一个世纪初活到了下一个世纪初。不过科莱女士的预言其实也没错——虽然卡蒂埃-布列松活到了95岁，可他的内心其实一直童心未泯，始终是那个偷藏兰波诗集的少年。

罗伊 · 迪卡罗瓦肖像，1991 年（雪莉 · 特纳 · 迪卡罗瓦 摄）

罗伊·迪卡罗瓦（Roy DeCarava）

1919—2009

你应该通过我了解我的作品，通过我的作品了解我。

——罗伊·迪卡罗瓦

罗伊·迪卡罗瓦的生活和艺术，混合了20世纪战后时期摄影艺术所呈现的极端类型。他使用35毫米手持相机在纽约街头、哈莱姆区（纽约黑人住宅区）的家里，爵士酒吧以及咖啡馆中拍照。他采用这种街头摄影师的工作方式，并不意味着他认为自己拍摄的照片是新闻报道，他认为它们其实是视觉诗歌。尽管他总被称为“哈莱姆摄影师”，但罗伊·迪卡罗瓦其实在20多岁的时候就搬出了哈莱姆区。他和自己的非裔美国同胞受到的种族歧视，是他持续关注的创作主题之一，他这一生都在挑战世人对其黑人身份的固有偏见。他坚定地奉行“黑人美学”理念，将镜头对准被社会边缘化的群体，以免他们在贫困中继续沉沦。他的积极性和人道主义精神并不局限于艺术表达，被歧视的遭遇也让他更加珍爱生命。

迪卡罗瓦出生于哈莱姆医院，从小在多个种族混居的环境中长大，他曾说：“我们被迫不停地搬家，因为我们实在是贫困潦倒，最后终于在充满敌意的目光下，在白人生活区的边缘落脚。”[1]他12岁时和寡母搬到了哈莱姆南部的一个隔离区。与许多同龄人一样，他小时候就要干一些奇怪的活计，比如沿街卖报和拖运冰块。他母亲希望儿子学音乐，但最终还是对他的视觉艺术爱好让步了。迪卡罗瓦在路面上创作的粉笔画赢得了同龄人的赞许和尊重，他那时候可以在电影院呆上一整天：“我吸收了黑白电影的视觉艺术，所以我开始拍照时就觉得一切都很自然，水到渠成。”[2]

迪卡罗瓦曾就读于哈莱姆区的库珀初中，之后在切尔西的泰克斯泰高中上学。他在高中时，学校鼓励非裔美国学生去上技术课，但迪卡罗瓦却选择了与艺术相关的课程——这就是这位摄影师自己主宰命运的第一步。迪卡罗瓦虽然没有拿到普拉特学院的奖学金，但在库珀高等科学艺术联盟学院的全市招生赛中获胜，于1938年进入了库珀联盟学院。虽然他的才能得到了库珀的承认，但他在这里就学的日子却并不快乐。他再次成为少数黑人学生之一，他的白人同学在谈论艺术时，他总插不上话，因为他们的出身环境实在是云泥之别。他开始去哈莱姆艺术中心的免费夜校学习绘画和平版印刷术，并于1940年离开库珀联盟学院，在那里继续学习艺术课程。1944—1945年，他在哈莱姆的乔治华盛顿雕刻学校学习绘画（同样是免费课程），他在这里终于获得了一点归属感，并遇到了对其早期艺术生涯产生了重要影响的一位老师兼画家查尔斯·怀特（Charles White）。

迪卡罗瓦的母亲通过工程项目管理局的就业计划得到了工作保障，儿子在年满18岁时就接过了她的担子。迪卡罗瓦先是担任书记员的工作，之后则进入了艺术项目的广告部门。1943年，迪卡罗瓦和首任妻子帕尔马（Palma）结婚，同年这对夫妻的第一个儿子出生了，迪卡罗瓦也应征入伍。在军队备受种族歧视的折磨之后，他在军队医院的精神病治疗区住院一个月——这是他在军队中唯一没有被隔离的一段经历，他表示自己在这里“接触到了民主”。[3]他在军队服役6个月后就光荣退伍了，回到家后找了一份广告工作，但他的作品却并没有超越工艺插图的水准。他和帕尔马于1948年离婚，那时候他们的第二个儿子出生才一年。

他在库珀联盟学院时就开始接触相机，但当时主要用于拍摄自己的作品，直到1947年他才开始“真正对摄影这种艺术形式产生兴趣”。[4]那一年，亨利·卡蒂埃-布列松作品回顾展在纽约现代艺术博物馆展出，这对他产生了重大影响：他和卡蒂埃-布列松一样，在拍照时都只选择自然光，但他使用的是Argus A相机而不是徕卡。1950年，第44大街美术馆的马克·佩尔佩（Mark Perper）决定展出迪卡罗瓦的哈莱姆照片，当迪卡罗瓦将175张照片挂在墙上时，佩尔佩叫来了一同参展的摄影师荷马·佩吉（Homer Page，他本次展出了60张照片）。佩吉和佩尔佩之间的讨论，促使迪卡罗瓦做出了“以更低调的方式”冲印照片的这个决定。[5]佩吉和佩尔佩邀请爱德华·斯泰肯（Edward Steichen）——时任纽约现代艺术博物馆摄影部主任——来

毕业，1949 年

观展，后者当即为博物馆买下了其中3幅作品。从此斯泰肯开始大力推广迪卡罗瓦的摄影作品，并将他的作品收入1953年“永远是年轻的陌生人”作品展。

斯泰肯鼓励迪卡罗瓦申请古根海姆奖金，迪卡罗瓦果然在1952年成了首位获得该奖项的美国黑人摄影师。他在自己的申请书中宣称：“我想通过黑人来拍摄哈莱姆”，同时也补充表示：“我并不想做纪录片或社会报告，我要有创意的表达方式。”[6]他的3幅摄影作品于1953年发表在《纽约哥伦比亚历史肖像》（*The Columbia Historical Portrait of New York*）上，并于1954年在纽约公共图书馆的哈得逊公园分馆举办了个人作品展。一年后，他的4张照片被收入斯泰肯在纽约现代艺术博物馆举办的作品展“人类大家庭”（该作品展主要突出爱、婚姻、母性、童年、风景、工作、忠诚和奋斗等人性主题）。

1955年是迪卡罗瓦创作的黄金期，除了作品频频现身纽约现代艺术博物馆的展览之外，他和第二任妻子安妮（Anne）还在家中成立了一个画廊。这个“摄影师画廊”在该年3月份开业，展示了贝伦尼

太阳与阴影，纽约，1952 年

斯·阿博特、范·德朗·柯克（Van Deren Coke）和露丝·伯恩哈德（Ruth Bernhard）等人的作品。不过他在1955年最大的成就也许要数出版了《生活中的甜蜜捕蝇纸》（*The Sweet Flypaper of Life*），他与作家兰斯顿·休斯（Langston Hughes）合作，通过此书纪念在哈莱姆区的生活。这本书可以说是迪卡罗瓦职业生涯中的最高成就，在口碑和商业上都大获成功，并将迪卡罗瓦的摄影作品转变成了一种视觉故事，获得了摄影师本人都没有预料到的结果。

迪卡罗瓦是在冷战偏执狂带来的艺术危机之下开始从事摄影的。为哈莱姆居民提供艺术课程的黑人艺术委员会（迪卡罗瓦曾在20世纪40年代加入这个组织），后来因为被贴上“非美国化”的标签而被迫关闭。休斯被右翼分子指认为共产党员，但迪卡罗瓦本人并不害怕受到休斯的牵连。这两人的价值观相同，都致力于展示完整的黑人形象，推动非裔美国人的文化发展。迪卡罗瓦提出了“黑人美学”的概念，[7]但这和他的摄影创作主题无关，而是源于他笃信非裔美国人也有独特的群体文化历史。对他来说，有助于实现自我探索的艺术，才是最成功的艺术形式。

迪卡罗瓦认为爵士乐就是非裔美国人文化遗产所衍生的一种艺术形式。本杰明·布罗尔（Benjamin Cawthra）认为，“在罗伊·迪卡罗瓦50至60年代的作品中，我们可以看到在摄影家和音乐家眼中，30年代以来的爵士乐已经形成了完整的非裔美国人的人文视觉特征。”[8]对于迪卡罗瓦这个业余萨克斯吹奏者来说，音乐家就是为追求人类的最高成就而毅然献身的艺术工作者。他的爵士乐照片在1964年编撰成册，其中收录了200多张照片和他自己写的一首诗。他当时找不到愿意发行此书的出版商，直到1983年这些照片才出现在哈莱姆画室博物馆的“我看见了声音：罗伊·迪卡罗瓦的爵士摄影”作品展中。当时展出的照片只有60张，直到2001年迪卡罗瓦80岁的时候，这些照片才总算以《我看见了声音：爵士乐即兴演奏》（*The Sound I Saw: Improvisation on a Jazz Theme*）的名称正式出版。

迪卡罗瓦这一生都在为自己的艺术实践而工作，先是担任书记员，然后是插画师，再后来就是商业摄影师。因为频频遭遇种族歧视，迪卡罗瓦认为黑人群体的部分遭遇要归因于成熟的求生本能，即“如果一个人为了生存不得不从事底端的工作，他就会被环境所驱使，不得不变得比养尊处优者更现实和更真实。”[9]在40年代末，他协助自己所在的广告机构成立了一个工会，之后加入了美国杂志摄影师协会，因为他指责该组织存在种族歧视问题，于是他们又组建了一个调查委员会。1963年，迪卡罗瓦组建黑人贸易协会的计划破产之后，就同其他人联合成立了哈莱姆摄影师组织“Group 35”，并以此创建了Kamoinge工作室——Kamoinge在肯尼亚中部、南部，是班图语中的一个基库尤词语，意思是“团结的力量”。该工作室在哈莱姆的第127大街上开设了一家画廊，开始制作和出售集体作品集。据布罗尔所称，这间工作室“让黑人摄影成了60年代黑人艺术运动的先锋力量”。[10]

1969年，迪卡罗瓦受邀参加大都会艺术博物馆举办的“我心中的哈莱姆：非裔美国人的文化之都，1900—1968年”作品展。出于对这个项目的怀疑，他要求把自己的摄影作品单独挂在一个房间，对方拒绝了这个要求后，他就拒绝出借自己的作品。之后他在《大众摄影》（*Popular Photography*）中发表了自己的看法：“从这个作品展的外在布置就看得出来，主办方既不尊重摄影也不懂摄影，同时并不了解他们所采用的任何媒体。我只能说他们对哈莱姆没有感情，也不了解哈莱姆、黑人和历史。”[11]在同一年，迪卡罗瓦在哈莱姆的画室博物馆举办了自己的个人作品展“透过黑色的眼睛”（Thru Black Eyes）。这个作品展陈列了他12年来的180多张照片，并按主题进行了分组，其中一组照片以白人为主题。这说明尽管他终身都在积极维护黑人的权益，但他并不是一个种族分离主义者。

1969年，迪卡罗瓦接受了库珀联盟学院的教职，在该校担任摄影教师。此时，他终于进入了艺术创作与工作协调一致的事业生涯。他重新迁到布鲁克林之后，于1971年同艺术史学家雪莉·特纳（Sherry Turner）结婚，并和她生了3个女儿。到迪卡罗瓦去世为止，这对夫妇的婚姻维持了将近40年，他们一起合作推出了许多书籍，举办了多个作品展。1975年，迪卡罗瓦成了纽约亨特学院的全职教授，终于退出了他的商业摄影工作，4年后获得了终身教职。其后数年他收到了无数的高额佣金任务，其中包括华盛顿特区的科克伦艺术馆、美国电话和电报公司，以及其他教职邀约。1996年，他的作品成了纽约现代艺术博物馆巡回展的主体。在他逝世的前3年，他还获得了国家艺术奖章。

迪卡罗瓦深谙传记对艺术家生活的影响，所以他对自己个人生活的细节，措辞很谨慎。他在自己的艺术传记中写道："我的主要定位是一名纪录片摄影师，其次是一名人民摄影师，然后才是街头摄影师，最后则成了爵士乐摄影师。哦，差点忘了，我还是名黑人摄影师。这些定义都没错，唯一的问题在于我不想漏掉任何一个，我想把它们全部表达出来。"[12]迪卡罗瓦就是这样一位目光犀利的艺术家，他是通过优雅的视觉诗歌，而不是靠宣传或报道来开启他人的心智。

路易斯·卡罗尔在擦拭相机镜头，1857 年（奥斯卡·雷兰德 摄）

查尔斯·路特维奇·道奇森

（Charles Lutwidge Dodgson）

1832—1898

昨天我在新工作室拍了第一张照片，拍的是朱莉娅·阿诺德（Julia Arnold），我俩还有埃塞尔一起捣鼓了3小时才拍好照片。本学期的课程结束了，愿主保佑我的假期、我未来的生活，助我更忠诚地侍奉主。阿门。

——查尔斯·L.道奇森

“路易斯·卡罗尔”是英国文学界最著名的人物之一，它是牛津大学教师查尔斯·路特维奇·道奇森的笔名。他最著名的文学作品《爱丽丝漫游奇遇记》（*Alice's Adventures in Wonderland*）——通常被人称为《爱丽丝漫游记》，著于1865年——是他和一个朋友带着爱丽丝·利德尔（Alice Liddell）及其两个姐妹外出划船时杜撰的故事。除了用笔名写书、短篇故事和诗歌外，他还用真名发表过数学论文。此外，道奇森还是位多产的摄影师，他在24年中创作了大量摄影作品，其中至少有2700张个人肖像照片。[1]目前来看，他的摄影作品多为人像，有半数以上的作品是给别人家的孩子拍的照片。这些照片颠覆了将孩子打扮成“一本正经的漂亮娃娃”这种传统摄影惯例，[2]与“爱丽丝”系列书籍一样，它们还原了孩子们（主要是女孩）的个性和童真。这种现象也引起了一轮争议——路易斯·卡罗尔这位备受欢迎的儿童文学家，究竟是不是对未成年女孩更感兴趣？近年来学者们找到了大量与道奇森相关的资料，包括他未删节的日记和重新整理过的照片库，为世人重新认识“路易斯·卡罗尔”创造了有利条件。查尔斯·路特维奇·道奇森开始接触摄影比他成为著名作家早了将近10年，与文学追求一样，摄影也是他的一项严肃职业。

1855年秋，道奇森在牛津的基督教堂获得了数学导师的教职，母亲就允许他去玩当时最昂贵的消遣项目之一——摄影。1856年，他因为叔父罗伯特·斯凯芬顿·路特维奇（Robert Skeffington

Lutwidge）、雷金纳德·索锡（Reginald Southey）——诗人罗伯特·索锡（Robert Southey）的侄子——的影响，心血来潮地订购了自己的首台相机。在购买相机之前，他刚刚给自己取了“路易斯·卡罗尔”这个笔名，向出版社寄送了自己写的幽默文学作品。早在1855年夏天，还没有买相机的道奇森就已经开始和叔父玩摄影了，[3] 1856年则与索锡走得更近。[4]除此之外，他在当年4月份与学院院长亨利·利德尔（Henry Liddell）博士的孩子们建立的关系，也是他推开摄影大门的原因之一。1856年5月1日，他拿到自己的相机之后，就开始与索锡四处拍照。他第一年的摄影模式就此延续了15年——他常利用漫长的假期，随身携带相机游历伦敦和英国其他地区。他在牛津生活和度假时，都会巧用摄影来与他人套近乎。

有人认为道奇森有口吃，一只耳朵也聋了，甚至患有严重的焦虑症，在同成人打交道时总是很害羞，感到局促不安。但他的日记和书信却显示，他是个非常擅长社交，在大学生活中相当活跃，有自信，有时候甚至还有点自大的人。同时，他还是个喜剧粉丝和追星族，与约翰·罗斯金（John Ruskin）、威廉·霍尔曼·亨特（William Holman Hunt）和迈克尔·法拉第（Michael Faraday）等人素有往来。他喜欢攀附那些文化和社会名流，以此满足自己的虚荣心。作为一名经常获奖和被点赞的出色学生，他似乎十分重视自己的形象——从他的肖像可以看出，20多岁的道奇森不但剪了时髦发型，而且很擅长摆造型，以便消除他那双大眼睛和尖下巴的突兀感。根据牛津的相关规定，他应该接受圣职，而且终身不婚。尽管查尔斯·路特维奇·道奇森教士从来没有完全接受圣职，但他却常借教士和牛津教师的身份，以及之后的儿童文学家头衔，显示自己无懈可击的道德清白。

1862年7月，道奇森和朋友罗宾逊·达克沃斯（Robinson Duckworth）带着利德尔三姐妹外出远足，她们在路上缠着道奇森讲故事。值得一提的是，早在1856年时，道奇森就已经为另一个爱丽丝——爱丽丝·默多克（Alice Murdoch）写了一首诗，而且他买到相机后的第一个暑假就为她拍了照片。他将这首诗收藏在了区别于人物肖像的另一个作品集中。道奇森总会及时制作出大量的作品集，其中有些主要是家庭人物肖像，有些则是为了“展示”给他人看的，有些则用于赠送给

托马斯·蔡尔德·巴克尔和他的女儿，1864 年

友人。虽然这些作品集并不需要按时间排序，但道奇森还是难免遇到他这个时代的摄影师都很头疼的一个问题——怎样给孩子们自然地拍张照片？即使曝光只有几秒钟的时间，也会造成图像模糊，这意味着摄影师要具备高超的技巧和耐心，安抚孩子们摆好姿势，这样才能冲印出清晰、细腻的底片。如果说能拍到一个孩子的动作、神态都很到位的照片，就算是个技术上的成功，那么拍到多个孩子表现自然的照片简直就是一项了不起的成就了。这两种都是家长和亲友们愿意珍藏的照片，也是商业摄影工作室挂出来招揽生意的招牌。

道奇森通过摄影拉近了和利德尔一家人的距离，他最著名的摄影作品是爱丽丝·利德尔穿成“乞丐女仆”的那张照片（1858年）。该照片是在她父母家门外拍摄的，他这个成年男子拍摄衣衫不整的孩子，这个画面多少有点不合规矩，尤其他还把这孩子称为“心爱的小朋友”。[5]显然，道奇森对待利德尔家人的行为实在有点出格了。他在1863年的日记中记载了这么一件事，他给利德尔夫人写信“催她把孩子们送来拍照”，[6]但该日志的第二页已经丢失了，也没有再写他和利德尔的孩子们在后来6个月中的情况。有学者指出，当时有传言称他在调戏洛丽娜·利德尔（Lorina Liddell）或者孩子们的女教师普里克特（Prickett）小姐。道奇森象征性地回应了这种流言，他拿回了赠送给爱丽丝的《爱丽丝地下奇遇记》（*Alice's Adventures Under Ground*）手稿，并以《爱丽丝漫游奇遇记》之名出版了这本书。该书引起巨大轰动——对道奇森来说真是一箭双雕，比起处心积虑地接近儿童的业余摄影师，著名儿童文学家不是更容易吸引儿童吗?

若要追溯道奇森对儿童产生兴趣的根源，就有必要提一下他的10个兄弟姐妹，其中有7个是女孩，他正是在这种家庭氛围下，产生了创意十足、花样百出的嬉闹玩法。因为父亲被任命为北约克郡克罗夫特的教区牧师，道奇森11岁时，全家人就从柴郡的达斯伯里搬到了那里。在1846—1849年期间，道奇森因为上学而离开了家人，变成了遥远的沃里克郡拉格比的一名寄宿生。从他的日记和书信中，我们或许可以看出他所谓的“艺术细胞”——他喜欢美术展和戏剧，不喜欢运动，认为自己是一名美学鉴赏家。1851年1月底，他的母亲弗朗西丝（Frances）去世，当时他才刚考上牛津。这一年他19岁，而最小的弟妹才4岁。由此我们不难理解道奇森为何如此迷恋托儿所——只有在这里，他才能获得安全感和好心情。

研究卡罗尔的学者们所争执的另一个问题就是，道奇森对小女孩的兴趣，以及热衷于给小女孩拍照的行为，在当时究竟算不算正常？有许多人指出，维多利亚时代的男人恋上少女并非奇事，比如道奇森的弟弟威尔弗雷德就是一个典型。但也有人认为，道奇森的种种表现其实就是今天的恋童癖症状。当时的社会风俗严格监视着适婚年龄的两性交往，对孩子们却没有这种限制，因此在许多人看来，童年才是最美好的时光。道奇森在提到某个儿时的熟人时也表示："露西·塔特（Lucy Tate）从一个活蹦乱跳的女孩变成了一个最无趣的年轻女人。"[7]对于那些向往温暖和亲密情感，但却因学校和工作中严苛的教条而不敢逾矩的人来说，与孩子共享一段真诚美好的时光应该是十分愉快的经历。问题就在于，如何判断这个小女孩是否已经进入需要遵守求婚习俗的年龄。对道奇森来说，每一个不受教条和规则限制的时刻，比如去剧院或与孩子们嬉闹，都可以让他这个成年人重新享受童年的乐趣，也就是凯瑟琳·罗布森（Catherine Robson）所缅怀的"少女时代"。[8]尽管他十分擅长满足自己的需求，用笑话、文字游戏或者礼物来克服重重阻力，但要获得这种乐趣并不那么容易。比如他在书信中透露，他曾经参与了一些倡议活动，要求妈妈们允许自己脱掉孩子们的传统服饰再拍照。这类活动最初只是要求孩子们"光脚"，最终却可能演变成像沃德姆学院的女学生那样，以"不穿衣服的最佳状态"来拍照。[9]现存的道奇森拍摄的裸体少女照片有4张，其中虽然只有伊夫林·哈奇（Evelyn Hatch）这张照片在现代人看来颇有几分情色意味，但这种照片毕竟还是让人难以接受的。1871年，道奇森成立了一间工作室，并把暗室设在自己家的房间中。从次年春天开始，他多数时间是在这些房间拍摄，房间中有玩具、儿童书和童装。他在此时开始自己冲印底片，这样就可以尽情发挥，完全掌握自己所拍的照片。

道奇森总爱和无人陪同的小女孩在一起，这种现象引起了人们的非议，也直接导致道奇森放弃了摄影。1880年8月之后，道奇森就再也没有拍过照片了。[10]次年，他给亨德森（Henderson）女士写信，表示他决定毁掉所有可能让人觉得有失体统的底片和照片，[11]同时还下令执行者毁掉一些特定的底片。虽然道奇森放弃了摄影，但他并没有放弃和孩子们的友谊。他晚年的日记中和之前一样会提到散步、喝茶、吃饭和看戏，唯一的区别就在于其中提到的大量成年女子，都是他原来结识的那些小朋友。

查尔斯·路特维奇·道奇森这一生能够成为著名作家，部分原因要归功于他采用的笔名，擅长利用名流和无名之辈达到自己的目的。他从来不偷闲，还时常为自己缺乏自律而痛心，他一天只吃一餐，每天坚持写日记，总会有条不紊地列下计划清单。他放弃教职后仍然住在牛津，一生未婚，死于肺炎，享年65岁。他为自己的葬礼遗留下的文字说明，保持了他清教徒式的自律，言辞谦逊，但这些倾向及其神职身份，却与他轻浮、荒谬的作风格格不入。道奇森可能是个善辩、执拗和不善交际的人，但他也知道悬崖勒马、迷途知返。他认同社会习俗通常很伪善的看法，故而常与抱有相同主张的人为伍。虽然我们可能永远不知道他的内心究竟是个大小孩还是个恋童癖，那些小女孩究竟是他迷恋的对象还是他缅怀过去的出口，但这些都不是他的摄影作品所呈现的最大问题。我们若一味地深究他的性向，实际上就是在逃避另一个真正重要的问题：不道德的人能否成为伟大的艺术家？我们是否会因为伟大的艺术作品而忽略作者的道德问题？

圣乔治和龙，1875 年

手持禄来福来相机的罗伯特·杜瓦诺，法国，1932 年

罗伯特·杜瓦诺（Robert Doisneau）

1912—1994

摄影可以隐藏我的怯懦，它就像消防员的头盔一样，让我获得勇气和安全感。

——罗伯特·杜瓦诺

罗伯特·杜瓦诺是他所在城市巴黎的摄影名人。只要走出蒙鲁日的家门，他就难免羞怯和局促不安，这一点也强化了世人对他的固有印象——他的圈子很小，视野很狭窄。杜瓦诺对自己的方寸天地情有独钟，但这一点和安全感无关，而是飘摇不定的危机感使然。在20世纪30年代经济大萧条时期，他就立志成为一名独立摄影师，为了工作稳定而选择了工业摄影师这个职业。但只过了5年按部就班的生活，他就在二战爆发数月后失业了。身为一名共产主义者，杜瓦诺毫不犹豫地投身于抗战事业。这种政治抱负似乎与被他理想化的巴黎形象格格不入。当他的创作方向呈现出历史感时，其摄影远见才逐渐获得世人承认：杜瓦诺曾在早期回忆，有人指责他是一个“悲惨主义者”。[1]有学者也曾声称，杜瓦诺的感性兼具阴暗和光明的特点，他镜头下那些短暂而无意识的欢乐，更突显精神落后、物质匮乏时代中的辛酸。

杜瓦诺出生于巴黎南部郊区的尚蒂利公社，父亲加斯顿（Gaston）和母亲塞尔维（Sylvie）相遇于一家本地建筑承包商的项目，二人结婚后曾住在塞尔维父母的那套公寓中。杜瓦诺小时候就读于一家小型私立学校，有一个舅舅担任本地市长。但这种看似平安无忧、小资产阶级式的生活依旧难免悲剧，杜瓦诺的母亲——这个被他称为“极其严谨、神秘，赋予我想象力”的女人不幸患上了肺结核，在他只有七八岁的时候就撒手而去了。[2]1922年父亲续弦之后，杜瓦诺就和父亲、后母及异母弟弟吕西安（Lucien）住在尚蒂利的另一头。他称自己在这个童年时期“获得了物质上的满足”。[3]

大约13岁的时候，杜诺瓦进入第14郡的埃蒂安纳技术学校，开启了4年的校园生涯。他在1929年拿到了平版雕刻的毕业证书，并在当年9月份进入第15郡的一家传统雕刻工作室担任刻字美工。他在这里遇到了吕西安·谢法尔（Lucien Chauffard），虽然此人名气不大，但他对杜瓦诺的职业生涯产生了不容小觑的影响。杜瓦诺就此开始为谢法尔经营的摄影工作室打下手，后来谢法尔离开公司时，杜瓦诺就顺理成章地接替了他的职位。据称他在1929年借用弟弟的相机拍摄了自己的第一批作品。[4]在这些照片当中，最扎眼的当属他的卧室，他认为这种资产阶级格调的房间总让人产生“压迫感”。[5]但讽刺的是，他的首单业务（为尚蒂利街景和建筑拍摄存档照片）正是由其家族的名义领袖——担任市长的舅舅一手促成的。该项目完成于1930年左右，这笔佣金也让杜瓦诺买到了自己的禄来福来反光相机。

杜瓦诺称谢法尔将他引荐给艺术家兼设计师安德烈·维洛（André Vigneau），在后者的工作室担任摄影助理。[6]杜瓦诺有幸在与维洛共事期间，接触了超现实主义、勒·柯布西耶（Le Corbusier）的建筑作品以及苏联电影等先锋文化形态。[7]据传记作者皮特·汉密尔顿（Peter Hamilton）所称，杜瓦诺深受*Vu*杂志摄影艺术的影响，该杂志主推布拉塞、安德烈·柯特兹、杰曼·克鲁尔（Germaine Krull）和亨利·卡蒂埃-布列松等人的摄影作品。[8]杜瓦诺的首个纪实作品拍摄于圣图安跳蚤市场，于1932年9月发表在《怡东》（*L'Excelsior*）杂志上。不过在他1933年春入伍后，其创作黄金期就戛然而止。一年后当他再度与维洛共事时，才发现这位导师已经转移阵地，把精力投入制作电影和写书上了。

至于杜瓦诺为何选择加入雷诺汽车公司，这一点众说纷纭，究竟是因为维洛放弃了摄影让他受挫、他成家养家的刚性需求，还是30年代的就业危机？或许三者兼而有之。好在谢法尔这个贵人再次对他伸出了援手——他在1938年聘请了杜诺瓦，让他在雷诺公司位于布洛涅—比扬古的工厂成立一间新摄影工作室。1934年11月28日，罗伯特·杜瓦诺与相识于20年代末的皮尔丽特·梅森（Pierrette Chaumaison）结婚。[9]1937年，杜瓦诺在蒙鲁日购置了一套公寓，他和皮尔丽特在此生了两个女儿，且余生一直在此居住。

据杜瓦诺所述，他是在极不情愿的形势下归属左翼政治的。1936年5月，布洛涅—比扬古的员工计划展开罢工，他只有向某个工会成

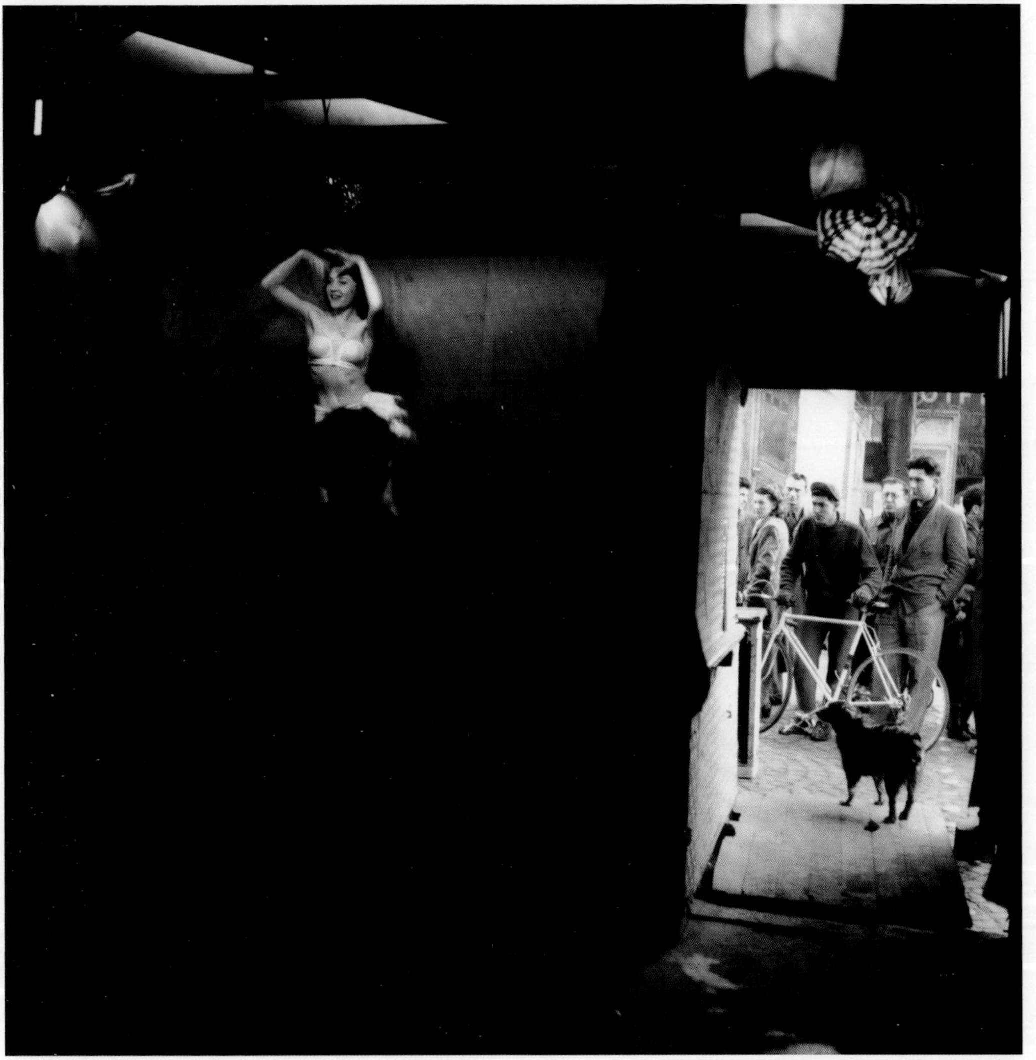

员表明立场，明确自己具有集体意识才能够加入工会。[10] 1939年，他因为经常迟到（据称是因为伪造打卡记录）而被雷诺公司解雇，并用遣散费购买了自己的相机和摄影器材。终于做好成为独立摄影师的准备之后，他联系了拉多摄影工作室的创始人查尔斯·拉多（Charles Rado）。虽然此人曾经建议杜瓦诺不要走上自由职业者的道路，但他还是同意看看杜瓦诺在乘独木舟时拍摄的纪实性照片，只是他们的这次行程因1939年8月的炎烈天气而中断了。

杜瓦诺被征召入伍时，他带着怀孕的妻子和岳母前往诺曼底，之

旋转的旺达，巴黎第14区，1953年

后才动身去了前线。他因为胸腔的问题两度被送往军队医院，第二次的时候他把自己饿到体力不支，假装自己患了肺结核，并终于在1940年被军队劝退，和皮尔丽特在家中团聚。1940年6月至8月，这对夫妻和多数巴黎人一样弃城外逃，躲到普瓦图避难。后来他们在返回巴黎的途中，杜瓦诺拍摄了一系列在德军占领之下的生活照。他从1941年6月开始为抗战军队效力，伪造假证件，还有两次收容了逃亡者。[11]他拍摄的巴黎解放照片（包括戴高乐将军在1944年8月26日走过香榭丽舍大道的情景），让他成了一位地道的独立摄影师。

1946年，杜瓦诺开始为重新开业的拉多摄影工作室拍照，后来就再也没有离开。他的作品被该工作室刊登到了《巴黎竞赛》（*Paris Match*）、《问候》（*Regards*）以及《事实》（*Réalités*）等杂志上，在《生活》、《时尚先生》和《图画邮报》等国际杂志上也时常露脸。此时杜瓦诺已经是一名法国共产党员，他拍摄的照片还发表在法共创办的周刊《行动》（*Action*）上。据其友埃德蒙达·查尔斯-鲁（Edmonde Charles-Roux）所称，“杜瓦诺自始至终都很同情法国共产党员。”[12]

1949年，杜瓦诺出版了照片集《巴黎郊区》（*La Banlieue de Paris*），并将这本书称为“我的个人肖像”。[13]这本书中的巴黎郊区照片所搭配的文字出自布莱斯·桑德拉尔之手，后者刚接触摄影时就被杜瓦诺拍摄的这些郊区照片所倾倒。杜瓦诺称郊区就是他的少年时代：“这是一个你可以在那里玩耍、谈情说爱或者自杀的地方。”[14]尽管桑德拉斯撰写的文字颇有几分讽刺和打趣，但杜瓦诺拍摄的照片却正如他的矛盾心理一样，充满忧郁。

50年代时的杜瓦诺已经捏准了艺术摄影、报道摄影和商业摄影三者之间的分寸。1946年末，他加入了艺术摄影团体“Groupe des XV”，并在1958年前一直与其中的成员一起展览作品。1949年，他开始为法国的《时尚》杂志拍照，在那里干了两年左右。1955年，他有几张照片被纽约现代艺术博物馆著名的“人类大家庭”作品展收录。在50年代时，杜瓦诺与人合作推出了一系列口碑不及《巴黎郊区》的摄影书，其中包括《巴黎快照》（*Instantanés de Paris*,1956）。在随后10年间，他和尤金·阿杰特一样开始拍摄老巴黎，但这些照片并没有如愿出版成册。直到1974年，他拍摄的老巴黎照片才正式亮相，人们因此认为他的作品具有诗画般的怀旧风格。

这位被认为没有固定主题的摄影师，却总能在面对新挑战时令人眼前一亮。1960年，纽约拉多-古尔梅特工作室向他发出工作邀请，他因此获得了前往美国拍摄的机会，就此为《财富》杂志拍摄了棕榈泉，还去了好莱坞拍摄杰里·李·刘易斯（Jerry Lee Lewis）。1983年，他给贝特朗·塔维涅（Bertrand Tavernier）的电影《乡村星期天》（*Un dimanche à la campagne*，1984）拍摄剧照时，邂逅了女演员萨碧娜·阿塞玛（Sabine Azéma），这位红颜知己后来还执导拍摄了一部以他为主题的电影。杜瓦诺在80年代开始在电影圈小试牛刀，于1992年拍摄了一部短片电影《游客广场》（*Les Visiteurs du square*），并开始迷上了电影导演这个职业。[15]这段时间，他还重新拍摄了巴黎郊区。八九十年代开始经常回家陪伴妻子，因为皮尔丽特在70年代患了帕金森氏病。

杜瓦诺早期对巴黎郊区的矛盾情感逐渐被后来的海报摄影风格冲淡，他在这一时期最著名的作品当属1950年为《生活》杂志拍摄的一对年轻情侣在巴黎街头拥吻的照片。因为这张照片的版税问题所引起的官司（他到死都没有在这场官司中胜诉），许多人发现杜瓦诺有时候会人为地摆拍照片。他自称是“守株待兔”的摄影师，不过他也是个电影导演。[16]也许揭露这段往事有利于平息人们的其他设想。已有证据表明杜瓦诺的照片风格既不甜腻流俗，也非不食人间烟火，而是具有一种直面世俗和严酷的人文情怀。

彼得·亨利·爱默生的个人肖像，1898 年，选自《英国人爱默生》（*The English Emersons*）的卷首照片

彼得·亨利·爱默生

（Peter Henry Emerson）

1856—1936

现代绘画与摄影教育其实并无不同：二者目标相似，都采用理性原则，且彼此关联，我相信这两者必将携手共存。

——彼得·亨利·爱默生

在彼得·亨利·爱默生传记的梗概中，他的曾外孙复述了母亲对他的记忆，其他亲属对他的描述也无一例外地呈现了一个隐遁、跋扈、易怒的社会小人形象。[1]这位天生敏感的艺术家在自己后代的眼中竟是如此典型的维多利亚时期的专制家长，这一点也恰恰说明了他性格中的复杂性，他的世故圆滑或许部分要归结于他早期的生活经历。他在古巴长大，是英美混血儿，接受洗礼时的名字是佩德罗·恩里克（Pedro Enrique），8岁时跟随家人来到美国。13岁时父亲过世后，母亲决定返回英国家乡，但他是个地道的美国人，根本就不懂板球和英式橄榄球。爱默生在竞争性的体育运动和学业上表现出色，频频获得文化奖项和荣誉。19世纪80年代早期他开始将目光转向摄影，他认为自己在这个领域也能绽放异彩。他立志推动摄影艺术的变革，1889年根据自己的这种理念发表了一篇论文，但12个月后他又令人大跌眼镜地推翻了自己之前发表的关于摄影也是一种艺术的观点，之后的爱默生有数年时间都在为光宗耀祖而努力。此时的他并不满足于摄影家和摄影理论家的头衔所带来的荣耀，他更喜欢通过生物学角度论证自己与生俱来的优越性。但实际上，真正让他声名不朽的还是摄影。

爱默生出生于古巴（当时为西班牙殖民地）比亚克拉拉省一个由他父亲经营的甘蔗种植园。他母亲是康沃尔人的后代，另外还育有简（Jane）和贾斯特·威廉（Just William）这两个子女。我们对爱默生在古巴的童年生活知之甚少，只能通过他1897年所著的虚构小说*Caóba, the Guerilla Chief*中推断出，那大致是卢梭式的田园生活。我们从这本小说中还可以看出，他父亲的健康状况不佳，并根据医生的建议举家向北迁移。[2]1864年，他们到达了特拉华州的威明顿市。爱默生年仅7岁的妹妹在此不幸因伤寒丧生，两年后他父亲也死于痢疾，孤儿寡母被迫回到了古巴，但不久后又返回了特拉华。1869年6月，一家人乘船前往英国，9月爱默生进入了萨里的克兰利公立学校，也许就在这时把“佩德罗”这个名字改成了“彼得”。

爱默生在之前飘泊不定的生活中无法接受正规教育，在英国入学后就开始从学业和体能上全面突破以证实自己的实力。1874年，他在学业成绩上排名全校第二。[3]他后来将此事写进了自己的传记，还把这部分内容收录到1898年出版的族谱《英国爱默生氏族志》（*The English Emersons*）。尽管该传记的撰文作者署名是“A.A”（可能是他妻子），但很显然他才是真正的作者。其传记中另一桩含有自卖自夸之嫌的轶事则是声称某著名医师认为，爱默生放弃从医简直就是“医学界的一大损失”。[4]爱默生于1879年在伦敦国王学院通过了外科手术考试，该年在剑桥读完自然科学学位之后，在伦敦接受了临时任命的医科官员一职。1881年6月，他同伊迪丝·艾米·安斯沃思（Edith Amy Ainsworth）结婚，后来二人生了5个孩子。

爱默生刚结婚的头5年对摄影的兴趣与日俱增，喜欢去英格兰东部乡村地区拍摄。1882年底或1883年初，他开始在大英摄影学会展出自己用干版底片冲印出来的照片，并于1883年10月跻身大英摄影学会的会员之列。他对剑桥郊外的风景心驰神往，于是在1884年举家搬到索思沃尔德的萨福克镇，但后来因为担任国王学院的医师就又搬了回去。1885年6月完成医学学士的课业之后，他和弟弟泛游了诺福克湖区。同年，他成为伦敦摄影俱乐部成员，开始为《业余摄影师》（*Amateur Photographer*）期刊撰文。1886年，爱默生与其他两人被推选为大英摄影学会的理事，并在同一年开始宣扬“摄影是一门艺术”的理念。

1886年3月11日，他在摄影俱乐部发表了题为“摄影——一种绘画风格的艺术”的演讲（演讲内容在8天后发表于《业余摄影师》上）。他在其中发表了一些极为大胆的宣言：“我们认为艺术具有科学基础，可以进行理性讨论，只有采纳了这种理性观点的学校才能算是现代学校。可以说，我就是在这些理论基础上提出‘摄影是一门艺

术'的第一人。"[5]爱默生所提到的"现代学校"这个概念具有非凡意义，摄影师们由此开始通过模拟成熟的艺术形式来验证这个观点。亨利·皮奇·鲁滨逊所著的《摄影中的绘图效果》（*Pictorial Effect in Photography*，1869）一书就是这方面的典型代表作，该书普遍认同爱默生所说的观点："在我们这个艺术分支中，有位作家无意识地引用了文学作家讨论艺术问题时所用的术语。"[6]从现在的眼光来看，摄影具有自身审美特点的说法确实是一个独创而颠覆性的观念。

1889年，爱默生将他在1886年的演讲称为自然派摄影的"第一信条"。[7]而第二个信条则是一篇长达300页的论文《艺术学生的自然主义摄影》（*Naturalistic Photography for Students of the Art*，1889），他在其中写道："这就是我们所理解的自然主义，所有意见都必须来源于自然，所采用的一切技巧都要能够展现真实效果。"[8]爱默生关于"自然主义摄影"的论断与新英国艺术俱乐部所主张的美术自然主义观念不谋而合。这个俱乐部的成员——包括托马斯·弗雷德里克·古道尔（Thomas Frederick Goodall）和乔治·克劳森（George Clausen）等人——曾在19世纪70年代前往巴黎学画，他们打算通过直接观察自然，运用最新的光影和色彩、光学和知觉理论来复兴英国画坛。爱

采莲，1886年，选自《诺福克湖区的生活和风景》第9版

默生于1885年在湖区初遇古道尔，二人合作推出了《诺福克湖区的生活和风景》（*Life and Landscape on the Norfolk Broads*，1886），这其实是爱默生的第一本也是最后一本合作照片集。爱默生的美学定位与新英国艺术俱乐部的画家一样，起源于让-弗朗索瓦·米勒（Jean-Franois Millet）的现实主义，以及巴比桑镇学派的自然主义，还有莫奈（Monet）和马奈（Manet）的印象主义。

到1889年11月《自然主义摄影》一书出版时，爱默生已经成功推出了许多设计精美的限量版书籍，这些图文并茂的书籍主要记载了英格兰东部的乡野风情。爱默生在自己的传记中宣称，他那些英格兰东部的照片"注定会重塑摄影艺术"。[9]这种宣言或许就是爱默生对摄影这一媒介的主要贡献了，摄影家R.查尔德·贝利（R.Child Bayley）甚至还将"自然主义摄影"形容为"艺术家茶话会上的一枚重磅炸弹"。[10]但才过了一年，爱默生就在一本宣传册上否定了自己原先发表的那篇论文中的主张。他在《自然主义摄影之死》（*The Death of Naturalistic Photography*，1890）这本宣传册中给自己过去的言论判了死刑，提醒读者他对摄影的主观表达潜力表示"担忧"。[11]

雪园，1895年

许多人认为，爱默生出版了最后一本关于英格兰东部的照片散文集《马什之叶》（*Marsh Leaves*，1895）时，他就退出了摄影圈，但事实并非如此。1913年，他又研究起了立体摄影及出版等60种艺术形式，还有彩色底片的处理方法。[12] 1925年，他宣布自己即将完成一本有望出版的摄影艺术史著作。[13]阿尔弗雷德·施蒂格利茨也确认爱默生在20世纪20年代时仍未放弃摄影。[14]爱默生打算重新发行过去已经出版的作品，但（据他自己所述）可能因为要撰写侦探故事而耽搁了这个计划，两年后他又研究起了历史和哲学等多门学科，并经历了他没有详述的“漫长而痛苦的疾病”。[15]

虽然彼得·亨利·爱默生传记中有许多他自己杜撰出来的内容，但他拍摄的照片意义非凡，充满乡野劳作的生活之趣，少了早期摄影作品那种为赋新词强说愁的意味，单色照片上恰到好处的留白颇有几分惠斯勒（Whistler）画作的神韵。仅他的这些贡献就足以奠定他在摄影史上的地位，同时他还是首位大胆提出相关主张的理论家，以及拥护“纯粹”或“直观”摄影艺术的第一人。可以说，摄影成就了爱默生在历史上唯一的声名。

在快照亭完成的自拍照，20 世纪 30 年代

沃克·埃文斯（Walker Evans）

1903—1975

作品可以反映一个人的信仰、智慧和教养，优秀的摄影也是一门学问。

——沃克·埃文斯

沃克·埃文斯常被称为20世纪美国最伟大的摄影师，但颇为讽刺的是，他少年时曾经十分反美，热衷于追随法国文化，又具有欧洲现代主义的审美观念。他的人生轨迹就是，反教条、反权威的高校退学生变身为20世纪美国文化界名人的逆袭史。现存的埃文斯研究材料有很多，但并非所有材料都足以作为他的传记证据。关于埃文斯的小道消息实在不少，而其中的真实性则与他的摄影风格如出一辙——尽管作者声称它们真实可靠，但其实仍然属于经过精心构造，添加了人工处理过程的作品。对于埃文斯及其所在圈子的重要画家和作家来说，混合视觉和文字元素，加上更为现实主义的表现方式，既可以传达事实又能呈现更有表现力的真相。其资料管理人约翰·萨考斯基在1971年曾经写道："我们很难判断……埃文斯镜头下的美国，究竟是他年轻时的模样，还是他创造出来的景象。"[1]

沃克·埃文斯三世出生于密苏里州的圣路易斯，在他还小的时候一家人就搬到了芝加哥郊区的凯尼尔沃思，其父亲小沃克·埃文斯是当地一家大型广告公司的文案人员。1914年秋，全家人迁到了俄亥俄州的托莱多，父亲在那里找了一份新工作。父亲与邻居家的女人有了婚外情，这个女人在1918年和丈夫离婚之后，他就抛家弃子，正式搬出去和她同居了。大约在此时，沃克·埃文斯三世自己买了一台柯达Brownie相机，自学摄影和冲印照片。1919年1月，他和母亲、妹妹一起搬到了纽约。父亲不时会来探望，但埃文斯却开始讨厌上学，变成学校里的捣蛋鬼。1922年高中毕业后，他进入了马萨诸塞州的威廉学院，在那里成了一名"病态藏书家"，[2]但只上了大一就没再回过学校。

1924年3月，埃文斯在纽约公共图书馆找到了一份工作，1925年秋放弃了工作前往法国。埃文斯回忆称，他从小一直在“别看我！”的禁令中长大，但在这个新环境中却没有人会打断他观察别人的行为。[3]他认为巴黎壮丽的现代街道堪比查尔斯·波德莱尔（Charles Baudelaire）笔下的世界。当时埃文斯相信自己注定会是个作家，于是在巴黎开始学习常用的法语和本地的肢体语言，以免被人贴上美国游客的标签。据他后来所称，“当时我是个地道的反美人士”。[4]他带着全新的袖珍相机到达巴黎后，就开始拍摄巴黎、法国南部和意大利的美景。他用这台相机拍了一些人像，并将其中一两张以及对应的小故事寄给了自己在纽约的画家好友汉斯·斯科尔（Hanns Skolle）。

1928年，埃文斯返回纽约，并于次年同斯科尔在布鲁克林合租了一套公寓。埃文斯成天在纽约大街上拍照，陪他一起外出的人有时候是新朋友保罗·格罗茨（Paul Grotz，后来的合居室友），有时候是隔壁的诗人哈特·克兰（Hart Crane）。格罗茨曾经在慕尼黑就学，他有一台徕卡相机，也同样精通欧洲现代主义，因此两人十分投缘。虽然一直都在实践中摸索，但据埃文斯的朋友埃古·高尔斯顿（Iago Galdston）回忆，此时的埃文斯仍然不知道相机的运行原理。[5]直到1931年左右，他才得到了一些技术性的指导。埃文斯向阿尔弗雷德·施蒂格利茨展示了自己的作品集，但却只得到了一句“非常好，再接再励”的评价。[6]埃文斯再次发现，他不喜欢自己在这个圈子中庸附风雅的感觉。他的审美观在那些拥有巴黎文化特点的圈子中得到了发展，并受到了尤金·阿杰特的作品影响——1928年贝伦尼斯·阿博特收购了阿杰特的档案后，将阿杰特的作品推荐给了埃文斯。

让埃文斯崛起成为重要的当代摄影家的决定性人物是林肯·柯尔斯坦（Lincoln Kirstein），他是纽约现代艺术博物馆首届顾问委员会成员，是一名从常春藤盟校毕业的艺术赞助者。1930年春，埃文斯受雇为该艺术博物馆拍摄雕塑展的照片。后来柯尔斯坦就挑选了一些埃文斯的照片，发表在《猎犬和号角》（*Hound and Horn*）文学季刊上（这是柯尔斯坦在哈佛就读时创办的杂志 ）。在随后8年中，埃文斯作品露脸的机会越来越多，推出的作品包括一本与诗人兼建筑家约翰·布鲁克斯·惠尔赖特（John Brooks Wheelwright）合著的讲述美国本土建筑的书籍。1938年秋，他的成就达到了顶峰，在纽约现代艺术

博物馆举办了个人摄影展“沃克·埃文斯：美国影像”。

1933年5月，埃文斯受雇前往哈瓦那为卡尔顿·比尔斯（Carleton Beals）所著的《古巴罪恶》（*The Crime of Cuba*，1933）摄影，该书强烈控诉了古巴总统赫拉尔多·马卡多（Gerardo Machado）的腐败和其通敌卖国的罪行。不过埃文斯为这本书拍摄的照片却相当中立，采用了一种自然主义风格，挑选的是一些日常画面，并没有融入自己的主观意识。[7]尽管美国经济危机形势加剧，埃文斯还是坚持让自己的摄影作品独立于“政策、美学或政治”等意识形态。[8] 1935年1月，埃文斯接到了前往新奥尔良拍摄建筑的任务，他在这里邂逅了已婚画家简·尼娜（Jane Ninas），并与对方产生恋情。埃文斯在该年3月底返回纽约，筹办即将在朱利安莱维美术馆举行的作品展——与其同台参展的还有亨利·卡蒂埃-布列松和曼纽尔·阿尔瓦雷斯·布拉沃的作品。

1935年夏，简·尼娜前往纽约看望埃文斯，当时他与美国农业部新成立的安置管理局（RA）签署了3个月的工作合约。两人通过华

贝尔河种植园的早餐室，白教堂，路易斯安那州，1935 年

盛顿特区前往弗吉尼亚西部地区，为政府安置失业煤矿工人的计划拍摄采煤区的情况。但埃文斯并没有在这种工作中长久停留，就用这些佣金去追求自己的艺术方向了。虽然他拿了政府的佣金，但还是坚持“不为政治动摇”。[9]埃文斯于1935年10月成为RA高级信息专家，同年11月开始去南部继续拍摄之旅。1936年初，他在新奥尔良执行拍摄任务时，和简的私情遭到保罗·尼娜（Paul Ninas）的干涉，埃文斯只好写了绝情书中止了这段关系。

1935年4月，埃文斯与哈佛诗人及作家詹姆斯·阿吉（James Agee）相识。次年夏天，阿吉受《财富》杂志之托撰写纪实性报告，讲述经济大萧条对南部白人承租农户的影响。他请求埃文斯担任随行摄影师，二人于1936年7月前往阿帕拉契亚南部寻找富有代表性的主题。他们在阿拉巴马的格林斯博罗认识了农夫弗兰克·廷格尔（Frank Tingle）、巴德·菲尔茨（Bud Fields）和弗洛伊德·伯勒斯（Floyd Burroughs）。他们给廷格尔和伯勒斯的家人拍完照片后，决定留在本地，返回佃农家庭进行访谈和拍摄。他们在这里受到了热情款待，[10]人们像家人一样对待他们，这种情况下最容易混淆采访对象与观察者的身份之别，因此阿吉最后所写的文章被《财富》退稿了，RA（现在的农业安全管理局）也没有采用他们拍摄的照片。1937年3月，埃文斯被RA解雇了。阿吉决定将这些素材写成一本书，原先的标题是《三个佃户》（*Three Tenant Families*），最终在1941年夏天以《现在让我们赞美名人》（*Let Us Now Praise Famous Men*）为题出版了这本书。该书的封面就是埃文斯拍摄的照片，但没有加文字说明。阿吉在书的序言中写道：“这些照片并非插图，它们和文字一样平等，相互独立又彼此合作。”[11]

1937年夏天，阿吉和奥利维亚·桑德斯（Olivia Saunders）的婚姻岌岌可危，而埃文斯却开始和奥利维亚交往，埃文斯之前还曾和阿吉的妹妹艾玛（Emma）有过一段感情。作家比琳达·拉思伯恩（Belinda Rathbone）认为，“对埃文斯来说，与阿吉的女人交往，是他间接表达对阿吉爱慕之情的一种方式。”[12]从埃文斯的几段情感经历中可以看出，他可能具有同性恋倾向，他曾和阿吉及其第二任妻子阿尔玛（Alma）有染，但没有一段感情修成正果。[13]不管埃文斯究竟是不是潜

农夫家的厨房，阿拉巴马州哈勒县，1936 年

在的同性恋者或者双性恋者，总之他绝对不会是个专一的情人。用奥利维亚的话来说，“和埃文斯在一起，你会发现自己永远不会是他心里的唯一。”[14]埃文斯为《美国影像》拍摄目录之后，和简·尼娜终于和解，于1941年10月结婚。

埃文斯在1943年春加入了《时代》杂志的编辑队伍，主要负责电影评论。1945年9月，他转到了《财富》杂志，成为其中唯一的全职摄影师，并在那里持续工作了20多年。埃文斯有许多著名作品诞生于杂志分派的任务，其中包括他在底律特大街上拍的一幅半身人像“美国工人”，该照片曾在1946年11月以“无名工人”的标题发表在《财富》杂志上。埃文斯年岁渐长后，也开始迷恋制度和旧事物，同时愈发贪杯。他与罗伯特·弗兰克、李·弗里德兰德等年轻一代往来甚密，在20世纪60年代早期又与黛安·阿勃丝深交，他坚称自己是艺术家而不是摄影师。此时的简受够了他接连不断的婚外情，最终自己也出轨了，二人于1955年8月离婚。1960年10月左右，埃文斯又同一年前经人介绍认识的伊莎贝尔（Isabelle）结婚。

1944年，评论家克莱门特·格林伯格（Clement Greenburg）将埃文斯称为“继施蒂格利茨之后最伟大的在世摄影师”，但在之后的15年左右，埃文斯的摄影成就却开始起伏不定，直到1960年才开始恢复名气。[15]那时候他重新出版了《现在让我们赞美名人》，这本书收录的照片比原版书多了两倍以上。1971年，他迎来了事业登峰造极的阶段，在纽约现代艺术博物馆举办了大型个人作品展，在耶鲁大学美术馆举办了一个小型作品展。在这期间，他还成了耶鲁大学图像设计系的客座教授（1964年），出版和展出了作品集《多被称赞》（*Many Are Called*，1966），此书收录的是他在30年代偷偷用相机在地铁上拍摄的众生相。这种迟来的成功和发达，让他迷失了心智。他和伊莎贝尔的关系剑拔弩张，部分原因要归咎于他本性难移的婚外情，两人在1973年4月离婚，这一年他刚开始接触宝丽莱彩色相机。埃文斯自己也承认，“除了我的底片，我从来不对任何事保持忠诚”。[16]

沃克·埃文斯卒于1975年4月，当时他刚经历了一场中风。这位曾试图通过照片和文字作品塑造一个地道美国人的摄影师，终于确认了自己的才智与审美优势。他用“纪录片风格”或“抒情纪录片”拍出了兼具直观记录与视觉美感的照片。尽管埃文斯讨厌用“怀旧”一词来描述他的照片，但由于他那些战前拍摄的建筑、汽车、人物和服饰都已经淡出历史，不再具有意识形态或商业广告的特点，因此它们还是呈现出了文物的时代感。埃文斯认为自己是个收藏家，他迷恋一切吸引自己眼球的东西，总会通过精心构造，用相机把它们的真实状态提升到更高的境界。埃文斯在美国本土社会和文化界博得的名气并不属于他所拍摄的作品，而要归功于他生前所在的东海岸精英圈。

巴夏和舞妓（罗杰·芬顿坐在中央），1858 年

罗杰·芬顿（Roger Fenton）

1819—1869

相机可以为艺术家呈现最真实自然的副本，完美还原一切细节和幅度，但摄影结果却取决于艺术家本人的判断力、想象力和创造力。

——罗杰·芬顿

罗杰·芬顿是19世纪英国摄影师中的翘楚。他的家族通过棉花生意和银行业而致富发家，他却决定以摄影为业。从这一点可以看出，他也同样富有现代眼光和进取心。但芬顿既非实业家也非资本家，最初选择的是法律行业。他在巴黎抛弃法律转行学画的举动，反映了传统资产阶级子弟面临的同一个困境：究竟该选择稳定但无趣的事业，还是追求冒险却能够实现自我表达的工作？他回到伦敦时，表面上从事法律工作，内心却从来没有放弃画画和摄影。他被同行誉为当代领先的摄影师，为组建大英摄影学会做出了重要贡献，他的作品展规模也远超同一时代的其他英国摄影师。尽管如此，他在19世纪50年代初进入摄影界时却并没有取得商业上的成功。这位企业家的子弟，也终于发现要平衡经济收入与艺术乐趣之间的关系实非易事。

罗杰·芬顿出生于兰开夏郡的克林伯哈尔，他在家中7个孩子中排行第4，父亲是约翰·芬顿（John Fenton），母亲是伊丽莎白·阿黛勒（Elizabeth Aipdaile）。他9岁时失去了大哥，母亲也在一年后过世。1832年12月，约翰·芬顿被推选为洛奇代尔地区的辉格党议会成员，其父在伦敦的职务在一定程度上帮助了罗杰及其弟弟于1836年进入大学学院攻读艺术学士学位。但因为他们是非国教教徒，所以无法进入牛津大学和剑桥大学。1839年，罗杰·芬顿进入内殿法律学院，1840年毕业后，于次年开始在大学学院进修法律。

与其他人不同的是，他是在1843年8月同妻子格蕾丝·梅纳德（Grace Maynard）成婚后，才决定要去巴黎当画家。他可能是在1844年5月前就到了巴黎，于该年6月在罗浮宫报名当抄写员，并拜美术学院的米歇尔–马丁·德罗林（Michel–Martin Drolling）为师。他妻子至少有一段时间陪他在巴黎生活，因为记录显示他们的第二个孩子安妮·格蕾丝（Annie Grace）就是在此降生的。1847年，芬顿一家搬回了伦敦，他在这里成了历史画家查尔斯·露西（Charles Lucy）的学生。1849—1851年期间，芬顿向皇家艺术学院的年度作品展提交了自己的画作，但没有一幅作品入围。

芬顿究竟是何时开始从事摄影的，这一点因为证据不足，我们无从推断。只知道他在1851年10月前往巴黎，并在那里遇见了古斯塔夫·勒·格雷（Gustave Le Gray）和奥古斯特·米斯特劳（Auguste Mestral）。芬顿最早于1852年2月开始拍摄照片，据称他受到1851年作品展的影响，从此一发不可收拾地迷上了摄影。这次作品展当然也促使他和其他人萌生了成立大英摄影学会的念头。当时让芬顿抓狂的并不仅仅是摄影研究和实践方面的问题，更重要的是英国摄影发明家和先驱威廉·亨利·福克斯·塔尔博特把一系列与摄影有关的专利收走了。即使是那些并不打算通过摄影赚钱的业余爱好者，也得提出书面申请才能拍照。

芬顿早期的摄影活动宗旨就是，树立一个不受塔尔博特专利限制的行业惯例。他在自己最早的摄影文献《法国摄影》（*French Photography*）中提出古斯塔夫·勒·格雷的蜡纸处理方式比其他预处理技术更先进。[1]芬顿的首批拍摄对象是伦敦的街景和家人的肖像，这些照片分别采用了蜡纸工艺和火棉胶工艺。显然蜡纸工艺更适合户外拍摄，他于1852年前往俄罗斯拍摄查尔斯·布莱克·维格那勒斯（Charles Blacker Vignoles）在基辅建设浮桥的工程时就使用了这种处理技术。芬顿用蜡纸底片的时间比同一时代的摄影师更长久，直到1854年才开始经常使用火棉胶玻璃，也正是在这一年，英国出台了新的法律规定，摄影师们这才从塔尔博特的专利噩梦中脱身。

芬顿去俄罗斯拍摄的部分照片（包括在克里姆林宫拍摄的教堂穹顶）及其他作品，被1852年伦敦艺术学会举办的“公开摄影展”收录。这次摄影展的宗旨是提升英国摄影的格调，主办人员就是约瑟夫·昆达尔（Joseph Cundall）、菲利浦·H.德拉莫特（Philip H.Delamotte）和芬顿。同年夏天，芬顿成为筹办伦敦摄影协会的委员会成员。1853年1月，伦敦摄影学会正式成立，芬顿被任命为名誉秘书长。芬顿与学会首任主席查尔斯·伊斯特莱克（Charles Eastlake）一起陪同维多利亚女王和艾伯特王子参观学会的首次作品展。在其后两年中，芬顿收到了大量为皇家拍照的命令。虽然这个学会向所有人群开放，但它很显然是芬顿及同个圈子的“绅士业余摄影师”为自己在摄影界立威的工具。[2]

芬顿的首次摄影冒险之旅发生在俄罗斯，第二次是在一场对抗俄罗斯的战争中。1855年春，芬顿带着摄影师马库斯·史帕林（Marcus Sparling）、男仆威廉和他的“摄影货车”前往克里米亚。[3]这辆货车可以组装成一个暗室，是芬顿使用火棉胶湿版底片的必要工具（因为这种底片的准备和冲印需要在现场进行）。1855年夏天，芬顿拍摄的克里米亚战争照片在伦敦和英国其他地区展出，并于该年9月出版了一本分为三册的作品集《克里米亚海战摄影集》（*Photographic Pictures of the Seat of War in the Crimea*）。但次年12月，这些底片以及同一个项目的剩余照片均被他拍卖了。战争是当时英国大众反感的主题，所以这种题材的作品当然很难实现商业价值。

芬顿在克里米亚给妻子写的书信充满关怀，趣味十足。他在其中一封信戏称自己“太软了”，他为此感到惭愧。[4]也许因为他只是这场战争的旁观者，无法亲自参战这一点让他十分痛苦，所以他从克里米亚回家时至少拍了3张自己身着军装的照片。可以说，芬顿这个上流社会的公子给摄影艺术增加了不少创意玩法。他在1858年夏天创作的“东方学者”系列，虽然是当时艺术家常用的主题，但在他手上却另有一番特色。人们原以为这一系列的照片必定充满敏感或其他犯忌的元素，但没想到芬顿的镜头展现的却是快乐的瞬间，而不是克里米亚之行的那些恐怖场景。

从塔尔博特的专利权之争中脱身后，芬顿认为他也有权靠摄影创收，通过为他人拍照收取佣金。他的这一举动引发了其底片所有权之争，以及一些糟糕商业决策引起的纠纷。1858年，芬顿入伙保罗·普莱特斯（Paul Pretsch）的照相制版印刷公司，但这个创业结果惨淡收场，芬顿还为此背了一身债。塔尔博特还威胁要起诉这家公司，理由是后者侵犯了他1852年申请的照片制作法专利。塔尔博特

海伦娜公主和露易丝公主，1856 年

显然十分清楚，这些“绅士业余摄影师”与其商业竞争对手一样不能没有法律保护。

1860年，芬顿拍摄了一系列非凡的水果和花朵的静态照片，这是他退出摄影圈前创作的最后一个系列。他的这些静物照片及一些早期照片于1862年在伦敦南肯辛顿举办的国际作品展上亮相，并获得了一枚金质奖章。虽然其作品的质量从未下降，但从19世纪50年代末开始，其作品的人气已经开始下滑了，这是当时英国摄影圈权力变化的一个表现。对于摄影界新秀来说，芬顿及其同僚是开路先锋，但如果让他们长居高位，就会有损这一行的商业利益。

罗杰·芬顿与同一时期的古斯塔夫·勒·格雷在生活上有许多相似之处，比如他们都曾因从事摄影而身陷债务。不过古斯塔夫·勒·格雷为躲债而抛家弃子逃到了国外，芬顿却认为“不可逃避责任”，坚持留在家人身边。[5]芬顿既没有成功为职业人士们保住摄影界的“最高地位”，也未能让他们掏钱，最后只得重操旧业从事法律工作。1862年，《摄影杂志》（*Photographic Journal*）宣布芬顿退出摄影圈。1863年，他把摄影器材和底片全部拍卖了。格蕾丝和罗杰·芬顿曾在1866年共同拍摄了一张照片，当时的芬顿还留着克里米亚战争中的英雄们流行的那种络腮胡子，几年后芬顿就过世了。

霍瓦登夫人的个人肖像，约1855年

克莱门蒂娜·莫德，霍瓦登子爵夫人

（Clementina Maude，Viscountess Hawarden）

1822—1865

她深信摄影艺术的发展，也深知摄影既可以是一门艺术，也可能被滥用成无意义的涂鸦。

——奥斯卡·雷兰德

克莱门蒂娜·莫德，霍瓦登子爵夫人（常被称为“霍瓦登夫人”）拍摄的作品具有模棱两可的特点。虽然她给女儿拍摄的大量舞台造型的作品能够通过造型、服饰和道具呈现一些故事线索，但并不会增加说明性的文字，以提示照片的情感和魅力所在。现存的关于这位摄影家的生平与作品的一手资料极少，虽然她的摄影作品已被主流博物馆收录，她本人也成了学术界研究的对象，但她所遗留下的资料并不像同一时代的朱莉娅·玛格丽特·卡梅伦那样丰富。但与朱莉娅·玛格丽特·卡梅伦一样，霍瓦登夫人留下的许多照片也是过去40年中艺术家和学者研究该时代的妆容、女性创作和女性视角的重要依据。虽然她的照片呈现的是女性特质，但它们所反映出的性别问题与她的阶级地位颇有出入。出身于商人家庭的卡梅伦其外在表现是贵族，而霍瓦登夫人却截然不同，她是贵族但却表现得像个中产阶级。

霍瓦登夫人在维多利亚时代的社会地位取决于一系列不可预知的事件。她出生于格拉斯哥附近的科本诺德豪斯，原名是克莱门蒂娜·埃尔芬斯通·弗莱明（Clementina Elphinstone Fleeming），父亲是苏格兰人，母亲是西班牙人。父亲弗莱明上将是家中的第二个儿子，他放弃继承家业执意加入皇家海军，但他还是按照贵族子女的标准将霍瓦登夫人抚养成人。她18岁时父亲过世了，家产就落到了伯父约翰手上。霍瓦登夫人在本该走入社会的年龄，突然就这样被剥夺了社会地位和经济地位。霍瓦登及母亲和两个妹妹就此被迫离开伦敦，她们决定前往欧洲大陆，因为那里的上流社会生活成本更低。她们从欧洲北部一路向南，最终在罗马的侨民区中落脚。

她们的叔父大卫·厄斯金（David Erskine）曾经担心弗莱明家三位亭亭玉立的少女会落到穷困堕落的男人手中，[1]但事实恰恰相反。1845年，克莱门蒂娜嫁给了康沃利斯·莫德议员（Hon.Cornwallis Maude），此人在爱尔兰继承了爵位和很大的房产。莫德家人因这桩门不当户不对的婚姻愤怒不已，拒不接纳这个儿媳。这对年轻夫妇就只能相依为命，小心谨慎地同那些更有身份和地位的家庭打交道。1856年时，这对已结婚11年的夫妇又迎来了另一个命运转折点——她公公去世，丈夫就顺理成章地继承了遗产。1857年，他们带着5个孩子搬到了爱尔兰的房产，霍瓦登夫人也正是在这期间开始接触摄影。

根据霍瓦登夫人后代的说法，她的一个性格特点就是极度宠溺自己的孩子。她叔叔蒙斯图特·埃尔芬斯通（Mountstuart Elphinstone）在给她妹妹安妮的信中写道："我从来没见过比他们生养得更好的孩子……奇怪的是自己都顾不上的克莱门蒂娜却对孩子那么在意，她给孩子做得太周到了，恐怕会宠坏这一代，不过她的善良和责任心倒是一点都没变。"[2]她叔叔更早时还曾经写了一封信给她的母亲，抱怨她没有给夫家生个儿子和继承人。[3]接连生了三个女儿后，她终于产下一个儿子，其后又连续生了两个女儿。霍瓦登夫人从事摄影的部分原因有可能是为了给女儿们"正名"，改善她们被视为家庭负担和"赔钱货"（女儿出嫁时要陪上一笔嫁妆）的不利地位。这些照片不但关注她们的个性，还突出了她们的美丽。

1859年，霍瓦登母女返回伦敦，她们在肯辛顿的主宅建造了五王子花园，霍瓦登夫人最著名的作品（包括她三个大女儿在室内或阳台上的个人照或合照）就是在这里取景的。霍瓦登夫人这个被妹妹安妮称为"爱娃狂"的女人，[4]在从事摄影期间还生了3次孩子，因此她的摄影作品也被人称为"分娩艺术"，这种现象体现了维多利亚时代的母亲和女儿们被家庭所困的无奈。但这似乎并没有影响她的创作，不少摄影师认为家庭背景是一个富有创意、想象力和变化性的创作环境。除此之外，她的摄影作品还直接或间接地反映出年轻女子的私人与公共生活之间的相互关系。霍瓦登夫人有大量照片展现了她的女儿们在家庭空间和街上（实际上是在家里的阳台上）的场景，象征性地在同一张照片中呈现夜间和白天的装束。

伊莎贝拉·格蕾丝和弗劳伦斯·伊丽莎白·莫德，五王子花园，约1863年4月

她还拍摄了一些女儿们穿着衬裙和睡衣的照片，不过这些照片并不是为了展示女儿们的容颜，它们只是一种即兴创作。从穿衣与脱衣的行为来看，维多利亚时代的女孩和妇女会呈现一系列阴柔的女性特征：她们揽镜自照时只穿着睡衣、束腹和衬裙，可能会想象自己是一名芭蕾舞演员或其他角色。霍瓦登夫人有一些照片探索的则是更为感性的乐趣。她有大量照片呈现的是女孩们袒露着肩膀的模样，与美术或绘画艺术中的创作手法一样，这些女性角色似乎没有察觉到画家或观者凝视的目光，因此呈现出了一种无拘无束的姿态。

除了呈现女孩们的当代装束，霍瓦登夫人还拍摄了她们穿戏装扮演神话、历史、艺术和文学女性角色的模样，比如希腊女神或贵妇人。虽然她这一系列名媛贵妇集锦的照片看似在取笑维多利亚时代的流行文化，但并不属于反文化潮流的类型。她镜头中有时候还会呈现一些小型的瓷器妇女雕像。我们可以再次发现她和卡梅伦之间的鲜明差异，卡梅伦的女性模特通常会扮演那些在技能或行为上更出格的女性人物，比如圣艾格尼丝这种为宁可殉难也不要婚姻的角色。

卡梅伦和霍瓦登夫人之间的另一个明显区别在于，其作品在摄影界取得的不同反响。卡梅伦对外展示自己的作品时，曾遭到当代男性摄影家的排斥；而霍瓦登夫人的作品却获得了一片倒的好评。她的摄影作品之所以能得到外界的高度评价，部分原因与她的社会地位有关，当时能够像她这样潜心投入摄影创作的贵族名媛并不多见。霍瓦登夫人分别在1863年和1864年参加了伦敦摄影学会的年度作品展，并两次获得奖章。在她参加1863年这次展览时，《英国摄影杂志》（*British Journal of Photography*）曾评论："如果这位女子是名专业人像摄影师而不是业余爱好者，那么她很快就能实现名利双收了。"[5] 但这种评价实属溢美之词，因为当时根本就没有多少摄影师能够实现"名利双收"。查尔斯·路特维奇·道奇森曾经想结识霍瓦登夫人，但她却一再回避，这一点足以说明当时精英阶级的优越感。

霍瓦登夫人只活了42岁，在1865年死于肺炎。瑞典摄影家奥斯卡·雷兰德在她的讣告中形容她"实用如钩子，耀眼如钻石"，称赞她表达了中产阶级希望发挥积极作用的立场，且毫无贵族阶级高高在上的姿态。霍瓦登夫人的作品原先一直由家人保存，直到1939年维多利亚与艾伯特博物馆举行百年摄影展时，她的后人才把将近800张照片捐赠给该博物馆——她的多数照片四角不全，有可能是因为家人从原文件中撕下照片时被扯破。

汉娜·霍克与玩偶，约 1925 年（摄影师不详）

汉娜·霍克（Hannah Höch）

1889—1978

我想淡化人类与周围事物之间的界限。

——汉娜·霍克

汉娜·霍克是蒙太奇照片的倡导者之一，蒙太奇照片就是将一系列照片（无论是原件还是复印件）集合起来创造出超现实和富有表现力的集锦照片。蒙太奇照片大约在1918年同时出现在法国、德国、瑞士和俄罗斯四国。霍克认为，这种照片集锦是摄影插画媒介快速发展的必然结果，它不但满足了人们创造拼贴画的需求，还用蒙太奇的布局为人们创造灵感来源。她和自己的情人、画家拉乌尔·豪斯曼（Raoul Hausmann）是柏林达达主义圈中的人物，也是摄影这种新媒介的大师，擅长创造令人惊叹而又充满梦幻的艺术形式。她的艺术传记中频频提到豪斯曼曾想扼杀她的创意，其他男性达达主义者也在各种艺术活动中排挤她。围绕这些是非的争议，在一定程度上影响了后人对这位艺术家的认知。

汉娜·霍克原名安娜·特蕾泽·约翰尼·霍克（Anna Therese Johanne Höch），出生于德国图林根州哥达市一个所谓的“上流中产阶级之家”。[1]据霍克所述，她父亲从事保险行业，在图林根家州成立了一家保险营业所；她母亲则是个“具有一定艺术追求”的妇女。[2]霍克是家中5个孩子中的长女，据其所称，她15岁时就被迫从女校退学回家照顾弟妹，直到妹妹年满6岁为止，“这些都是我父亲的意思，因为他有很强的传统观念，认为‘女子无才便是德’，只能安心嫁人，不要妄想学习艺术。”[3]1912年，22岁的霍克离家进入柏林夏洛腾堡的应用艺术学院。她称自己甚至都懒得申请去上学，尽管这里的确是她想去的地方。如果说她作为艺术学生的自由和地位已经受到了威胁，那么第一次世界大战就是她这些梦想的终结者，“这场灾难毁灭了我的世界。”[4]

战争爆发后，艺术学校相继闭校，霍克只好回到家中，在哥达的红十字会工作。1915年，学校重新开学时，她进入了柏林的装饰艺术博物馆学校，在埃米尔·奥尔利克（Emil Orlik）授课的美术班学画。她在此就学期间，通过画家乔治·格罗兹（George Grosz）接触了达达主义。

1916年，霍克一边继续艺术实践，一边给出版商乌尔斯坦（Ullstein）的女性杂志做兼职插画家和版面设计师，并在此时开始用这些出版刊物制作蒙太奇照片。她并没有看轻商业美术师的地位——她这一生都没有放弃艺术和设计，她还喜欢刺绣等手工艺品，并且紧跟时代思潮。[5]到达柏林这个不受父亲价值观干扰的城市之后，她开始融入一个远离教条且没有德国社会民主党价值观的环境中。[6]柏林的达达主义者存在共产主义意识形态，在霍克看来，他们的追求仍然以美学为主："我们的整个宗旨就是将全世界的机器和工业物品整合到艺术世界中。"[7]

霍克的艺术传记中不乏关于争夺优先权的主张。1959年，她在接受美国作家爱德华·罗蒂提（Édouard Roditi）的采访中不无痛心地表示，初遇拉乌尔·豪斯曼——当时他还是个实验艺术家——的时候，她自己在瓦西里·康定斯基（Wassily Kandinsky，俄罗斯画家和美术理论家）的影响下接受了抽象理论。[8]但人们的普遍说法是，当时是豪斯曼自愿加入达达主义圈，并把霍克也一起带了进去。霍克称蒙太奇照片的发明者应该是豪斯曼，而不是格罗兹和约翰·哈特菲尔德（John Heartfield）这两人。霍克认为，蒙太奇照片"具有激活性，也就是疏离感"的特点，[9]"应用型（政治化）"与"自由形式"的蒙太奇照片之间存在明显区别，这是一个"有利于人类充分发挥创造力的领域"。[10]

我们难以评估霍克在柏林达达主义圈中的地位，但她是这里唯一的女性成员。她在达达艺术活动史上的表现并不像男性同胞那样醒目，这在一定程度上与该群体中持续的权力斗争有关。1920年，她与多名成员的作品在柏林的"首届国际达达作品展"中亮相。据统计，她这次展出了6—8幅作品，包括她最著名的代表作《用菜刀砍断德国最后的魏玛脾酒肚文化纪元》（*Cut with the Kitchen Knife through the*

Last Weimar Beer-Belly Cultural Epoch in Germany，1919—1920）。格罗兹和哈特菲尔德曾反对她参展，[11]据猜测可能是因为有评论称，展览应该依次以霍克、理查德·胡森贝克（Richard Huelsenbeck）和格罗兹这种顺序排名，这次展览才算是“值得一看”，这种话传出来后让他们心里很是不痛快。[12]

霍克认为，豪斯曼是柏林早期达达主义者中最有才华的艺术家，只是常常需要他人的支持。她后来回忆说：“如果当时我没有投入那么多时间去照顾和鼓励他，也许我自己会有更大的成就。”[13]但豪斯曼这个已婚且有孩子的男人，更情愿在妻子和情人之间两头奔忙，并不打算在二者中做出抉择。在关于这段感情的文字描述中（主要是从霍克的角度来撰写），豪斯曼十分嚣张跋扈，在性别平等的问题上相当伪善：他不但需要情人的情感抚慰，还需要后者的经济支持，一边嚷嚷着要求女性独立，一边喋喋不休地要求她保持母性。霍克为反抗母性，反抗豪斯曼而堕过两次胎，[14]她在之后表示两人的关系就像是“一场困难而痛苦的教训”。[15]

20世纪20年代的霍克正式奠定了自己的个人艺术地位。她在这10年间成为“11月团体”（这是在1918至1919年德国11月革命中觉醒的激进艺术家组建的团体）的活跃成员，并与德国画家库尔特·施威特斯（Kurt Schwitters）成了志同道合的工作伙伴。1924年，她首次前往巴黎，在那里遇见了许多画家和作家。她还去了布拉格、魏玛和荷兰。在1926年7月的这次旅行中，她遇见了诗人蒂尔·布鲁格曼（Til Brugman），并为他离开柏林去了海牙。他们成了艺术上的合作者和情人，霍克负责为布鲁格曼的文学作品配插图。霍克在20年代参加了多次作品展，其中包括1929年斯图加特著名的“电影与摄影”艺术展。20年代后期和30年代初，霍克开始创作她的“人种志博物馆”作品集。

1932年，因为学校被纳粹党人关闭，霍克被迫取消了原计划在德绍的包豪斯学校举办的展览。1933年后，她在德国的展览被全面禁止，但她仍然在1935年返回了德国。在刚做完手术休养期间，她遇见了商人及业余画家海因茨·库尔特·马蒂斯（Heinz Kurt Matthiesse）。两人在1938年9月结婚，但她的作品出现在沃尔夫

大安－丹迪（Da-Dandy），1919 年

冈·威尔瑞奇（Wolfgang Willrich）支持纳粹的那本书《净化艺术殿堂》（*The Cleansing of the Temple of Art*，1937）之后，这段婚姻就走到了尽头，有人认为她结婚的部分动机就是想改名换姓。她和马蒂斯在1942年分居，两年后正式离婚。

1945年春，苏联攻克柏林，经历了“12年极端暴政”的霍克终于重新获得公民和艺术家的权利。[16]她在战后表现十分积极，除了继续给乌尔斯坦作画，还重新尝试抽象艺术。某些学者认为，她在这一时期其作品的文化意义不及她早期的作品。但霍克认为她在战前和战后的艺术创作并无不同，并为她的蒙太奇照片建立了一套理论：“除非现实已经彻底趋于理性（它永远不可能完全理性），‘异想天开’的艺术才能够展现目标与现实之间的差异。发现这种艺术是我们这个时代文艺界的重大事件之一。”[17]

对于某些人来说，霍克的作品并没有出现诋毁婚姻和母性的倾向，这一点多少有点让他们失望。那么，我们是不是可以说，她作品中流露出的讽刺意味，并非意在为广大妇女解放而战，只为像她这种特定女性的不幸遭遇而战，这一点冲淡了她艺术作品中潜在的激进元素？霍克并不像达达主义者所讽刺的资产阶级艺术家那样仅仅关注自己的主观感受。她的传记引发人们思考这样一个问题：极力想摆脱自己年轻时奉行的“文化布尔什维克主义”的艺术家，与像霍克这样在“12年暴政”之下冒死保存自己和同辈作品的艺术家相比，究竟谁的贡献更大？霍克则明白了个人是政治的“先锋”。

在艺术博览会酒店的个人肖像，纽约，1936 年

安德烈·柯特兹（André Kertész）

1894—1985

我用摄影表达自己的内心。

——安德烈·柯特兹

安德烈·柯特兹有幸于在世期间同时见证了摄影跻身于艺术殿堂，以及他本人获封伟大摄影家这两桩盛事。柯特兹自己所述的一生经历，算得上是一个引人入胜的故事，这其中包括他如何以及为何从事摄影，他与伊丽莎白·萨拉蒙（Erzsébet Salamon）维持了将近60年的感情，他与萨拉蒙二战期间如何被搁置在美国，以及诸多阻碍他赢得世人认可的琐事。当然，他自述的这些也不完全是真事。据安德烈·柯特兹财产管理人罗伯特·古伯（Robert Gurbo）所述，从柯特兹贮藏的大量书信和文件中可以看出，他们夫妻的感情并不像他自己所说的那么和睦，他们在战争期间并没有受到什么迫害，导致他迟迟未获得认可的原因在他自己身上，并不是他人的过错。[1]虽然大家都知道自传具有主观性，但值得注意的是，他对自己生活的描述却长期无人质疑。传记作者在此呈现的则是柯特兹这位自称“多愁善感”[2]的摄影师告诉他人的故事版本，以及能够深入推断事情前因后果的客观证据。我们可以通过这两种素材，还原出一个最完整的柯特兹。

柯特兹在家里三个男孩中排行老二，出生于布达佩斯的一个下等中产阶级犹太家庭中。他父亲利波特·柯特兹（Lipót Kertész）是一个书商，母亲欧内斯廷（Ernesztin）经营着一家咖啡馆。利波特于1909年2月过世时，柯特兹只好暂时放弃在布达佩斯商学院的学业，去做体力活补贴家用，数月后才返回学校。她母亲靠自家兄弟利波特·霍夫曼（Lipót Hoffman，他是个成功的粮食商人）的支持，把几个儿子拉扯成人。柯特兹于1917年拿到了商科的学士学位，也有人说他根本就没有拿到文凭。[3]这有可能是真事，也可能是因为他宁愿承认自己是个穷学生，也不愿承认自己需要赚钱补贴家用的事实。柯特兹深信自己内心就是个诗人，他与年轻的邻居约兰·巴洛格（Jolán Balog）之间长达10年（1905—1915年）的私情，就是他释放爱情幻想的一个渲泄口。[4]

柯特兹的传记中提到过这么一件事，他在匈牙利和巴黎所得到的相机，多数来自家人的馈赠。他在1912年6月得到了自己的第一台相机，不过对于当时的匈牙利来说，把相机当作生日礼物送给青春期的少年是较为常见的现象。[5]有人说这台ICA相机是柯特兹的妈妈送给柯特兹和弟弟吉尼（Jenő）两人的礼物，[6]也有人说这是妈妈和吉尼一起送给柯特兹的东西。[7]但我们可以确定的是，这两兄弟的确经常一起拍摄和冲印照片，因为没有放大机，他们只能采用接触印相的方法冲印照片。1912年7月，柯特兹在银行当职员之后，他们在夏季的摄影艺术实践就此中止。[8]但柯特兹仍会在闲暇时与吉尼一起摄影，对于他们家当时的经济条件来说，这项爱好或许就是最好的消遣了。

1917年10月，柯特兹被奥匈帝国军队征召入伍。此时他仍然对自己的女邻居意乱情迷，形成了从此与他相伴一世的忧郁性格。同年11月，吉尼送给他一台ICA Bébé手持盒子相机。据称柯特兹在服兵役期间迷上了构图，只要一得空就会溜出去摄影。[9]但他在战争的那几年中随身携带三脚架，这种说法似乎并不可信。除此之外，尽管柯特兹自称完全凭业余爱好者的感觉来创作，[10]但他有些照片似乎模仿了插画报纸和杂志上的作品。他将自己的底片寄给吉尼，要求弟弟按照他的说明来冲印照片。[11]

1915年，柯特兹染上了伤寒。大约6个月后，他的胸口和手臂中弹。1916年秋，他重返军队后就分配到了其他任务，不需要再上前线了。1918年，他退役回到布达佩斯，回到了自己的工作岗位，并在空暇时间拍摄奥匈帝国倒台后的场景。他回忆起这段经历时表示："我是个左派分子，和每个正常人一样，我是彻头彻尾的左派。"[12]但是，当那些被怀疑是共产党支持者的艺术家遭到残酷镇压时，他为明哲保身，回避了这个立场。1921年3月，柯特兹开始寻找其他工作，却发现自己受到了反犹太主义势力的排斥。1924年，他得到了给匈牙利著名摄影师帕尔·芬克（Pal Funk）当学徒的机会，后者在布达佩斯、巴黎和尼斯都有工作室。柯特兹师从芬克，但并没有接受后者提供的职位。他在这一时期比较认同伊什特万·索尼（István Szőnyi）和维尔莫

变形 #39，1933 年

归航，纽约中央公园，1944 年

什·阿坝-诺瓦克（Vilmos Aba-Novák）等进步画家、设计师和雕塑家的艺术风格。他对变形人物肖像也产生了浓厚的兴趣，在服兵役期间也自创了一系列个人肖像画。

1919年，柯特兹遇见了比他小10岁的艺术学生伊丽莎白·萨拉蒙。1924年，萨拉蒙向他下了最后通牒：如果他不在这一年冬娶她，她就和他断绝往来。[13]柯特兹这个一句法语都不会的人，在1925年10月8日通过临时签证到达了巴黎。他在这里举目无亲，只认识达达主义艺术家特里斯坦·查拉（Tristan Tzara），[14]但他很快就与匈牙利海外流亡者圈中的领袖、画家拉约什·泰汉伊（Lajos Tihanyi）熟络起来。柯特兹在巴黎的头几年，将自己的名字改成了“安德烈”。虽然他后来讳谈自己早期在巴黎的职业，但后来还是被人知道他是“当时一流的新闻摄影记者”，[15]依靠社会观察力而非“爆炸性新闻”打下了成功事业的基础。[16]他拍摄的照片被法国、德国、意大利和伦敦的刊物收购。

柯特兹同时还是一位著名的艺术摄影师。1927年3月，他与匈牙利画家艾达·塔尔（Ida Thal）在巴黎的春之祭美术馆中联合展出作品。两年后，他有13幅摄影作品在斯图加特举办的“电影与摄影”国际摄影展现身。1933年，柯特兹出版了自己的第一本书《儿童》（*Enfants*）；1934年，出版了第二本书《巴黎看到安德烈·柯特兹》（*Paris vu par André Kertész*），该书配上了由皮埃尔·马克·奥伦撰写的散文。在商业与艺术事业蒸蒸日上的时期，柯特兹于1928年10月同匈牙利流亡小提琴家罗西·克莱因（Rózsi Klein）结婚，后者从事摄影时给自己取了个艺名“罗杰·安德烈”。很少有人知道柯特兹与克莱因的这段婚姻，他们在1931年分居（那一年萨拉蒙去巴黎看望柯特兹），并在1932年离婚（这一年萨拉蒙与他在巴黎相聚）。1933年6月，柯特兹就和萨拉蒙结婚了。

柯特兹对自己被迫从法国迁到美国一事感到愤懑，当时他同Keystone Press Agency公司签了一年合约，打算在纽约成立一个时尚工作室，此事在一定程度上影响了他对这个国家的感情。因为排犹主义的气焰日益嚣张，他在巴黎的业务大为缩水，不得不再次迁徙到另一个国家。1936年11月中旬，他到达纽约，开始为其他刊物拍摄照片，这一行为直接导致Keystone Press Agency公司同他解约。尽管这项事业受挫，但这并不妨碍柯特兹快速进入纽约重要艺术摄影师的行列，他有5幅作品入选纽约现代艺术博物馆的“1839—1937年摄影展”。但后来他又经历了一系列事业挫折，曾抱怨纽约现代艺术博物馆的馆长博蒙特·纽霍尔（Beaumont Newhall）向他提出的过分要求（即裁剪他的裸体照片《变形》，以免有碍观瞻），“我真是火冒三丈，剪掉就残缺不全了，就好像砍掉人的一条手臂或一条腿。”[17]而他在巴黎的那段时光，却成了他的美好回忆，尽管他在巴黎时一直寂寂无名。

1941年有人告诉柯特兹不要在街头摄影，因为他身份特殊，他是来自敌国的外人。此事无疑坚定了他申请美国国籍的决心，并于1944年正式成了美国公民，此时的萨拉蒙则更名为伊丽莎白·萨利（Elizabeth Saly）。在战争的最后一年，柯特兹出版了《巴黎一日》（*Day of Paris*），这本书由《时尚芭莎》美术总监阿列克谢·布鲁多维奇设计。一年后，柯特兹在芝加哥艺术协会举办了同名作品展。但成为艺术摄影家并没有让他得到多少收入，1947年柯特兹同康泰纳什集团签署了为期一年的独家合约，开始为《住宅与庭院》（*House & Garden*）杂志摄影——这项合作持续了15年。这是他这一生中最茫然无措的时期，不光是因为看到同代的摄影师都在发光发热，还因为他妻子的香料生意大获成功，成了家庭的经济支柱，这些都让他感到心里不是滋味。1952年，他们夫妇搬进了第2大道上新建的一套公寓中。10年后，柯特兹因为健康状况不佳，而且疏远了康泰纳什集团，就离开了《住宅与庭院》，开始允许由妻子来料理他的事务。[18]

年近70岁的时候，柯特兹开始收获一些“姗姗来迟”的荣耀，1963年和1964年分别在巴黎和纽约举办了作品回顾展；1974年与纽约的光线画廊签署了独家合约，[19]并获得了法兰西艺术与文学勋章（1976年）以及荣誉军团勋章（1983年）等荣誉。但因为柯特兹的身体健康状况日渐下滑，他的这些艺术成就也开始萎缩，并于1976年春住院治疗。萨利则在此时患上了肺癌，柯特兹除了自己接受治疗，还得抽身照料萨利。萨利于1977年10月过世，柯特兹大约在此时开始美化他的这段婚姻关系。[20]他在一次采访中表示，萨利死后他就不再摄影了，但之后在布伦塔诺书店的橱窗看到了一尊“很像伊丽莎白”的玻璃半身像，[21]他买了这座玻璃像，随后就开始用宝丽莱相机为它拍摄了一系列照片。他回忆起这段岁月时表示："突然之间，我忘记了自己，忘记了痛苦、饥饿，当然还有悲伤。"[22]与他相伴余生的就是这台宝丽莱相机和另一台35毫米相机。

正如其他学者所言，如果柯特兹没有提到"他的摄影作品就是他生活的视觉日记"这句话，[23]他没有在艺术传记中提到的那些事迹也许就不会这么出彩了。若将他称为摄影界的终身业余爱好者，则难免贬低了他在两次世界大战期间的优秀新闻摄影记者的身份。据罗伯特·古伯和资料管理人莎拉·格里诺（Sarah Greenough）所述，柯特兹编撰自传的动机在于保住自身名誉，以及摆脱祖国的羁绊。他在晚年才决定与弟弟吉尼再见一面，在此之前他有很长一段时间只通过书信与吉尼联系，这个举动说明他终于同自己的过往达成了和解。也许这是因为他终于意识到吉尼在其摄影生涯中扮演的重要角色。当年若非为了养家糊口，不负萨利的期望，柯特兹也许永远都不会选择离开匈牙利，逃离反共主义者的迫害和反犹主义情绪的排挤。

个人肖像，约 1850 年 2 月

古斯塔夫·勒·格雷（Gustave Le Gray）

1820—1884

我由衷地希望摄影不要被划入工业、商业的范畴，而是进入艺术的行列，这才是真正属于它的位置。

——古斯塔夫·勒·格雷

古斯塔夫·勒·格雷从事摄影的时间大约是19世纪40年代中晚期，那时他还在罗马学美术。他在巴黎一路跻身为一流摄影师，以及逐渐走向债务缠身的故事的确很有吸引力，但同时也引发了人们对摄影与投机产生交集时的深思。卡尔·马克思（Karl Marx）曾将摄影定义为19世纪中期的新兴现代产业之一，[1]与其同时代的许多人也看好这种媒介的创收前景以及它在艺术界的声誉。勒·格雷能够成功吸引赞助人，引来投资者，但他本人却并非一块经商的好材料，也缺乏对摄影艺术的敬畏之心，自然也就无所谓这种媒介的沦陷是否会危及摄影师的声誉了。他为了躲债抛妻弃子，在作家亚历山大·仲马（Alexandre Dumas，大仲马）的陪同下，在地中海经历了一场有声有色的航海之旅，从此再也没有回过巴黎。他选择用自己的摄影师名誉为法国王室服务，这样才好过上非凡的生活。

有人说勒·格雷是个正直勤奋的好学生，但也有人认为他就是个身无分文的游手好闲之徒，我们实在很难根据这两种大相径庭的描述拼凑出同一个人，即使用一流摄影实验家、教师和创业者这些身份来描述他也未必完全正确。他的某些同辈抱怨自己缺乏他的好运气，根本无法复制他的成功途径。这种说法，其实也同样有失偏颇。勒·格雷是个锐意进取的开拓者，自称是某些重要技术的发明者，并且时常遭到同行的嫉妒。学者们至今无法辨别这些各有主张的说法中究竟孰是孰非，正如安妮·卡蒂埃-布列松（Anne Cartier-Bresson）所言，"他自己的所言、所行以及现存作品之间的关系实在令人难以捉摸。"[2]

勒·格雷出生于巴黎以北的维利耶尔勒伯公社，年轻的时候为了学画，放弃了在家乡的职员工作，尽管父亲（在巴黎经营着一家男装店）对他的前途甚为担忧，但仍然在经济上支持他。勒·格雷在巴黎师从画家保罗·德拉罗什（Paul Delaroche），后者也是早期摄影艺术的倡导者之一，用1839年一份报告的话来说，“发掘M.达盖尔就是此人对艺术的重大贡献。”[3]德拉罗什门下的弟子不乏19世纪中叶摄影界的一些著名人物，比如勒·格雷、亨利·勒·西克（Henri Le Secq）和查尔斯·内格罗（Charles Nègre）。1843年夏，德拉罗什因为一场重大事故而被迫关闭巴黎的工作室时，包括勒·格雷和勒·西克在内的一些忠实弟子追随他到了罗马。就这样，勒·格雷在罗马逗留了4年。

对于那些不愿意被限制在自己出生地的人来说，摄影的确是一项极富吸引力的艺术追求。当时的摄影还没有被沾染上浓厚的商业气息，看似蕴藏着光明的前景。勒·格雷从事摄影艺术的原因或许可以追溯到他的个人经历：1844年，他逗留罗马期间，在未经父母同意的情况下，与本地小贩的女儿帕尔米拉·莱奥纳尔迪（Palmira Leonardi）结婚。这一举动看起来相当草率，但勒·格雷的确是个好学生，他在罗马期间兢兢业业地学习摄影化学，试图创造一种“可复制”[4]和“永久的”[5]图像。勒·格雷将这个时期的自己定义为摄影科学家，这个说法得到了物理学家和政治家弗朗索瓦·阿拉戈（François Arago）的证实，因为勒·格雷在1847年返回巴黎时曾与之合作研究银版照相法的技术。

他拖家带口回到巴黎后，又成了美术学院的学生，并再次进入德拉罗什的工作室。在此期间，他除了展示自己的画作，还精心磨练自己的摄影技艺（最初是在金属上，之后在纸上练习），他的人物肖像和艺术品复本获得了关注。1849年他在巴黎塞留街租了一套公寓，并开始招收自己的学生，作家马克西姆·杜坎（Maxime Du Camp）就是他的首期学生之一。可以说，勒·格雷的确是找到了一个对自己十分有利的门路——将一个国家的资本拿到另一个较不发达的国家做生意。

勒·格雷似乎有意将自己标榜为顶级摄影师，也就是那种能够独挡一面，迎接下一轮视觉文件和插图革命的先驱。但他在这个时期却并没有接到什么佣金任务，更雪上加霜的是，1849年秋他的三个女儿中有两个因为霍乱而丧生。勒·格雷一家离开了巴黎中心，搬到了城北的舍曼龙德地区。那些经常光顾其工作室的新兴摄影师包括奥古斯特·米斯特劳、约瑟夫·维齐尔（Joseph Vigier）、阿德里安（Adrien）、加斯帕德-菲利克斯·图尔纳雄（Gaspard-Félix Tournachon，即纳达尔）等人。1850年6月，勒·格雷出版了自己的首部作品集《在玻璃和纸上的摄影实践》（*Traité pratique de photographie sur papier et sur verre*）。

勒·格雷将自己定义为蜡纸工艺（19世纪中叶摄影界最重要的技术成果之一）的发明者，虽然英国发明者威廉·亨利·福克斯·塔尔博特给底片上蜡的方法可以实现更高的透明度，但勒·格雷的方法却有重要的独特之处。勒·格雷主张在曝光之前给底片上蜡，并改进了化学试剂以便增加感光性。与塔尔博特一样，他这种提前敏化底片的方法也便于摄影师去户外远足拍摄——勒·格雷从1849年起在丹枫白露的森林里拍摄的一系列照片就使用了这种方法。有一种说法是，19

林中风景，丹枫白露，约1855年

世纪40至50年代的法国摄影界出现的一个艺术流派“原始摄影”，很大程度上要归功于勒·格雷的指导和文献。

1851年4月，勒·格雷向巴黎新成立的赫利奥摄影学会展示了自己的蜡纸工艺。他与勒·西克、奥古斯特·米斯特劳、爱德华·鲍尔达斯（Édouard Baldus）和伊波利特·贝亚德（Hippolyte Bayard）一起入选“赫利奥摄影任务”，共同拍摄法国重要的历史名胜和文物古迹。他和米斯特劳于1851年7月至9月间一起前往法国西南部，并在此期间改进了他的蜡纸处理方法，测试了最终冲印照片的色调、对比度和色相。也许他当时就有打算借此成为大师级的照片冲印专家，并以此收获财富。至于他为什么未能如愿，学界有许多不同的解释：有些证据显示他从不为数量而牺牲质量，也有些人认为是因为他无法持续拍出好照片。

19世纪50年代的摄影艺术常因技术的局限性而被诟病，据称这一时期的摄影技术无法还原彩色的世界，或者捕捉云彩及波浪的自然效果。它容易扭曲色调，无法准确地同时对天空和前景进行曝光。人们认为自然是一个终极大挑战，摄影师们为此划分成了科学家和艺术家两大学派——前者追求更准确的视觉技术，后者则重视在工作室进行后期处理。而勒·格雷的主张则是“结合科学与艺术”，[6]使用摄影技术来渲染自然界那些变幻莫测而又振奋人心的“特效”。

勒·格雷于1852年出版了《特征》（*Traité*）一书，他在这本书中宣称：“照片中的艺术之美……几乎就在于牺牲特定的细节，以便创造出某些时候能够达到最高境界的艺术印象之美。”[7]勒·格雷的大胆主张还表现在，他认为相机不仅仅是一种记录图像的工具。他在19世纪50年代中期使用了感光度较高的火棉胶玻璃底片，拍摄了一系列将理论引入实践的照片——这就是他自己所谓的第二大创新。他在1856年展出的一些使用湿版火胶棉工艺拍摄的海洋照片，就属于技术结合艺术特效的典型——海洋和天空渲染出了水天一色却又彼此分明的和谐画面。除此之外，这些照片还呈现了丰富而令人愉悦的紫红色调，这就是勒·格雷所谓的另一项创新成果——金色调。有位伦敦照片冲印商表示，他在2个月内就收到了800多份冲洗《双桅帆船》（*The Brig*，1856）这组照片的订单，正如某位观察者所述，“勒·格雷这些可爱的海景，是全英国都在热捧的照片。”[8]

若当时的评论家完全清楚勒·雷格这些照片处理过程中的细节，不知道他们又将作何反应呢？直到21世纪，研究人员才发现勒·格雷有时候采用的是“结合冲印”的方法，即把海洋的底片和天空的底片结合在一起冲印照片。有位学者表示，勒·格雷最著名的海景照片《塞蒂的海浪》（*The Great Wave ,Sète*，1857）居然是用3张底片拼凑冲印出来的。[9]勒·格雷这位从来不给自己的文字润色的人，却会不遗余力地给海景底片润色。但当时他的这些操作手法无一为人所知，由此来看，他的同辈们围绕摄影的争论终于有了结果——科学可以创造艺术。

大约在《双桅帆船》首次展出的一年之前，勒·格雷在巴黎繁华的卡普西奈大街35号一幢新建的楼房顶层开办了一家摄影工作室，当时他获得了由布里奇斯（Briges）侯爵投入的大笔资金。这家公司显然有意借拿破仑三世对勒·格雷的赞助而大展鸿图，勒·格雷为此将自己标榜为“皇家摄影师”。他的工作室客户包括欧洲皇室、海外高官、作家、记者、明星及音乐家。由于当时条件所限，勒·格雷不可能一个人接揽所有的拍摄任务，他有自己的帮手，因此得以从忙碌的业务中脱身云游四方。他去了诺曼底（1856年）、地中海岸（1857年）和布列塔尼（1858年）拍摄海港、海滩和海面上的船只。我们无法判断他最著名的作品究竟是不是出自他本人之手，只知道当时有一定地位的摄影师都会雇佣一个帮手来处理一些需要手工操作的事务。

持续不求回报地资助一个摄影爱好者的兴趣，这实在是一项成本昂贵的投入。所以在1857年侯爵过世后，他的儿子们就在1859年清偿其父与勒·格雷的合约，并通过法庭向勒·格雷索赔。勒·格雷于1860年5月外出逃债，蹭上了大仲马前往地中海的船只。大仲马此行的目的是为自己所著的一本书寻找灵感，勒·格雷则负责为这本书的插图拍摄照片。他们途经摩纳哥、热那亚、撒丁岛，到达西西里的巴勒莫，因为大仲马要在那时拜访意大利将军朱塞佩·加里巴尔迪（Giuseppe Garibaldi），后者当时刚刚在意大利统一战争中拿下了巴勒莫。勒·格雷就上岸拍摄了这位将军以及残破不堪的城市，并在这里的皇宫歇了一阵后就与将军的40位随从长途跋涉穿越这个国家。他

们在阿格里真托重新回到大仲马的船上，又向马耳他航行，勒·格雷与另外两人就在瓦莱塔落脚了。大仲马当时称，他本想回到加里巴尔迪那里，但勒·格雷和其他人却想去东方。不过也有人表示，那是因为大仲马的情人怀孕拖了后腿，才导致其他人被落下。

因为这场争执，勒·格雷就没有完成意大利之行，而和另外两人去了叙利亚，为一家巴黎杂志拍摄叙利亚战乱的照片。1860年夏，勒·格雷成了《前卫》（*avant la lettre*）的新闻摄影记者，还为《全球展览》（*Le Monde illustré*）提供风景和人物照片。1861年，他又出现在埃及的亚历山大港，当地有位客户认为他“技术精湛但报价昂贵”。[10] 1862年，勒·格雷写信给纳达尔哭穷，至于他究竟是真没钱了，还是为了逃避偿债的责任，就只有他本人最清楚了。1863年，当时在罗马的帕尔米拉通过法国领事馆，一路追到了亚历山大港寻找丈夫的行踪，但却一无所获。1865年，她返回法国时写信向勒·西克求助。这些就是与勒·格雷妻子有关的最后的记录资料。

拖船，1857 年

有人称勒·格雷于1864年在开罗永久定居。他在这里获得了埃及总督伊斯梅尔·帕夏（Ismaïl Pasha）的赞助，土耳其苏丹还为他提供了摄影佣金任务，并于1867年又邀请他担任自己儿子在尼罗河航行中的绘画老师。1871—1872年，他先后在开罗的军校和工艺学校担任美术老师，但此时他仍然继续接受人像摄影和地志摄影的委托任务。1881年，他因为欠债而被肉贩子告上法庭，3年后他过世时仍然欠着2000法郎的债务。尽管他是在穷困潦倒中死去的，但有人认为，没准他自己还觉得这段流亡生活是一项了不起的个人成就呢——他离开巴黎时欠了5000法郎的债务，却在随后24年中过起了分文不花的生活。

勒·格雷因其技术创新在摄影史上扬名，同时还是摄影界最知名的艺术家之一。其人品与事业上相互矛盾的成就，或许可以让我们更了解他这一生所呈现的两面性：他很可能凭借个人魅力与自我推销的才能，蒙蔽了包括他自己在内的许多人，以至于世人无法看到他人生的失败。[11]

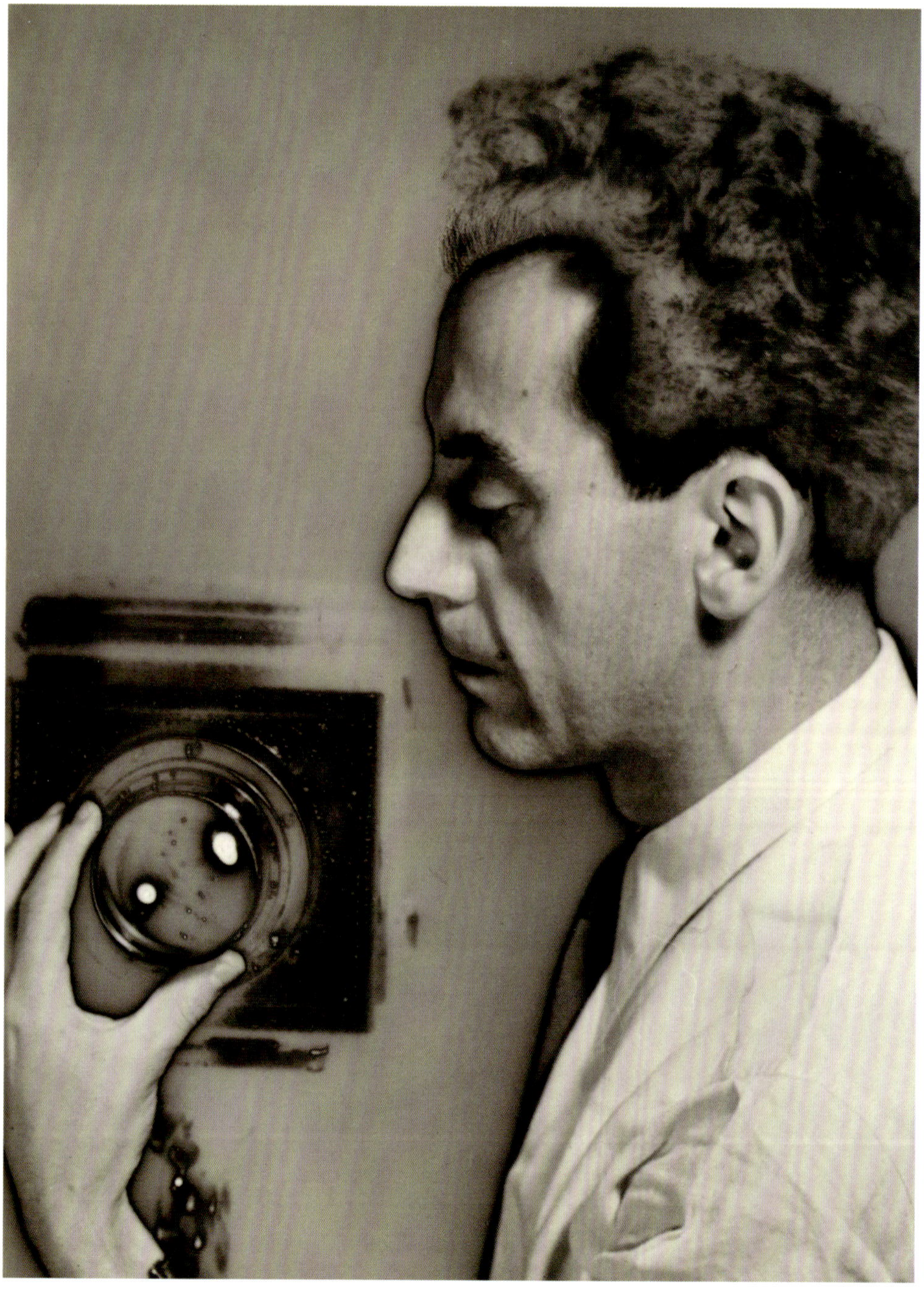

无题（过度曝光的个人肖像），1931 年

曼·雷（Man Ray）

1890—1976

对我来说，梦境和现实并没有什么区别。无论是在做梦还是清醒的时候，我都不知道自己做的事情是否结束了。

——曼·雷

曼·雷有一段近乎独一无二的经历值得记述：他并不仅仅是一位胸怀大志，打算通过摄影扬名立世的艺术家，而且还是一位国际知名艺术家，主要作品包括绘画、雕刻、电影和摄影。他在《自画像》（*Self-portrait*，1963）这本自传中怀着矛盾的心情叙述了摄影在其艺术创作中的地位。曼·雷将摄影视为他的一种生活方式，而不是需要向五斗米折腰的职业。尽管摄影也需要创作者具备画家和雕刻家的创新思维，但曼·雷与同辈艺术家的看法一样，曾经认为摄影的地位低于美术。当他后来开始不情不愿地拿起相机进行艺术实践时，才发现原来摄影也能给他带来荣誉和声名，比如在巴黎举办的大型作品回顾展。

迈克尔·伊曼纽尔·拉德尼茨基（Michael Emmanuel Radnitzky）出生于费城，是家中四个孩子中的老大，父亲麦勒克（Melach）是个裁缝，母亲马尼娅（Manya）是个车衣工，他们都是犹太移民，分别于1886年和1888年从欧洲来到美国。1897年，这家人迁到了布鲁克林的威廉斯堡，并于1912年将拉德尼茨基这个姓氏改为雷，以便更好地融入美国社会。在同一年，他们的大儿子伊曼纽尔（或称“曼”），开始在自己的画作上署名“M.R.”，弃用了之前的“E.R.”。这家人重视儿子的画家天赋，让他在家自由学画，但“并没有停止关于什么才算是正经职业的争论”。[1]

1906年，曼·雷一有空就泡在美术馆和书店。1908年，他从布鲁克林的男校高中毕业，拿到了纽约大学的建筑奖学金。但过完了高中毕业的暑假后，他决定放弃奖学金，在家自学绘画。他早期自己找的一些工作多与绘画或工艺美术有关，因为这些是他在学校里的强项。

1912年，他在曼哈顿图书发行商麦格劳-希尔公司找到了一份制图员的工作，并在那里一直工作到1919年。

1910年10月，曼·雷进入位于纽约的国家设计学院，并开始在纽约艺术学生联盟学习，两年后参加了费勒中心开设的课程（该中心位于东107大街的一所进步教育机构，这也是1912—1913年冬他举办首个公开作品展的地点）。据曼·雷所述，他在1913年带上自己的行李悄悄离家出走，来到雕刻家、诗人阿道夫·沃尔夫（Adolf Wolff）位于西35大街的工作室。[2]1913年举办"国际现代艺术展"时，他已经十分精通欧洲先锋派艺术，且看过多场阿尔弗雷德·施蒂格利茨在利特尔画廊举办的作品展。

1913年，曼·雷遇到了第一任妻子阿东·拉克鲁瓦（Adon Lacroix）——原名唐娜·勒克尔（Donna Lecoeur）。他称自己是在费勒中心与这位比利时裔诗人相遇的，当时他还不知道此人曾是沃尔夫的前妻。[3]曼·雷于1913年8月开始和拉克鲁瓦交往，后者去了新泽西州的里奇菲尔德（曼·雷该年春天刚搬到此地）之后，两人就迅速同居了。但他们都发现社会习俗对未婚情侣多有限制，所以就在1914年5月结了婚。[4]他们原打算搬到巴黎，但欧洲爆发的战争让他们望而却步，因此不得不继续留在美国。1915年，曼·雷首次遇见了法裔美籍艺术家马塞尔·杜尚（Marcel Duchamp）。

据曼·雷所述，他决定辞去麦格劳-希尔公司的工作后不久，就萌生了成为摄影师而非相机主人的想法，决心成为一名艺术家，当时他和拉克鲁瓦刚分手不久（据他所称，拉克鲁瓦在外面与人偷情）。[5]他背着拉克鲁瓦，在他们居住的格林威治村公寓附近租了间房子，成立了一家工作室，搭了张简陋的小床就搬了进去。据他自己所称，为了让自己的摄影行为更像一名艺术家，他决定不邀请模特儿，只给那些自愿来工作室的人拍照。用他自己的话来说就是，"我（拍照）从来不要钱，还免费赠送照片。"[6]他自称从不拍摄别人的作品，这种远离商业操作手段的策略其实另有打算：1917年7月，他受邀为律师约翰·奎恩（John Quinn）的艺术藏品摄影。

他通过自己的审美能力和与杜尚的亲密关系，成了纽约达达主义圈中的一流人物。1920年，曼·雷、杜尚和艺术赞助人凯瑟琳·德

枪支与字母模板，1924 年

雷尔（Katherine Dreier）成立了“匿名学会”，在美国推广先锋派艺术，并由曼·雷担任该学会副主席和摄影师。1912年，他和杜尚合作推出了《纽约达达》（*New York Dada*）杂志，但这份杂志只出版了一期就停办了。对于将达达主义引进纽约的经历，曼·雷在之后的回忆中表示：“这就好像缘木求鱼一样徒劳无获。”[7]

接受了重要艺术无法在美国繁荣发展的这个事实之后，曼·雷于1921年7月22日到达法国，在巴黎的火车上与杜尚见面，后者将他介绍给了自己的画家和作家朋友圈。曼·雷给这些圈子的成员拍了照片，但在自传中不无谨慎地强调，他这一行为绝对没有商业动机。[8]同年12月，他旅居蒙帕纳斯，并在此遇见了画家、模特和艺人艾丽丝·普瑞恩（Alice Prin），就此深陷情网，与她发展了一段6年的感情。普瑞恩成了他某些作品中的模特儿，其中包括作品《安格尔小提琴》（*Le Violon d'Ingres*，1924），他在作品中把她的变形裸体融入了乐器。20世纪20年代中期，曼·雷的先锋艺术家地位逐渐上升，并于1926年在超现实主义画馆举办了个人作品展。

曼·雷开始通过摄影赢利，这与他确立摄影艺术家地位的时间大致相同。1922年，他给帕布鲁·毕加索（Pablo Picasso）和詹姆斯·乔伊斯（James Joyce）拍摄的人像出现在《名利场》（*Vanity Fair*）杂志的3月刊上，该杂志的11月刊则出现了一篇报道他的“光影照片”的专题文章，标题是“一种让摄影呈现艺术感的新方法”。1922年，曼·雷出版了自己的光影照片作品集《香榭大道的美味》（*Les Champs Délicieux*），该书由欧洲达达主义的核心人物特里斯坦·查拉作序。因为赚到了大量人像、杂志和时尚摄影的酬金，他在同一年底搬进了国家第一街的一幢更大的工作室公寓中。

他的自传《自画像》中极少提及从模特转型成摄影师的李·米勒（Lee Miller），此女在1929年与曼·雷相识。虽然他在书中承认自己“与她相爱”，[9]但一向坦率（且自大）的曼·雷却并没有说明他俩不但是情人，而且是艺术合作伙伴的关系，仅把她定义为他的摄影学生。现在学界公认的事实是，将过度曝光转变成一种创意工具并非曼·雷一人独有的功劳，而是两人共同合作的结果。有人认为，他这样贬低这位女子的作用，有一个重要原因就是她在1932年向他提出了分手。[10]我们不知道他究竟有没有遏制此女的艺术天份，但从他给米勒的书信中至少可以看出，他的确深爱她，也认可她的艺术家身份。

30年代中期，曼·雷的人像摄影艺术事业蒸蒸日上。虽然走向商业化的艺术创作让他备受困扰，但他也很享受商业摄影给他带来的接触社会名流和文化精英的机会。他的美籍身份和欧洲阅历逐渐成为一种优势：富有影响力的收藏家詹姆斯·萨尔·瑟比（James Thrall Soby）编撰的《曼·雷1920—1934年巴黎摄影作品集》（*Man Ray Photographs 1920—1934 Paris*，1934）在巴黎和纽约广为流传。1936年，曼·雷在巴黎西部的圣日耳曼昂莱购置了一套房子，开始与来自瓜德罗普岛的舞蹈演员艾德丽安·费德林（Adrienne Fidelin）交往，但他对摄影仍然存在创意与资金之争的矛盾心情。1937年12月，他出版了一本作品集《摄影是不是艺术？》（*La photographie n'est pas l'art?*）。虽然这个书名打了问号，但他在书中明确表示，摄影将来有可能成为正式的艺术。

第二次世界大战爆发的头几个月，曼·雷几乎收不到多少摄影订单。他对战争题材也不感兴趣，最终取道西班牙，通过里斯本，与萨尔瓦多和加拉·达利（Gala Dalí）等人回到了纽约。在这里，他的欧洲同伴为找到避难所而欢呼雀跃，他却为重新回到自己逃离的故土而愁眉不展。[11]

根据他的自传所述，曼·雷相信他的命运就是每10年进行一次自我改造。这种信念也的确帮助他渡过了一生中某些困难的转折期。其中有个转折点始于他拿不定主意，纠结于究竟是否要离开有许多朋友相伴的纽约，只身前往加利福尼亚。1940年12月到达洛杉矶之后不久，他就认识了年轻的模特和舞蹈演员朱丽叶·布朗（Juliet Browner）。他之后表示："现在我又重新拥有了一切，包括女人、工作室和车子。"[12]1946年10月，他第二次宣布放弃摄影重拾画笔（第一次发生在1937年），并和朱丽叶在贝弗利山的一个集体婚礼上结婚，当时共同参加婚礼的另一对新人是马克斯·恩斯特（Max Ernst）和多萝西娅·唐尼（Dorothea Tanning）。

1947年与朱丽叶前往巴黎时，曼·雷再次发现法国才是他内心的家园。他们于1951年3月乘船去了巴黎，该年6月就在当地落脚安家并成立了工作室，在那里一直住到了1974年。虽然他此时接触的是新的艺术创作形式，但名气却有增无减。到1961年，他开始撰写自传，[13]后来又重新创作用于展览或收藏家求购的作品。[14]次年5月，他在法国国家图书馆举办了个人摄影回顾展。1976年8月，他获得了法国政府颁发的艺术成就勋章，该年底逝世并在法国安葬。

曼·雷在自传中提到了不应该将艺术与政治捆绑在一起的理念。[15]而她的妻子朱丽叶·曼·雷则在平装版的《自画像》编后记中提到，她丈夫的名气被1968年的学生热情拔高了（这些学生对其作品表现出了浓厚的兴趣），巴黎的这些情景让他“回想起了自己在美国的少年时代”。[16]曼·雷将年轻时的自己称为无政府主义者，却在自己记载“正史”的时候回顾这段往事（这是许多30至50年代艺术家们的一个普遍特点），这一点实在值得玩味。我们也许永远都不会知道他的破坏偶像主义究竟是不是一种更具美学意义的追求，我们只能从他对摄影的创造性与商业性两者关系的观点中得知，他也许正如阿尔弗雷德·施蒂格利茨所述，是一个典型的19世纪理想主义者和20世纪激进分子。[17]

朵拉·玛（Dora Maar），1936 年

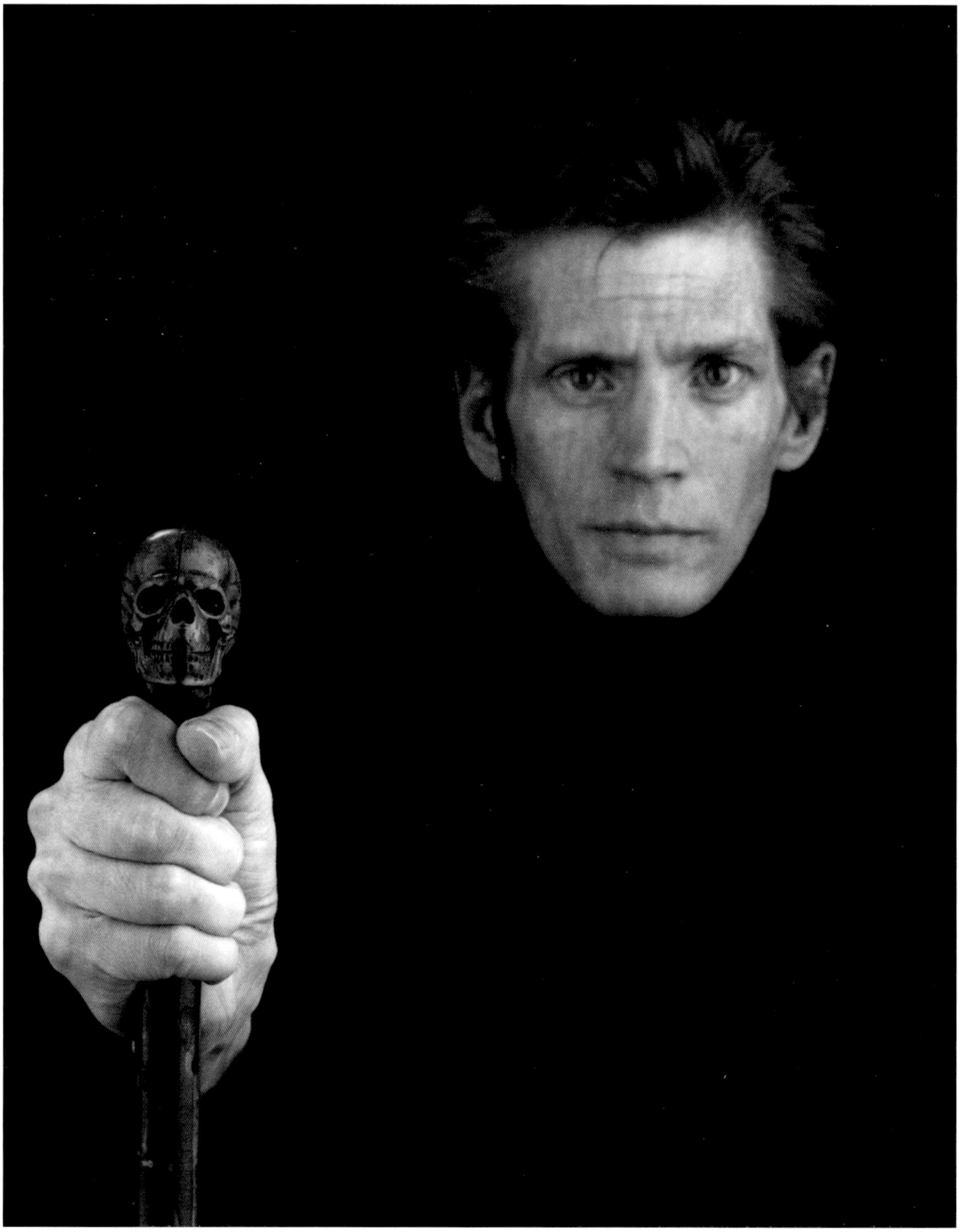

个人肖像，1988 年

罗伯特·梅普尔索普

(Robert Mapplethorpe)

1946—1989

美丽和邪恶是一对同义词。

——罗伯特·梅普尔索普

罗伯特·梅普尔索普是一个做事四平八稳的工作室摄影师，无论是拍摄人像、植物静态照片，还是所谓的“性照片”（包括男人穿皮革的人像，以及施虐受虐的场景），他都样样拿手。他并没有因为特定的创作主题而成名，即使用冷酷的古典风格来创作高尚艺术和时髦感的行为，也同样不是他的专利。他并非刻意隐瞒自己想成名的倾向，而是通过这种倾向来创造艺术。梅普尔索普并不希望把边缘的性行为正常化，而是将它们塑造成能够同时吸引摄影师和观众的艺术行为。他出生于一个天主教家庭，他将自己的创意冲动归结于对禁果的渴望，并拍摄了嘲笑教义之伪善的照片（这些教义的官方图片本身就充满情色意味）。他拍摄神圣和亵渎、狂欢和高尚、光明与阴暗、天堂与地狱，就是为了呈现西方文化和宗教中的两个极端，说明这两者其实是同一枚硬币的两面。

罗伯特·梅普尔索普出生于纽约皇后区，是哈里（Harry）和琼·梅普尔索普（Joan Mapplethorpe）夫妇的第三个孩子。罗伯特出生时，这家人居住在牙买加附近，大约1950年时才搬到佛洛克公园（这是一个安置抗战老兵的新郊区），后来就没有再搬过家。哈里·梅普尔索普这位严肃而专制的父亲只在战后换过一次工作，后来一直在同一家公司上班。他的周末时间都在捣鼓自己的爱好，其中包括集邮和摄影。琼·梅普尔索普则颇有艺术天份，她最爱的儿子就是弱小而热爱艺术的罗伯特（但罗伯特很久以后才发现这一点）。当家中诞下第四个孩子时，患了糖尿病的外公（琼的父亲）也搬来和他们一起居住。外公过世后，琼又生了两个孩子，并患上了抑郁症。此时，“调皮捣蛋”[1]的罗伯特却总希望能够得到妈妈更多的关注。

身量纤小并非梅普尔索普与同伴不甚往来的唯一原因——佛洛克公园这里根本就没有天主教学校，所以他每周都要去上一次天主教的教义课，而同班同学却可以学艺术和工艺。梅普尔索普家的小孩每年都会被祖母接到科尼岛度假一次。这个年幼的天主教男孩对奇怪而不同寻常的事物很感兴趣，这一点并不令人意外，但真正让人出乎意料的是，他对这些事物竟然如此痴迷。

1963年，梅普尔索普进入了布鲁克林普拉特学院。他在夏天给一家曼哈顿银行当信差时，发现了一本男同性恋色情杂志，它的封面用黑色胶带打上了码。梅普尔索普后来从盲人小贩那里又偷到了几本同性恋色情杂志，并由此产生了自己的创作冲动："孩子会产生一种特殊的好奇心，如果把所有东西都抖出来，他当然就不会有这种反应。我就有这种感觉，但它并非与性直接相关，而是比性更有内涵的东西。我认为自己可以把这种元素引进艺术，如果我能够保留这种感觉，就可以创作出自己独有的作品了。"[2]尽管梅普尔索普对家长式的宗教权威甚为反感，但他却通过他们的禁忌找到了创意和欲望。

梅普尔索普在1963年加入美国预备役军官训练营（他父亲曾是这里的学员）后，1969年则因为沉迷于这个时期的反主流文化而离开了训练营。在偷窃色情杂志被抓个正着之后，他开始放弃初期的同性恋倾向，甚至报名加入了潘兴步枪国家学会（面向大学生的军事组织）。两年后，他从广告专业转到了图像设计，并发现自己更具备艺术生反威权的倾向。梅普尔索普于1966年夏天开始接触毒品，吸毒让他产生了逃离父母控制和社会期望的快感。

1967年春，20岁的梅普尔索普初遇帕蒂·史密斯（Patti Smith），两个同龄人后来发展成了好友及恋人。两人像夫妻一样同居，最终演变成了由史密斯负责养家糊口。据史密斯所述，梅普尔索普虚构了一个他们在阿鲁巴的加勒比岛上的婚礼，说服父母相信他们已经结婚了。[3]但史密斯后来移情别恋，此事迫使梅普尔索普不得不面对自己其实也喜欢男人的事实。

1968年梅普尔索普结束了前往旧金山寻找自我的旅程之后，回到纽约正式展开了自己的第一段同性恋情，他的抽象拼贴画中也开始引进同性色情图像元素。史密斯和梅普尔索普不久又恢复了他们的亲密友情，梅普尔索普放弃自己的男性恋人，回到了史密斯身边，最终与他在切尔西旅馆同居。1970年春，梅普尔索普和史密斯开始在23大街一套租来的阁楼居住和工作。这套阁楼里陈列着梅普尔索普的艺术品——拼贴画、珍宝及充满性和宗教元素的集合体。许多评论者认为，他们这个住所的装饰实在很吓人。

梅普尔索普与史密斯在切尔西遇到了电影导演和摄影师桑迪·戴利（Sandy Daley），后者成了梅普尔索普的赞助者，并向他介绍了摄影的历史，将他引进了汇聚纽约创意人士的Max's Kansas City餐厅。梅普尔索普开始用戴利的宝丽莱360相机拍摄自己，也拍模特儿大卫·克罗兰（David Croland）、帕蒂·史密斯以及花朵，不再拿杂志上的图片做拼贴画了。梅普尔索普和史密斯时常出入Max's Kansas City餐厅，希望在这里遇到安迪·沃霍尔（Andy Warhol）等名流，并渐渐融入曼哈顿的小团体中。梅普尔索普于1970年11月开始举办自己的个人拼贴画作品展，而史密斯则在1971年2月出版了自己的诗集。1971年11月，戴利拍摄的一部小电影《罗伯特的乳头被穿破》（*Robert Having His Nipple Pierced*）在纽约现代艺术博物馆亮相，该电影以梅普尔索普、克罗兰和居住在切尔西旅馆的一位医生为原型，并由史密斯担任话外音解说。

克罗兰将梅普尔索普介绍给了他的两位赞助人，第一位就是大都会美术馆的摄影馆长约翰·麦肯德里（John McKendry）。此女已同马克西姆·德拉·法莱斯·麦肯德里（Maxime de La Falaise McKendry，当时的《时尚》杂志美食编辑）结婚，却一发不可收拾地恋上了梅普尔索普，并于1971年与梅普尔索普一起去了伦敦，又利用麦肯德里的人脉去了巴黎。该年圣诞节，麦肯德里送给梅普尔索普的礼物就是一台相机，这也是梅普尔索普自己的第一台相机；他另一台宝丽莱360相机则是电影导演戴利的馈赠。戴利还向梅普尔索普介绍了包括阿尔弗雷德·施蒂格利茨、爱德华·斯泰肯和托马斯·埃金斯（Thomas Eakins）等过去的伟大摄影家。梅普尔索普很快又遇到了另一个人脉更广的赞助者山姆·瓦格斯塔夫（Sam Wagstaff），这位55岁的收藏家在克罗兰的公寓看到梅普尔索普的照片后就迷上了他。瓦格斯塔夫身边有许多年轻的门徒，他在邦德街24号买了一套靠近自己家的阁楼送给梅普尔索普。一开始，这两个男人都很享受这种亲密无间的一对一关系，但6个月后，瓦格斯塔夫就发现梅普尔索普和别的男人上床了，可见梅普尔索普并不打算对他忠诚。

1975年，也就是梅普尔索普举办首次个人摄影展两年之后，他收到了瓦格斯塔夫赠送的哈苏相机。他用这台新相机（后来被偷了）拍摄的照片中就包括他著名的个人肖像——照片上的他咧嘴笑着凑近画框。梅普尔索普开始将自己的作品冲印在大尺寸的纸上，他私生活也和照片一样，变得更加绚烂多彩和丰富，他将镜头对准S&M场景，创作主题也更加明确。1977年2月，他在霍利所罗门的画馆举办自己的“肖像”系列作品展的同时，还在SoHo举办了“色情摄影”作品展。次年，他就出版了《X作品集》（*X Portfolio*）。梅普尔索普那些富有争议的S&M照片集最初在罗伯特·米勒美术馆展出，其中有一张是他的个人肖像，照片上他的肛门插着一根牛鞭，这表明创作者并非一个窥淫狂。但是，《X作品集》中的照片却并没有展示极端S&M行为之后出现的血汗和泪水。这些照片的神秘之处就在于它们捕捉的是静止的镜头。梅普尔索普表示，“我拍摄一朵花的方法与拍摄一个阴茎并没有什么不同。实际上，这都是同一回事。”[4]梅普尔索普在自己的作品中反复表现了两种主张：可高可低，可低可高。

梅普尔索普习惯带男子回他的阁楼过夜，并在次日清晨给他拍照。他的另一个性对象是个来自工人阶层的黑人，他为了此人时常混迹于Keller酒吧（该酒吧常为主顾寻找不同人种的性对象）。他深信自己从25岁的米尔顿·摩尔（Milton Moore）那里找到了灵感，这个年轻人后来成了梅普尔索普的著名作品《穿涤纶衫的男人》（*Man in Polyester Suit*,1980）中的模特。他们的这段感情结束后，梅普尔索普又和颇有抱负的艺人杰克·沃尔斯（Jack Walls）在一起了。曾经被包养的梅普尔索普，现在居然也变成了包养别人的“干爹”。

梅普尔索普所有的创作对象实际上都是静态生命——他镜头下的物体、面孔和身体都呈现出一种雕塑般的姿态，在取景器之下创造出了一种复古的图像艺术。在詹姆斯·克伦普（James Crump）的电影《黑白+灰：山姆·瓦格斯塔夫+罗伯特·梅普尔索普的肖像》（*Black White+Gray:A Portrait of Sam Wagstaff+ Robert Mapplethorpe*,

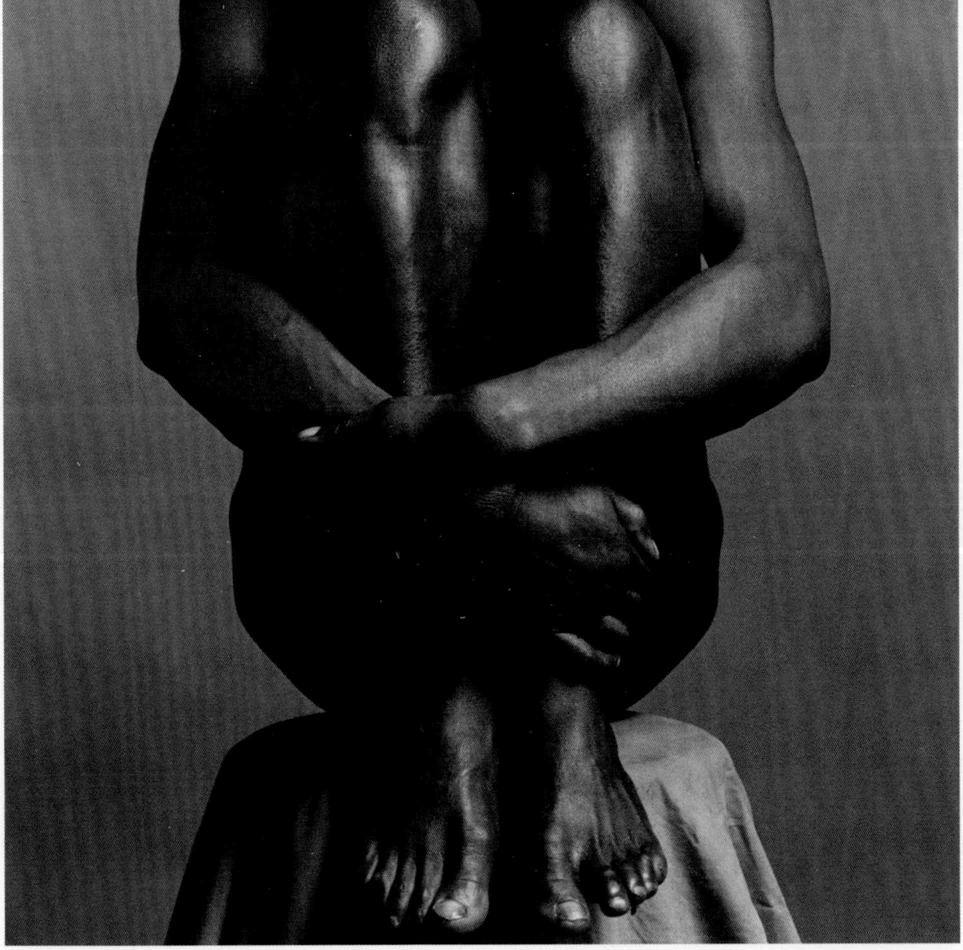

裸体男人阿吉托，1981 年

2007）中，梅普尔索普在工作中最初使用自然光，之后主要使用工作室的灯光。此时，他在邦德街的阁楼仍然是个工作室，还雇了一支小团队为他打理业务。弟弟爱德华就是他的助理，曾在大学期间主修摄影，还写过一篇关于哥哥的论文。他在这里改名为“爱德华·马克西”，以便他人区分兄弟俩的名字。

20世纪80年代是梅普尔索普创作的黄金时代。1983年，他在伦敦的当代艺术中心举办了个人作品回顾展，同年与女性健身冠军丽莎·里昂（Lisa Lyon）合作出版了《女士》（*Lady*）一书；1985年，梅普尔索普推出的《人物肖像集》（*Certain People:A Book of Portraits*）获得了《纽约时代》（*New York Times*）的推荐；1988年，瓦格斯塔夫给他买的新阁楼（价值50万美元）被《住宅与庭院》进行了特别报道。大约在这个时期，费城的当代艺术中心、纽约的惠特尼博物馆和伦敦的国家肖像美术馆都开始筹办他的个人作品展。他的艺术事业节节高升，但他的身体状况却开始日益下滑。1982年，梅普尔索普遭遇了疑似艾滋病的健康问题，并在1986年被确诊为艾滋病。瓦格斯塔夫1987年死于艾滋病之后，他就成了主要的遗产继承人。现在他已经功成名就了，只是他也没有多少时日了。

虽然才41岁的他因为感染了艾滋病，整个人看起来比实际年龄苍老了许多，不过他还是在1988年时出席了惠特尼博物馆的个人作品展。在此期间，他进行了两次远足：一次是去科尼岛散心，一次是在1989年初去纽约现代艺术博物馆观看沃霍尔的作品回顾展。他还与帕蒂·史密斯重聚，后者已在1979年搬到底特律并结婚生子，他们开始经常通话联络。他咨询过自己的律师之后，决定设立罗伯特·梅普尔索普基金会，意在维护自己的艺术遗产并支持摄影事业，以及对HIV/AIDS的医学研究事业。1988年12月，他通过视频观看了朋友们出席在费城的当代艺术中心举办的“罗伯特·梅普尔索普：完美瞬间”作品展开幕式。但他还没有看到这个作品展变成艺术公共基金筹资仪式的时刻，就被送到波士顿接受药物治疗，只是当时一切都已经太晚了。

梅普尔索普这个视艺术为生命的人，却选择了通过摄影把自己和人生经历一分为二，他选择将这些经历转变成优雅的雕塑和静物。他16岁时盲目迷恋那些社会禁忌；20岁时又强迫自己美化心中的欲望。

青春期时反抗教堂与家庭禁令的冲动，加上发挥个人创造力的渴望，成了其美学信条的基石。从过去的艺术和摄影史来看，他的作品无疑是80年代潮流的化身——设计很生动、制作很精致、情感很冷酷，同时也不乏雄心壮志。

拉斯洛·莫霍利－纳吉，约 1925 年（露西娅·莫霍利 摄）

拉斯洛·莫霍利-纳吉

（László Moholy-Nagy）

1895—1946

艺术是最复杂、最有朝气和最文明的人类行为。

——拉斯洛·莫霍利-纳吉

将拉斯洛·莫霍利-纳吉称为摄影师或许并不合适，因为他这一生涉猎领域广泛，接触过多个文化领域的创作，曾将自己的艺术实践称为“光学设计”，研究过的学科包括油画、素描、摄影、雕塑、电影、排印和其他几种设计分支。除了这些领域之外，他在写作方面的成就同样不容小觑——他于20世纪20年代初在柏林研究审美哲学，并在包豪斯艺术学校担任教授期间推出了一系列与之相关的重要文献和书籍。他从包豪斯辞职后，不但自己潜心研究进步艺术和设计，还动员其他人也参与其中。他在1937年移民美国，力图在芝加哥重建一个包豪斯学校。他唯一的自传性描述只有一句话：“艺术家的抽象体”，这也是他对自己艺术生涯的定义，并承认曾经以此为实践标准，培养新人成为先锋派、非具象派艺术家。

莫霍利-纳吉出生于今匈牙利的巴奇博尔绍德，他现在使用的这个独特的姓氏起源于他早期的一段生活经历。他的父亲利波特（Lipot）在1897年抛弃了家庭，母亲卡罗琳娜·施泰因（Karolina Stein）只得带着3个儿子回到艾达（今塞尔维亚）的娘家。她的哥哥古斯托·纳吉（Gusztáv Nagy，住在莫霍利附近的一位律师）就变成了这些男孩的监护人。1913年，怀着作家梦的莫霍利-纳吉受舅舅的影响去布达佩斯学法律。两年后，他成了奥匈帝国军队的一名军官，在执勤期间得空就会在军队签发的明信片背后绘画。1918年退伍后，他受到美术评论家伊万·赫维西（Iván Hevesy）的影响，决心从事油画，去布达佩斯的罗伯特·贝诺尼艺术学校读夜班。

莫霍利-纳吉立志以艺术为业之后，因拉约什·卡斯（Lajos Kássak）在《今日》（*MA*）杂志文章的影响，决心加入进步艺术家的行列。在奥匈帝国倒台之后，目睹一系列政治和社会动荡的莫霍利-纳吉与他这一代的许多人一样，变成了激进分子。1919年3月，他在“匈牙利积极分子”的革命宣言上签名，这个组织的成员相信“艺术变革与政治变革的关系密不可分”。[1]他在同一年还曾打算加入共产党，但最终未能如愿。1919年，他大部分时间在塞格德（匈牙利东南部城市），遭遇匈牙利苏维埃共和国解散后，就转移到了维也纳，当时卡斯等人因为《今日》杂志被关闭也流亡到了维也纳。不过莫霍利-纳吉只在维也纳逗留了6周就去了柏林。

莫霍利-纳吉在1920年初到达柏林，虽然他不会讲德语，但还是很快融入了最新的当代艺术圈中。他对何瓦尔特·瓦尔登（Herwarth Walden）——创办了《风暴》（*Der Sturm*）期刊及风暴美术馆，以展示多种抽象艺术形式——产生了深厚的兴趣，并成了匈牙利画家拉约什·泰汉伊的密友，后者是留居柏林的匈牙利艺术圈中的核心人物。据莫霍利-纳吉所述，他从埃尔利西茨基（El Lissitzky）及其他一流俄罗斯画家那里学到了至上主义（出现在俄国的纯几何形抽象绘画艺术运动），从特奥·范·杜斯伯格（Theo van Doesburg）那里学到了风格派，从先锋派杂志《金雀花》（*Broom*）了解到了纽约的艺术现状，又从特里斯坦·查拉等人那里认识了达达主义。

1922年7月，莫霍利-纳吉在《风格派》（*De Stijl*）杂志上发表了《生产—复制》（*Produktion-Reproduktion*）这篇小短文，[2]当时他正在学习制作黑影照片。1921年1月，他同露西娅·舒尔茨（Lucia Schulz）结婚，后者出生于德国，成长于布拉格。舒尔茨不但是位作家和编辑，还是名摄影师。舒尔茨引导莫霍利-纳吉进入了摄影界，而在他撰写美学、哲学论文，以及创造黑影照片等一系列过程中究竟发挥了多大的作用，这一点学界仍然存在争议。[3]莫霍利-纳吉初次发表的黑影照片出现于1923年3月刊的《金雀花》，当时一同刊登的还有曼·雷的4幅作品。

1922年，莫霍利-纳吉举办的个人作品展引起了魏玛包豪斯学校创始人沃尔特·格罗皮厄斯（Walter Gropius）的注意，聘请莫霍利-纳吉去学校授课，于是他就在1923年同露西娅离开柏林前往魏玛。尽管那个时期的包豪斯学校并没有正规的摄影课，但此时的德国正处于先锋派摄影的重要时期。1925年，包豪斯转去了德绍，因为格罗皮厄斯在那里创办了一所新学校，两人就此合作推出了“包豪斯书籍”系列，旨在传播学校的应用艺术哲学。

1936年，莫霍利-纳吉提出了从“抽象观察”（黑影照片）到“快速观察”（快照）等所谓的“8种摄影视觉”理论。[4]除了创造这些不同视角的范例，莫霍利-纳吉还试验了“非常远景、横向拍照、倾斜角拍照、变形、阴影效果、色调对比、放大和立体摄影”等方法。[5]他还使用自己和他人的“相机内”摄影作品，创造出了他所谓的“照片拼贴画”，一种将达达主义照片拼贴画、蒙太奇照片和绘画结合在一起的艺术形式。

1928年，莫霍利-纳吉、格罗皮厄斯和赫伯特·拜尔（Herbert Bayer）因为完全不认同学校的办学理念，便与包豪斯学校解约。莫霍利-纳吉写了一封辞职信，声称这所曾经具有变革性的学校已经变成了“一所只看最终结果，忽视个人整体发展的职业培训学校”。[6]莫霍利-纳吉的多数文章都有一种宣传性的论调，足见他十分希望自己（深受马克思主义影响）的美学和政治理念能够激怒反对者。莫霍利-纳吉不但追求新的艺术形式，而且也重视“人的整体发展”（兼具理性、感性和知性），重视培养艺术家型的工程师。[7]

1929年，莫霍利-纳吉返回柏林，在斯图加特参加了“电影与摄影”作品展，并用先锋派欧洲摄影的“新视觉”定义其摄影作品的特征。他在柏林的第二个时期与之前一样多产，并在此以自由设计师的职业为生，空余之际还研究了设计和电影。1930年，他在巴黎的装饰艺术学会的年度作品展上，展出了自己的动力学雕塑作品“轻空间调幅器”。莫霍利-纳吉根据这座雕塑（有人认为他推出这件作品是为了创造抽象黑影照片）制作了一部小电影《光影之秀——黑、白、灰》（*A Lightplay-Black-White-Grey*, 1930）。

他通过电影事业于1932—1933年结识了第二任妻子、德国出生的女演员及剧作家西比勒·皮茨（Sibylle Pietzsch）。1933年，他们的第一个女儿出生之后，一家人就搬到了阿姆斯特丹躲避德国日趋恶化的政治形势。莫霍利-纳吉在这里成了一名商业设计师，并融入了反超现实主义群体“抽象—创造”。1935年春，一家人在当代艺术中心的赫伯特·里德（Herbert Read）的帮助下，搬到了伦敦。莫霍利-纳吉在此同捷尔吉·凯派什成立了一个设计工作室，为伦敦运输局等客户提供设计服务和拍摄电影。

1937年次女出生后，莫霍利-纳吉再次搬家，迁到了芝加哥。他通过格罗皮厄斯的推荐，成了一所新设计学校的董事，打算将当代设计引进美国的工业生产过程。这家由艺术与工业协会筹办，被莫霍利-纳吉命名的新包豪斯美国设计学校于1937年10月开始招收了35名学生，但在次年就倒闭了。1939年2月，又做了一阵商业设计师的莫霍利-纳吉在芝加哥成立了设计学校，聘回了之前的多数教员。

直到最近，学术界才推翻了原先关于莫霍利-纳吉在芝加哥就停止从事摄影的论断。这主要是因为他在这一时期主要研究色彩的处理过程，但这种处理方法并不太容易实现冲印结果，所以就限制了照片的复制。事实上，他制作了成百上千张彩色幻灯片，并且在油画、素描和水彩领域也颇有建树，直到1945年被诊断出白血病才中止了艺术创作，后于51岁时病逝。

尽管莫霍利-纳吉一生关注艺术、生活和体格的兼修，但我们对他的心理世界却知之甚少——与许多学者一样，这也是他始终奉行理性主义的必然结果。他唯一向世人展露心声是在回忆“轻空间调幅器”作品面世的时候：“我几乎快要相信这世界真的存在魔法。”[8]也有人认为，莫霍利-纳吉理性处世的原则并非对非理性行为的完全否定，它仅是来源于一种希望熟练驾驭理性主义的倾向。

转运桥，马赛，1929 年

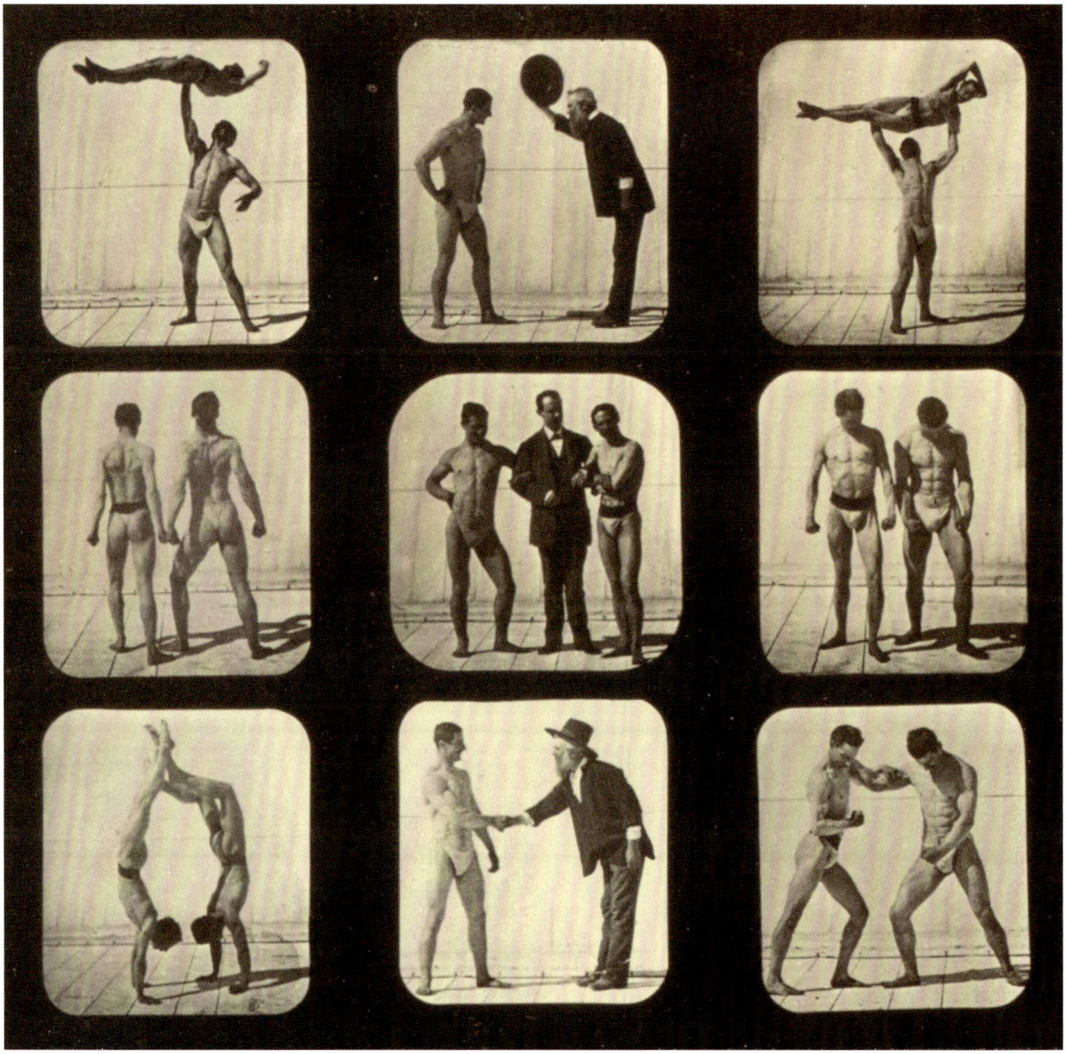

运动员造型，选自《动物运动姿态》（*The Attitudes of Animals in Motion, 1881*），图版 115，1879 年

埃德沃德·迈布里奇

（Eadweard Muybridge）

1830—1904

我抓拍到了马儿跃起地面的画面。

——埃德沃德·迈布里奇

他对人类和动物运动状态的研究，为索尔·勒维特（Sol LeWitt）、弗朗西斯·培根（Francis Bacon）和赛扬·托姆布雷（Cy Twombly）等艺术家提供了灵感，有人称他的这些研究转变成的动态图片为电影发展奠定了基础，这也足以说明埃德沃德·迈布里奇可能是史上最有影响力的摄影家。迈布里奇出生于英国，但却决定在美国闯荡，他的职业生涯最初是在纽约担任发行销售代理，后来才转向了旧金山。迈布里奇在欧洲经历了一番销售旅程之后，就转移到了伦敦，并在此地创造发明和进行了一些投资。等到美国内战平息后，他才从英国回到旧金山，开启了摄影师的职业生涯。真正让他声名远扬的项目（通过瞬间拍照来记录人类和动物的运动过程）始于给一匹奔马抓拍动作的念头。这些极具革命意义的照片，以及动物实验镜（他自己创造的一种动画工具）让他创作出了运动图片。虽然他早年的销售员和书商职业并没有留下什么记录，但很显然这些经历在很大程度上推动他走向了成功。他深谙公关手段，通过向一家报纸提供独家采访的机会，就他杀害妻子的情人而被提起诉讼一事做出了解释，顺利扭转了公关危机。这位原名为爱德华·詹姆斯·迈格布里奇（Edward James Muggeridge）的男人不但知道如何自我推销，还知道如何自我改造。

埃德沃德·迈布里奇出生于萨里泰晤士河边上的金斯敦，在四兄弟中排行老二。父亲约翰是个谷物商人，母亲苏珊娜从事轮船运输工作。埃德沃德的堂兄梅贝克·安德森（Maybanke Anderson）曾在1915年描述他是一个“相当顽皮，总是言行出格，不是发明新玩具，就是耍些新花招”的孩子。[1]他的父亲约翰·迈布里奇（John Muggeridge）于1843年过世，母亲就接过了父亲的生意，由家中长子约翰和次子埃德沃德先后帮忙料理家事。埃德沃德一心想逃离小城镇的生活，最终找到了伦敦印刷出版公司在纽约的销售员工作。他拒绝接受祖母赠送的分别礼物，因为他相信自己最终会出人头地，而他确实也梦想成真了。[2]他从来没有解释过改名的原因。19世纪50年代上半期，他在纽约的名字还是“迈格布里奇”，但之后到旧金山时就改成了“迈布里奇”。1881年时，他改了这个古代发音的名字，这名字可能起源于其家乡保留的中世纪加冕石。

迈布里奇早期似乎挺喜欢营销和推广的价值观，也很理解多元化的价值，除了向美国市场包装和销售英文书籍之外，他还将美国书籍出口到英国。迈布里奇直到1855年才离开旧金山去了纽约，并在那里的蒙哥马利大街113号开了一家书店。迈布里奇很享受在旧金山取得的成就，并开始向他人放贷。1860年5月15日，他通过《旧金山每日简报》（*San Francisco Daily Bulletin*）宣布把自己的产业和股票出售给弟弟托马斯，准备开启前往纽约和欧洲的商业之旅。[3]如果不是因为在去纽约的途中马车发生故障，迈布里奇也许会继续从事自己的发行业务。1860年7月，马车出发3周之后，刹车突然失灵，车夫在失控中撞到了一棵树上。据迈布里奇起诉巴特菲尔德奥弗兰邮政公司的法律文件所述，这场事故导致他被抛到了车后，头部严重受伤，至少有一周时间陷入无意识状态。

这场事故后他在纽约小住了一段时间又继续前往伦敦，这一时期他除了起诉马车公司之外，还准备为他的两项发明申请专利，这两项发明分别是金属版印刷机（1860年）和一种早期的洗衣机（1861年），这两者的原始模型曾在1862年的国际展览中亮相。他收到马车公司支付的2500美元赔偿金后，就开始从事投资并成为两家公司的董事，一家是美国的某个银矿，另一家是土耳其银行。他在伦敦等到美国内战结束之后，于1866年底或1867年初返回了旧金山，但此时他的身份却已经不再是风投资本家或发明家，而是摄影师。

他回到旧金山后，使用了“赫利奥斯”这个笔名进入大都会美术馆——这是他朋友赛拉斯·赛立克（Silas Selleck）经营的摄影工作室，他拍摄的首批作品是旧金山的立体视图。这些照片中也出现了他自己装成路人的样子，他的货车（实际上是他的移动暗室，背后写着

“赫利奥斯飞行工作室”）也出现在了镜头中。除了拍摄本地的地志风景之外，他还拍下了这座城市的扩张和财富。1867年夏，他在前往约塞米蒂国家公园的5个月行程中，拍摄了260张照片（包括立体的和单边半片的底片）。随后，他还在1868年10月拍摄了旧金山大地震造成的惨象。

19世纪60年代末及70年代早期，迈布里奇接到了大量拍摄委托任务，其中包括追踪真相的编年史任务，拍摄1867年美国刚收购的阿拉斯加的任务，以及1871年为灯塔管理处拍摄太平洋海岸灯塔的任务。他在旧金山摄影界的名气与日俱增，这些项目的确是出自他本人之手，但有证据显示，其中某些项目是他自己四处游说而争取到的结果。尽管如此，他还是理所当然地以政府官方摄影师的名号自居。1869年，他沿途从萨克拉门托到犹他州这段新开放的泛大陆铁路拍摄了一系列壮丽的美景。1872年6月，他回到约塞米蒂开启另一段摄影之旅，这一次他的拍摄时间长达6个月，拍摄照片500多张。除了常规的底片规格之外，他还制作了一种约17×22英寸的底片。与迈布里奇尝试其他非同寻常和冒险的路径一样，他推出这种新的底片规格很可能是为了应对激烈的市场竞争，美国摄影师卡尔顿·沃特金斯（Carleton

水牛（美洲野牛）舞动的序列，选自《动物运动原理》（*Animal Locomotion*），图版700，1887年

Watkins）拍摄的加州风景照便是他的一大威胁。迈布里奇拍摄的第二批约塞米蒂照片，其出版商是亨利·威廉·布兰得利（Henry William Bradley）和威廉·赫尔曼·卢洛夫逊（William Herman Rulofson）在旧金山创办的工作室，他们承诺将为迈布里奇展开广泛的市场推广和分销。

迈布里奇在一家摄影工作室中遇到了未来的妻子，即当时已离异的弗罗拉·E.唐斯（Flora E. Downs）；据称他之后是因为一张照片而谋杀了她的情人。两人于1871年5月结婚，将近3年之后，经过两次死产的弗罗拉终于生下一个儿子弗罗拉德·赫利俄斯（Floredo Helios）。在弗罗拉德降生之前，迈布里奇发现弗罗拉曾背着他和记者迈尔·哈里·拉金斯（Major Harry Larkyns）去看戏，他警告对方不准再骚扰他妻子。迈布里奇雇来的助产士苏珊·史密斯（Susan Smith）曾经起诉迈布里奇没有如约支付她薪水。在这场诉讼中，苏珊呈上的3封书信，除了证实她的确没收到薪水之外，还揭发了弗罗拉与拉金斯之间的私情。据其所述，1874年10月17日，迈布里奇心情沮丧地来到她家，他看到了一张自己儿子的照片，但他却从来没见过这张照片，并发现照片下写着“小哈里”——这是弗罗拉的笔迹。他含泪去拜访了布兰得利&卢洛夫逊工作室，要求卢洛夫逊替他料理后事，自己则搭乘前往斯托加的火车，雇了一名车夫将他带到拉金斯所在地区，并要求拉金斯来见他。他见到拉金斯时表示，“我是迈布里奇，我妻子让我给你带个口信”，然后就掏出手枪击中了拉金斯的胸口。[4]迈布里奇并没有逃离现场，所以在1875年2月因谋杀罪而被送上纳帕法庭进行审判。

尽管有不少证人指出迈布里奇在那场车祸中出现了精神问题，陪审团拒绝了关于其精神失常的辩词，但却以正当防卫杀人的情况将其无罪释放。10天后迈布里奇就去了巴拿马，他这次行程有一部分经费由太平洋邮政轮船公司赞助。他在巴拿马改名为爱德华多·桑地亚哥·迈布里奇（Eduardo Santiago Muybridge），继续在巴拿马、危地马拉和萨尔瓦多等地从事摄影。据《旧金山观察报》（*San Francisco Daily Examiner*）所述，他此行的目的就是为了逃避给妻子支付赡养费。[5]一直索要赡养费和要求离婚的弗罗拉最后终于在1875年4月30日得到了每月50美元的费用。6周之后，她就死于一场突发疾病，儿子弗罗拉德则被送到了天主教孤儿院。同年11月从中美洲回来的迈布里奇却没有要回儿子，而是将他送到了新教的孤儿院，支付了他的寄膳费用。

在迈布里奇被监禁和前往中美洲之前的这段时间，他拍摄了最终让自己成名的作品。1872年4月，他接到一项拍摄利兰·斯坦福（Leland Stanford，政客、财力雄厚的工业家和赛马饲养员）在萨克拉门托房产的照片。次年春天，迈布里奇打算研究如何用摄影定格马匹起跑的瞬间。斯坦福在1873年听说了法国生理学家艾蒂安-朱尔·马雷（Étienne-Jules Marey）所写的《动物原理》，这篇论文指出动物运动可能存在“未经证实的转折”，斯坦福决定通过摄影结果来验证这个说法。迈布里奇在该年就为其提供了这个证据，但由于早期的照片太小，很多细节看不清，斯坦福就雇了名画家帮忙画出更清晰的图像。中断了4年之后，迈布里奇又重新接手这个项目，并于1878年将这项操作转移到了斯坦福在帕洛阿尔托的新农场。斯坦福为迈布里奇提供了完善摄影技术所需要的资源，包括一个户外工作室，其中配备了白色木制背景板，摆放相机的绊线轨道，搭建了一个可放置12台（后来增加到了24台）面对背景板的相机，以及特制的电子快门。1879年春，迈布里奇使用了一个发条装置来制造曝光效果。这些布置加上他所使用的显影剂，让他的曝光时间远短于之前的任何摄影操作。他将这项实验扩大到人类，把镜头对准了旧金山奥林匹克中心的运动员，并于1881年出版了《动物运动姿态》。

如果迈布里奇的实验到此为止，那么他就有可能因为研究生理学、光学和摄影而成名，但他却更进一步地捕捉了肉眼看不到的瞬间，并将这些单幅图像转变成了动态图像。不过这个想法并非他的首创——1873年马雷已经提出了使用动态设备来分析动物运动的理念。1879年，迈布里奇自己开发了这种设备，并将其称为动物实验镜。因为动物实验镜会扭曲图像，迈布里奇只好靠从照片延伸出来的绘画来实现。他的这项成果引起了国际社会的兴趣，商业摄影师“赫利奥斯”就此变成了科学演讲家迈布里奇。1881年9月，他在前往欧洲演讲的途中，在其支持者马雷主持的晚会上展示了动物实验镜，当时在场的观众包括纳达尔在内的许多摄影界的名流。

迈布里奇功成名就之后却再次遭遇挫折。1882年，斯坦福的医生雅各布・戴维斯（Jacob Davis）发表了《运动中的马》（*The Horse in Motion*）这本公布帕洛阿尔托实验成果的书籍，而当时迈布里奇却远在英国，他在这本书中仅被冠以“技术员”的称号。他回到美国后就起诉了斯坦福和发行商，并着手展开了一个让他名垂青史的项目——连续摄影术（通过连续的瞬时曝光捕捉动作）。1883年，他请求大量机构支持他的进一步实验。宾夕法尼亚大学同意提供帮助，并成立了一个监督委员会，为他创建了一个新的户外工作室，但这一次搭配的是黑色背景板，上面有一个白色的5厘米栅格。他以13厘米的间距摆出12—24台相机。这一次他的拍摄对象包括本地动物园的动物、大学的老师和学生，以及画家的模特，而且这次实验使用了一台电子计时开关来控制快门。迈布里奇从中挑选了2万张最成功的独照出版了一本书《动物运动原理》（1887年），其中含有781版定格动作序列。

尽管这本书看似采用了典型的科学研究方法，但其中的图片仍难免存在人为操纵的痕迹。迈布里奇承认由于其中一台相机时常会失灵，因此并非所有的图片都具有真正的连续性。但该项目的大胆尝试，及其捕捉细节的惊人成就，吸引了科学家、艺术家和公众的目光，迈布里奇第二次（1889—1891年）去欧洲演讲时受到了热烈欢迎。《动物运动原理》这本书让动物实验镜的成就黯然失色，后者在1883年就淡出了人们的视线。

迈布里奇在60多岁时成了“迈布里奇教授”，并返回英国的家乡。他回来10年后就死于前列腺癌症。他显然很重视自己的遗产，将

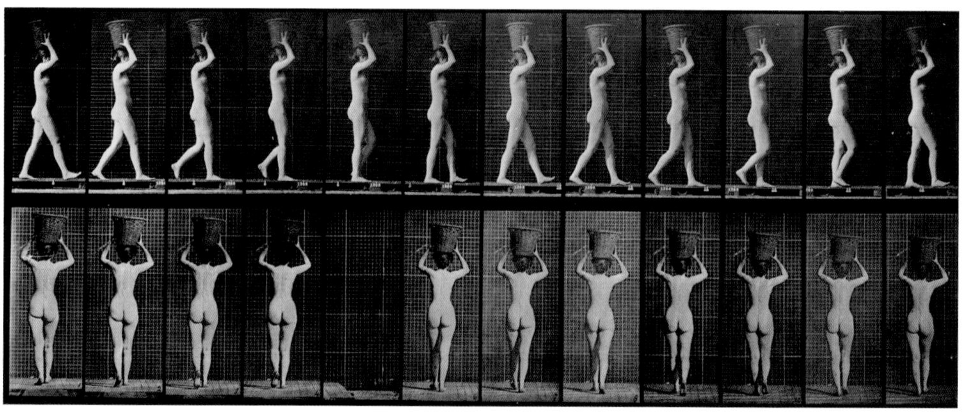

头顶篮子行走的序列，选自《动物运动原理》，图版 34，1887 年

著作捐赠给至少两所加州的大学图书馆，而论文则遗留给金斯敦图书馆。他的主要遗作《动物运动原理》至今仍未停版（不过他只是名义上而非实际意义上的电影先驱）。迈布里奇的出众之处就在于，善于发现他人想法中的潜力，并对其进行提炼、应用和升华。总之，埃德沃德·迈布里奇的成就实至名归。

与妻子乘坐热气球的合影，约 1865 年

纳达尔（Nadar）

1820—1910

即使画家安格尔画上一百次也不可能穷尽照片呈现的细节，

画上一百年也不可能还原照片呈现的色彩。

——纳达尔

纳达尔的本名是加斯帕德-菲利克斯·图尔纳雄，他是摄影界最富传奇色彩的人物之一。他有多种角色，学生、小说家、记者、漫画家、艺术评论家、政治犯，甚至可能还当过间谍。他从事摄影时并没有放弃漫画或评论事业。不过在他那个时代，如此多才多艺的人物倒并不鲜见，他只是众多希望通过巴黎媒体找到谋生之路的人才之一。他真正不同寻常的地方在于成为摄影师的心理动机——当时已经小有名气的他或许是受到弟弟阿德里安的影响而决定从事人像摄影的（他弟弟比他更早进入摄影行业）。关于他的生活和艺术的记载主要出自纳达尔本人及其好友之手，他起诉弟弟冒用自己的姓名从事摄影时，这些朋友曾经写信声援他。这些史料展现了他富有活力的个性、大胆的创意、藐视常规的天性，以及他同模特之间的暧昧关系。我们至今不知道哪些人像摄影是出自纳达尔个人之手，哪些是他与弟弟合作的成果，哪些是他弟弟以其名义拍摄的作品。纳达尔不但是个充满活力、精力充沛、天性幽默、大胆无畏的政治激进分子，还是个不甚可靠、身无分文、好斗且喜欢乍呼的人。如果要让我们描述他的形象，就不得不承认，他其实是个“徒有其表，虚张声势”的家伙。

纳达尔和阿德里安出生于巴黎，他们的父母于1817年从里昂搬到了巴黎并开办了一家小型出版印刷厂。纳达尔原先在一家本地学校上学，之后曾在凡尔赛就学，1833—1836年就读于巴黎的波旁学院。父亲在1836年病倒后，两兄弟就一直在巴黎直到父母搬回里昂。有证据显示，纳达尔是个聪明但顽劣成性的学生：1836—1837年时，他被学校开除且被勒令搬出宿舍。父亲在1837年病逝后，纳达尔就搬回里昂进入当地一家医科学校。他在这里开始为喜欢耸人听闻的媒体撰稿，一年后回到巴黎继续学业。不久，他又从医学转到了新闻学领域。

其后10年，纳达尔过起了“波希米亚”式的流浪生活。他在这个时期开始采用“图尔·纳达尔”这个笔名，[1]在无亲无故，没有赞助人、没有保护者的环境中，与诗人、石版画家和作家等人为伍。这段时间他们几乎没有什么工作机会，衣食住行都是个问题，吃穿都要通过这个人脉圈来交换，同样的穷困经历让他们更加重视友谊和忠诚。纳达尔几乎做过每一项媒体工作，比如海报美工、评论员、讽刺漫画家、专栏编辑，甚至是发行人。在1845—1849年间，他的朋友亨利·穆杰（Henri Murger）的小说《放荡不羁的生活场景》（*Scènes de la vie de bohème*）发表在纳达尔供职的讽刺性杂志《海盗—撒旦》（*Le Corsaire-Satan*）的连载专栏上，并让纳达尔及朋友们居住的地方被公之于众——这部小说后来被意大利歌剧作曲家普契尼（Puccini）改编成著名歌剧《波希米亚人》（*La Bohème*）。从那以后，纳达尔不得不开始频频搬家，最后还是被债主找上门，所以在1850年被送去蹲了几天监狱。这个瘦高的红发青年的余生，似乎永远甩不掉“波希米亚人”这顶帽子了。[2]

在这段浪迹天涯的岁月中，纳达尔开始形成了越来越激进的政治观。据记者兼小说家阿尔方斯·卡尔（Alphonse Karr）——他曾将纳达尔招进《乐杂志》（*Le Journal*）——所述，纳达尔总是“用最激烈的言辞表达无政府主义观点”。[3]1848年2月法兰西第二共和国成立时，新临时政府召集军队远征波兰。当月就有500人的军队从巴黎出发，其中包括200名法国志愿者，纳达尔和阿德里安也在之中。他们先后被逮捕、监禁和释放，最后徒步回到了巴黎。纳尔达在6月回到巴黎时，第二共和国早已放弃向国外征军的打算。据称他不久之后又被一名政客送往德国当间谍，伪装成外出采风的油画家，负责搜集俄国在德国动向的情报。

纳达尔还没有成为摄影家之前，就已经是文人圈子中的知名讽刺漫画家。19世纪40年代末，他编辑了一本讽刺杂志《漫画评论》（*La Revue comique à l'usage des gens sérieux*），并开始为多种类似的巴黎杂志撰文，其中包括查尔斯·菲利浦（Charles Philipon）的《乌烟瘴气》（*Le Charivari*）。纳达尔攻击的目标之一就是总统候选人路易-

拿破仑·波拿巴（Louis-Napoléon Bonaparte），但1851年12月拿破仑发动政变之后，这些三流媒体再次解散，纳达尔不得不另谋出路。他的新方案就是推出“万神庙纳达尔”系列，这是一种展示1000位名人肖像的四格石版画。这种漫画人物的特点是大头小身子，只有经过模特本人的许可才能出版这些图像，而且一般需要由他们提供本人的素描或照片。第二帝国的审查制度并不严格，从一定程度上看，拿破仑三世其实也推动了19世纪40年代的文化发展（比如讽刺漫画），以增加他在位时的威望。

1853年，纳达尔和母亲搬到了圣拉扎尔街的一套公寓,弟弟阿德里安也从英国回来与家人团聚。该年12月，纳达尔给弟弟一笔学费，让他跟随古斯塔夫·勒·格雷学习摄影。1854年初，纳达尔得到了一些赞助款，在卡皮西纳大道11号成立了一家摄影工作室，阿德里安就在这里以“图尔纳雄”（Tournachon）和“纳达尔·热恩”（Nadar jeune）两个名字展开业务。纳达尔之后表示，他原本指望“阿德里安的事业能够分他一杯羹”，结果发现自己完全插不上手。[4]他开始向自己的一位编辑朋友卡米尔·德阿尔诺（Camille d'Arnaud）学习摄影。到了1854年4月，他给家人、朋友和熟人都拍过照片。当年9月他返回阿德里安的工作室，并帮助已陷入困境的工作室采购必需物品，比如大型相机、化学用品和文具等。他替弟弟争取了一个1855年世博会的展位，这次展出让“纳达尔·热恩”赢得了第一名的奖章。1855年1月时，该工作室已经步入正轨，阿德里安再次要求哥哥退出工作室的事务，而当时的纳达尔已陷入严重的债务危机。“万神庙纳达尔”这个于1854年发行的讽刺漫画家专刊，在该年10月就退出了市场，原因是其中一个人物的画像没有经过审查。此时的纳达尔急需资金，他需要新的收入来源：第一种是通过婚姻，第二种是通过摄影。

1854年9月，纳达尔和18岁的诺曼底人欧内斯廷·勒菲弗（Ernestine Lefèvre）结婚，据称后者的5.6万法郎个人财产中，有3万法郎都用于抵偿丈夫的债务了。[5]婚后10天，纳达尔将自己的讽刺漫画工场转移到阿德里安的工作室，并声称投入工作室的资金全都是他妻子的钱。1855年1月当阿德里安要求纳达尔退出时，他就回收了工作室，将其搬到了位于圣拉扎尔街的公寓中。他还向两名法官指控阿德里安冒用了“纳达尔·热恩”这个笔名，但结果却是阿德里安胜诉了。阿德里安对此的反应是找到两个新的赞助人，成立了新的图尔纳雄·纳达尔公司，搬进了空间更大的意大利大道17号，使用了基于纳达尔署名的印章，让“热恩”这个名字丧失了存在感。有学者指出，这种计谋似乎并不像是两兄弟绝裂后才出现的结果，而更像是早有预谋的行为。

纳达尔继续从事摄影，写时评和画漫画，甚至还出版了半自传性质的故事书《我的学生时代》（*Quand j'étais étudiant*，1856）。当母亲搬出圣拉扎尔的公寓时，他就全身心投入工作室和漫画、摄影、签名、油画等艺术工作中。他这家人像摄影工作室与大街上其他工作室的不同之处在于：门外没有招牌，室内也没有什么商业气息（虽然他的确有一些雇员）。纳达尔曾描写过这样一个场景：“在准备镜头的时候，有人坐着，有人聊天，有人大笑；当模特到位摆好姿势，调整好自己的自然状态时，就可以开始拍照了。”[6]据称他拍摄一个场景的收费是30—50法郎，有时甚至高达100法郎，但他的许多模特，包括波德莱尔和让·茹尔纳特（Jean Journet）却根本拿不到这么多报酬。1856年3月（在他和欧内斯廷的孩子出生一个月之后），纳达尔就向法院起诉了弟弟，指控后者以“纳达尔·热恩”的名义再次订购名片。法官原本并不支持纳达尔，但他仍然继续上诉，终于在1857年12月12日盼到了结果，从此只有他才有权使用“纳达尔”这个名字。他继续在媒体上发文，以美学信条的名义维护自己的立场。他认为人像摄影具有两大要素：一是人人都能掌握的科学技术；二是摄影师本人的艺术感以及对模特的同情心，这一点才是人像摄影的灵魂。第二次诉讼的原告是阿德里安，但在1859年6月败诉。阿德里安的生意因此一落千丈，债务缠身。纳达尔成立于1859年的圣拉扎尔工作室则实现了名利双收。

弟弟从经营一家高端摄影公司沦落到负债累累的惨状，并没有让纳达尔停止开拓事业的决心。他以每年3万法郎的租金，租了卡皮西纳大街35号的场地（勒·格雷过去经营不善的工作室也曾在这幢建筑中办公），当时人们觉得只有疯子才会做出这种愚蠢的决策。就连阿德里安都出面劝阻他不要如此行事，但纳达尔执意如此。这个工作室

年轻的模特儿，1856 年 9 月

于1861年9月开业，当时纳达尔已经深陷23万法郎的债务。他的一个资助者查尔斯・菲利浦指责他没有按照名片的格式来复印他的“当代人物”，才导致他未能致富。[7]欧内斯廷则恳求丈夫自己料理摄影事务，似乎在埋怨他把所有事情都分摊给其他人。[8]纳达尔似乎很少出现在这家挂着“纳达尔”巨幅招牌的公司中，他只是靠自己的名字从中盈利。

纳达尔的确想靠自己的名字盈利，但并不打算按照妻子和朋友的期望来行事。他利用自己在前第二帝国中保留的一点名气，为了创新和发明而去追求更昂贵的激情。大约在1861年，他重新拿起相机，在人工光线下为巴黎的地下墓穴和排水沟拍照，并因此获得了电子灯或煤气灯的摄影冲印专利。1863年，他因为是热气球航拍照片的第一人（第二个人比他晚5年），而成为空中动态拍摄促进学会的创始成员之一。为了宣传该学会的活动和吸引投资，纳达尔制作了一个周长达45米左右的大型热气球。在1870年巴黎被普鲁士围攻期间，他的热气球在侦察情报和邮政服务方面发挥了巨大作用。1871年，他返回不景气的工作室开始处理债务，搬回了昂儒街。两年后，他将18岁的儿子任命为工作室的艺术总监，自己就进入了半退休状态。1894年，他又在马赛成立了纳达尔工作室。而他弟弟阿德里安则在1872年申请破产，在精神病院生活了10多年后于1903年去逝。纳达尔回到巴黎7年后也过世了。

1874年，纳达尔位于卡皮西纳大街的工作室为印象派画家举办了首届作品展。他与19世纪晚期最重要的西方艺术流派之一建立的这种人脉，是他成为当时法国最重要摄影家的一大原因。许多当代学者看到了他摄影作品中的灵气，却谴责阿德里安的作品很平庸，或者保罗的作品很有效率但缺乏生气。这种评价其实忽略了其他一系列事实，比如阿德里安也曾获得奖项，纳达尔很少出现在工作室，纳达尔最有名的人像摄影作品之一就是他的个人肖像等。如果清点纳达尔后代保存的40多万张底片（大部分作品来自卡皮西纳大街的工作室），扣除那些属于图尔纳雄・纳达尔公司的成果，纳达尔与阿德里安合作拍摄的作品，以及署名为“纳达尔・热恩”的照片，我们就会发现只有一小部分照片属于纳达尔（出自他本人之手，或者经他指导拍摄的照片）。历史总是由胜利者书写的，我们当然只能据此来评价纳达尔和“纳达尔·热恩”这两者的功绩。

诺曼·帕金森为《女王》(*Queen*)杂志拍摄蒂莉·蒂扎妮(Tilly Tizzani),1962 年

诺曼·帕金森（Norman Parkinson）

1913—1990

别听他们胡说——摄影根本就不是艺术！

——诺曼·帕金森

诺曼·帕金森在家中三个孩子中排行第二，原名为罗纳德·威廉·帕金森·史密斯（Ronald William Parkinson Smith），出生于英国西南郊区的罗汉普顿。父亲威廉·詹姆斯·帕金森·史密斯（William James Parkinson Smith）原先是名律师，后来当了公务员；母亲露易丝·艾米莉（Louise Emily）出生于一个音乐世家。在世界大战期间，母亲带着罗纳德和小女儿住在牛津郡亨利镇附近的一个小村庄皮谢尔。[1] 全家人后来在伦敦西南的帕特尼落脚，家里虽然面积不大但很温馨。妈妈的姑母终身未婚，却启发了这些孩子们的心智，让他们对中产阶级郊区以外的大世界产生了好奇心。罗纳德 14 岁时和哥哥进入了威斯敏斯特学校，坐车从帕特尼到伦敦中心上学。帕金森回忆起在皮谢尔的生活时表示这是一段非常快乐的时光。[2] 据称他童年时的另一桩趣事则是，趴在爷爷的萨里花园中偷看对门花园中的女孩。乡村和时尚这两个极端都是他所向往的生活。

帕金森自称他在学业上并没有什么成就。不过他有极强的艺术天赋，在 1931 年他 18 岁的时候，他的美术老师将他推荐到了邦德街的 Speaight & Sons 摄影公司当学徒。这家公司的主要业务就是拍摄上流社会的个人肖像。但帕金森在这里工作的第二年底，就被老板劝退了，因为他总是将相机推到他自认为更合适的地方，这一点让老板忍无可忍。[3] 1934 年，帕金森与同门师兄诺曼·科比怀特（Norman Kibblewhite）在附近的多佛街创办了一家工作室，将其命名为诺曼·帕金森工作室。两人的合作很短暂，后来“罗纳德·帕金森”（他当时的名字）就一人接管了工作室并改名为“诺曼·帕金森”。这家工作室一直运营到二战爆发才歇业，它除了人像摄影之外，还承接期刊和

丽莎 • 佛萨格弗斯（Lisa Fonssagrives）走在公园大道上，纽约，美国版《时尚》，1949 年

时装的拍摄业务。

帕金森曾在自己的工作室为伦敦版《时尚芭莎》拍摄了数月照片，之后受到该杂志美术总监艾伦·麦克皮克（Alan McPeak）的邀约，在该杂志驻场拍摄。一开始，帕金森并不愿意离开自己的工作室外出办公，但后来发现真实的生活场景可以拍出更有生命力、更为亲切的人物肖像，比如美国女装设计师查尔斯·詹姆斯（Charles James），照片中的他站在多尔切斯特旅馆满是布条的房间中，手上操着裁缝剪刀的样子，活脱脱就是一个恶魔——该照片就是《创意之痛》（*Creative Agony*），1937 年刊登于《时尚芭莎》。帕金森后来将这种亲临现场的时装拍摄任务，称为“动作现实主义”和“时尚纪录片”。在这里，模特不再是人体模特，而是行走在公园，或者打高尔夫球，或者放风筝的友人。

在 20 世纪 30 年代晚期，他除了为自己的工作室和《时尚芭莎》拍摄照片之外，还接了《旁观者》（*The Bystander*）杂志的任务。他拍摄的照片题材包括人物肖像、社会和时事专题照片，从 1937 年起还拍摄了英国的军备情况。1937 年，他又为巴黎世博会英国展厅的壁画照片墙提供作品——当时该展厅由美国摄影师弗朗西斯·巴斯泰（Francis Bruguiere）设计。在 1939 年战争爆发之前，帕金森关闭了自己的工作室，有些没来得及带走的照片和底片（包括 1938 年拍摄的彩照），大部分在闪电战中被战火烧没了。

1939 年中期，帕金森租下了乌斯特郡布什利附近的一处佩尼斯农场。[4] 他在这里种地、喂牲口，同时继续研究自己的时尚事业。作为地方自卫队的一员，他也接受空军部指派的一些拍摄任务。虽然他为抗战做了这许多贡献，但因为没有入伍，导致他疏远了《时尚芭莎》中的同事，并最终在 1940 年离开了这家杂志。[5] 1941 年，他开始为英国的《时尚》杂志摄影，当时奥德丽·威瑟斯（Audrey Withers）刚刚成为该杂志的编辑。《时尚》是战争时期少数获得印刷许可的杂志之一，只是当时的发行量略有下降。他在这一时期拍摄的少数时尚照片通常以乡村为背景，用一种简约和克制的氛围中和了时尚界的奢华气息。

在战争结束后不久，帕金森就遇到了年轻的女演员文达·罗杰森（Wenda Rogerson），她曾是塞西尔·比顿（Cecil Beaton）挖掘出的一名模特。她同已经结过两次婚的帕金森于 1947 年成了夫妻，婚后曾搬到伦敦西南的特威克纳姆。1953 年，帕金森在家里建了几间暗室，以便自己在家摆弄胶卷。他战后的时尚摄影多以文达为模特，常以优雅的服饰搭配现实生活的背景，兼具城市与乡野风情。

帕金森和比顿都是英国《时尚》杂志的明星摄影师，但与后者相比，帕金森并不喜欢战后单调乏味的伦敦。1949 年 5 月，美国版《时尚》杂志美术总监亚历山大 · 利伯曼（Alexander Liberman）同意赞助帕金森的美国之行，于是他就这样飞到了纽约。曼哈顿丰富多彩的生活让他欣喜若狂，他在这里用彩色胶卷拍摄了大量照片，偶尔也用双倍曝光的方法拍摄作品。1950 年，《时尚》要求他为巴黎收藏品拍摄照片，对于一位时尚摄影师来说，这是一桩最有名望也最折磨人的任务。1949—1955 年，帕金森和家人每年都要去纽约住上几个月。与此同时，帕金森还与英国版《时尚》的专栏编辑西里奥尔 · 休 – 琼斯（Siriol Hugh–Jones）建立了出色的工作关系，帕金森成了后者常用的人像摄影师。大约从 1950 年开始，帕金森就经常交替使用禄来福来相机、哈苏相机以及林哈夫相机。之后在 1955 年左右，他又增加了一台徕卡相机。

利伯曼后来也表示，帕金森有一种“结合时尚与风景”的特殊天赋。[6] 50 年代，由旅行社资助的《时尚》杂志开始在海外拍摄一些异域风情的照片时，帕金森的这种天份就派上了大用场。对于帕金森而言，这意味着他可以去牙买加、南非、多巴哥岛、澳大利亚、巴哈马群岛、柬埔寨和印度等地取景。据模特芭芭拉 · 马伦（Barbara Mullen）回忆，帕金森“很享受这种充分的创意自主权”。[7] 1964—1973 年的英国版《时尚》杂志时尚编辑玛丽特 · 艾伦（Marit Allen）则认为，他的照片“每一寸都很清晰”。[8] 据休 – 琼斯所称，帕金森身高将近 2 米且带有一种陆军上校式的帅气，戴着标志性的克什米尔结婚礼帽，每次开始拍摄时总会让那些模特们意乱情迷。[9]

面对特伦斯 · 多诺万（Terence Donovan）、布莱恩 · 达菲（Brian Duffy）、大卫 · 贝利（David Bailey）等新兴摄影之星所带来的挑战，帕金森选择了重塑自我。1960 年，他决定不再与《时尚》续签合约，而是在《女王》（*Queen*）这本时尚与名人杂志担任编辑。他从这个时候开始使用由马达驱动的尼康相机。在《女王》这本当时相对激进的杂

阿波罗尼亚 · 范 · 雷文斯坦（Apollonia van Ravenstein），克兰海岸旅馆，加勒比海巴巴多斯岛，英国版《时尚》，1973 年

志中，他获得了发挥更多奇思妙想的自由，其中包括雇佣一台直升机给巴黎展览会摄影，使用威德勒（Widelux）全景相机，从背后给模特拍照，只露出模特的后脑勺，看上去就好像是她正在俯视巴黎一样。1964年，帕金森被《摄影》杂志誉为“英国最伟大的在世摄影师”。[10]

大约在1963年左右，帕金森和家人在多巴哥岛租了第二套房子。和在英国时一样，他在这里仍然是一个绅士农夫，喂马劈柴，制作自己的英国香肠。1965年，帕金森重新加入《时尚》的怀抱，为英国、法国、意大利和美国版的杂志摄影。他称美国版的《时尚》编辑黛安娜·弗里兰鼓励他去实现“不可能与不可得”的追求。[11]其某些时尚照片的魅力之处就在于，优雅的环境背景与摄影师无法控制的某些元素之间的冲突。

70年代中期，帕金森的事业开始起伏不定。当时他受到了英国皇室的青睐，就此认为自己是塞西尔·比顿（英国著名摄影家）“理所当然的接班人”。[12]可他的时尚摄影工作却开始逐渐缩水。1978年时，他因为底片所有权的问题而被英国版和美国版《时尚》中止合约。后来蒂娜·布朗（Tina Brown）——《名利场》杂志编辑——替他牵线，康泰纳什集团重新向他伸出橄榄枝时，他才保住了自己提供给《时尚》杂志的底片及其版权。虽然他实现了同时代摄影师无法企及的成就，却为此付出了不小的代价——帕金森没有进入《1919—1979年时尚摄影师名录》（*Vogue Book of Fashion Photography 1919—1979*）。大约在这个时期，他开始为康泰纳什集团的竞争对手——赫斯特公司旗下的《城里城外》（*Town & Country*）时尚生活杂志摄影。在《城里城外》这里，那些模特们拍摄时穿戴的首饰和衣裳，都可能归她们自己所有，帕金森所拍摄的浮华世界就是这些模特的真实生活。

虽然帕金森成了一位名人，但他却小心谨慎地将自己塑造成一名时尚界人士，以免人们将他视为艺术家。他从1935年开始陆续举办个人作品展，其中包括1957年的威尼斯双年展，但他直到60多岁时才开始获得艺术界的认可，并实现真正的成就。1979年，他在伦敦的摄影师画廊展出个人作品。1981年，他在国家肖像美术馆举办的回顾展在出席者数量上打破了历史纪录，成了那一年英帝国统帅奖的获得者。1982年，他获得美国杂志摄影师学会颁发的终身成就奖。1983年，他在纽约摄影国际中心举办了他在美国的首个回顾展，并于同年出版了自己的摄影传记《终身事业》（*Lifework*）——在美国发行的书名是《50 年时尚之旅》（*Fifty Years of Style and Fashion*）。1987 年 12 月，纽约国家设计学院为他举办了作品回顾展以庆贺他的 75 岁生日，但他却无法舒心享受这项迟到的荣誉——64 岁的妻子文达两个月前在梦中去世了。1990 年，帕金森在马来西亚为《城里城外》指导拍摄时因颅内出血逝世，享年 77 岁。

理查德 · 艾夫登称帕金森是理解"摄影可以表达人内心深处创意本能的少数摄影师之一"。[13] 帕金森原先认为自己是一位艺术家，后来则表示他用了半辈子来"消除"这种想法。[14] 他自知时尚摄影通常被认为是肤浅且朝生暮死的事物，因此坚称自己的成就取决于运气，而不是他个人不懈的努力、精湛的技术和进取心。这一点或许也可以解释为何他总将自己的创新归结于其他摄影师的功劳。帕金森给自己塑造的英国绅士、反常的花花公子、女性鉴赏家、健谈者等形象，无疑更为他的事业锦上添花，但这也意味着他必须谨言慎行，以免在外人眼中变成一个自以为是的狂徒。

佩恩给阿莎罗泥人和他的孩子拍照，新几内亚，1970 年（丽莎 · 佛萨格弗斯 - 佩恩 摄）

欧文·佩恩（Irving Penn）

1917—2009

就算是拍摄一块蛋糕，也可以是一种艺术行为。

——欧文·佩恩

从现有的欧文·佩恩相关文献中，我们几乎看不到他作品背后的生活线索，但这一点或许并不令人意外。佩恩在战前曾是位画家，于1943年加入康泰纳什集团，成为《时尚》杂志的全职摄影师，直到他92岁去世的那一年才停止为该杂志摄影。佩恩的摄影事业持续了半个世纪以上，其创作风格呈现了不同层次艺术之间的冲突。他多数摄影作品（包括目前作为艺术品被展示和收藏的作品）属于杂志、时尚或广告业务等合作项目。关于他的文献记载（主要包括他的摄影书和展览目录），呈现的也只是他的专业主义精神、摄影技术以及艺术追求。他的摄影事业刚起步时，他就决心找到自己独有的“灵光”。他与同时代其他摄影师的区别在于，他并不是在欧洲寻找灵感（少数作品除外），而是将镜头对准了美国，呈现了美国人的审美意识。他这种创作风格与佩恩在康泰纳什工作时的美术总监亚历山大·利伯曼有关。

欧文·佩恩出生于新泽西州的平原镇，父亲是钟表匠哈里·佩恩（Harry Penn），母亲是护士索尼亚·格林伯格（Sonia Greenberg）。1934—1938年，佩恩就读于费城工艺博物馆学校（现已成为艺术大学）。他在这里初遇苏联出生的设计师和摄影家阿列克谢·布鲁多维奇，后者既是学校老师又是《时尚芭莎》的艺术总监。布鲁多维奇将曼·雷、尤金·阿杰特和乔治·霍宁根-华内（George Hoyningen-Huene）这些欧洲一流的艺术家和摄影师介绍给自己的学生。佩恩毕业后，就在《少年联盟》（*Junior League*）杂志担任艺术总监，同时还是一名自由的商业画家。他买了一台禄来福来相机，在纽约市街头闲逛拍摄的一些照片也被《时尚芭莎》所采用。他曾在1937—1938年夏天在《时尚芭莎》担任布鲁多维奇的无偿助理，后来在1940年正式成为后者在萨克斯百货第五大道门店的有偿助理（萨克斯百货当时聘请布鲁多维奇担任广告设计总监）。一年之后，布鲁多维奇离开萨克斯，佩恩就接替了他的职位。1942年佩恩决定离职，打算再找一个替补人时，布鲁多维奇就向他推荐了另一名苏联移民亚历山大·利伯曼，此时的利伯曼刚从巴黎到达纽约。可以说，布鲁多维奇影响了佩恩的文化教育，但利伯曼才是佩恩事业生涯的导师。

决心成为艺术家的佩恩，深受阿杰特和沃克·埃文斯审美眼光的影响，随身携带4×5英寸的胶卷相机，乘坐火车穿过美国南部前往墨西哥。他在墨西哥城郊的科约阿坎租了一间油画工作室，开始拍摄他的生活。至于佩恩去墨西哥究竟是为了暂时远离纽约，还是为了回避商业艺术，或是完全逃离这个世界的喧嚣，我们无从知晓。只知道他并未保留在这里创作的油画，只在返回纽约前将画板刮得一干二净。他在自己的美术与摄影实践之间划了一条分界线：美术只是他融合想象力的超现实主义，而摄影却是街头不经意间的超现实主义。

曾在巴黎*Vu*杂志就职的利伯曼，在1943年成了《时尚》的美术总监，并聘请佩恩和他一起工作。时年25岁的佩恩在这里的职责是监管杂志封面设计，并指导霍斯特·P. 霍斯特（Horst P.Horst）、塞西尔·比顿和乔治·普拉特·莱恩斯（George Platt Lynes）等高级专职摄影师的工作。但这种工作安排并没有什么成效，利伯曼就建议佩恩自己摄影，还为他提供了固定薪水，配备了一间工作室和一个助理。佩恩首次为《时尚》拍摄的封面于1943年10月1日面世，那是一张推荐秋季配饰的彩色照片。后来他的拍摄范围又延伸到了时尚领域和人像摄影。佩恩设计出一种钨灯，将其作为无窗工作室的天窗，他就这样找到了自己的“灵光”。他之所以在伪造签名这件事上用心，有部分原因可能与他这份工作的性质有关——领固定薪水和使用公司设备的《时尚》摄影师，必须随叫随到，无权拒绝公司分配的拍摄任务。

1944年末至1955年初，佩恩成了一名救护车志愿司机，并为英国军队的美国战地服务团提供摄影服务，这为他创造了去意大利、奥地利、印度和南斯拉夫的机会，但佩恩去海外时仍然继续为《时尚》提供照片。1944年，他开始创作自己的“标志性人像摄影”系列，具有讽刺意味的是，这是《时尚》委托的拍摄任务，展示的是一位置身于超现实主义静物的模特构成的象征性物体。这个系列却成了他创作生涯中唯一的败笔，他享有的美国摄影师的名气，与欧洲超现实主义风格似乎并不兼容。

1947年，佩恩开始用一种截然不同的风格拍摄人像。在这一系列常被称为“角落”和“地毯”的人像摄影中，他会用两个屏幕或一圈巨大的毯子展开在工作室的道具上，让模特蜷缩在狭小的空间里，镜头中还会出现工作室中的碎石。据利伯曼所称，“这些是存在主义照片，是在宏大的世界之下被撕裂的记忆碎片，孤零零地缩在角落里。”[1]佩恩认为，“限制主体的活动，可以解决我将它们固定时会产生的一些问题。”[2]从1950年开始，佩恩为《时尚》拍摄的人物肖像，通常都是残缺不全而非完整身高的人像，这些模特的雕塑形象有时候会被相框所裁剪而不会完整地出现在镜头内。从20世纪40年代到进入21世纪的前10年间，佩恩为《时尚》和其他杂志拍摄了大量艺术家、政客和社会人物的照片。曾有一段时间，是否出现在佩恩的镜头中，就是衡量人物知名度的一个重要标准。

1948年，《时尚》杂志将佩恩和记者埃德蒙达·查尔斯-鲁（Edmonde Charles-Roux）派往欧洲，后者在摄影时经常帮他固定支架。佩恩在意大利北部拍摄了当代文化名人，在那不勒斯街头拍摄了行人和著名艺人。他在巴黎和西班牙拍摄人像，让《时尚》出现了“巴塞罗那和毕加索”风情。这些照片通常是在现场用自然光拍摄，这也表明佩恩很向往在日光工作室拍摄的感觉。1948年12月完成在秘鲁的时尚摄影之旅后，佩恩就飞往安第斯山脉的库斯科，并在当地找到了一间日光工作室，还拍摄了一些盖丘亚族印第安人在库斯科庆祝节日的情景。库斯科背景成了《时尚》人种志系列照片的模板，在60—70年代间每年都会刊登一次。在拍摄这些偏远地区的土著时，佩恩总会搭建临时工作室，以便在统一条件下拍摄不同的对象。佩恩拍摄的人种志人像摄影在1974年以《小房间中的世界》（*Worlds in a Small Room*）为书名出版。

1949年夏天，佩恩开始创作“肉体凡胎”这个裸体摄影作品系列。他请来的多数模特颇有鲁本斯（Rubenesque）的画风——鲁本斯爱画丰腴的女人，有人认为他拍摄的这组照片是为了回应他之前拍摄

女人和防晒乳，纽约，1966 年

冷冻食品，纽约，1977 年

过的许多“目光贪婪”的女人。[3]还有一种说法是，他拍这些裸体与他和丽莎·佛萨格弗斯——著名模特，曾是摄影师费尔南德·佛萨格弗斯（Fernand Fonssagrives）的妻子——之间的恋情有关。这些裸体与丽莎·佛萨格弗斯优雅精致的身材形成了天壤之别，而丽莎也在1950年同前夫离婚之后嫁给了佩恩，并在1952年生下儿子汤姆。但据其资料管理人玛丽亚·莫里斯·汉伯格（Maria Morris Hambourg）所称，这些裸体照片“最接近他的内心”。[4]然而，亚历山大·利伯曼和爱德华·斯泰肯都认为这些照片很有问题，因此佩恩就没有将它们广泛流传。[5]在佩恩这一生中，利伯曼、《时尚》和商业摄影始终是他绕不过的羁绊，而这组“肉体凡胎”系列照片则象征了佩恩对这三者的间歇性反抗行为之一。

佩恩随后创作的第二个项目是从1950年开始在巴黎拍摄的“小生意”系列照片，展现的是巴黎街头手工艺人做买卖的情景。他拍摄这组照片时得到了一间日光工作室，法国版《时尚》编辑查尔斯-鲁给他找来了一些帮忙挑选拍摄对象的助理。后来，佩恩还在伦敦和纽约拍摄了相关题材的系列照片，并挑出每座城市的代表性照片于1951年刊登在《时尚大英百科全书》（*Vogue Britannica*）和法国版、美国版的《时尚》杂志中。有91张“小生意”照片被编撰成《时刻保留：8篇小品文中的照片和文字》（*Moments Preserved:Eight Essays in Photographs and Words*，1960）这本书，创造了一种展现这些手工艺者独特而又似乎超然于时间之外的人种志纪录。

利伯曼在这本书的序言中，盛赞佩恩是“当今最伟大的新艺术家之一”。[6]但他在另一本书《通道：一份工作记录》（*Passage:A Work Record*，1991）中又模棱两可地提到：“佩恩并不是太容易相处……要将他的想象力与一切可能的想象结合起来，对我们俩来说都是一种扭曲的体验。”[7]有人称，佩恩的想象力常受到利伯曼在策划、调研和预算上的制约。佩恩自己曾表示他给《时尚》拍摄的最佳作品其实并非他个人的功劳，而是“我们”的成果，“创意的核心可能来自利伯曼”。[8]曾立志将美国变成文化动力场的利伯曼则表示，“我知道无论是什么主题，佩恩都会将它‘美国化’。在我看来，美国化意味着现代化，要用新世界的眼光来看待它。”[9]

佩恩在60年代早期开始试验铂金印相法，但他并没有寻求摄影圈人士的帮助，而是选择在长岛家中的暗室内自己摸索。他开发出的处理方法（混合铂和钯）非常复杂，再加上印相的时间，根本就不能在任务截止日期前交稿。佩恩打算将自己为《时尚》拍摄的大量照片用铂金印相法重新冲印照片，并开始制作一系列只能用铂金印相法冲洗的照片，比如他在纽约街头拍摄的烟头和其他碎石等影像。后来，他为这些“街头事物”影像举办了两场作品展，分别是1975年在纽约现代艺术博物馆和两年后在大都会艺术博物馆举办的展览。

年岁渐长的佩恩更希望自己的作品出现在博物馆而不仅仅是杂志上。但讽刺的是，他1984年在纽约现代艺术博物馆举办的回顾展却再度振兴了他的商业摄影事业。如果说我们很难从他的作品中看到“富有想象力和大胆的灵魂”，那一定是他有意而为之的结果。[10]佩恩很少接受采访，他可能清楚商业摄影师若开口谈自己的“艺术”理念，会缺乏说服力。所以他的选择是在自己的商业摄影事业中向艺术靠拢，让其他人自己评判他是否算是艺术家。若公开宣称自己的摄影行为属于高级艺术，那就无异于直接向自己的导师宣战，毕竟奉行“美国现代主义”的利伯曼的确不太可能承认自己的创作风格并没有跳出旧世界的窠臼。

阿尔伯特·伦格尔－帕奇肖像，约 1960 年（萨宾·伦格尔－帕奇 摄）

阿尔伯特·伦格尔-帕奇

（Albert Renger-Patzsch）

1897—1966

我们迫切需要用新眼光审视旧观念，重新看待问题。

——阿尔伯特·伦格尔-帕奇

阿尔伯特·伦格尔-帕奇的摄影风格常被人同魏玛德国政府时期的新客观主义联系起来，但这名摄影家却并不希望自己同德语中的“schlichkeit”（客观性）产生关联，因为他认为这个词扭曲了他的本意。[1]他更情愿用英语中的“objectivity”（客观性）来形容自己的艺术风格，因为他认为“外语词”可以“准确描述我对创作主题的敬畏”。[2]伦格尔-帕奇支持摄影“本身就是一种丰富的艺术”这种理念，[3]认为摄影具有“它特有的技术和意义”，[4]他反对将摄影视为等同于美术的艺术形式。他对于摄影的基本主张与现代主义者较为相似，但这种定位实际上忽略了他在摄影过程中保留的某些传统元素：他习惯将相机支在三脚架上（而不是使用手持相机），他的照片中会避开一些呈现偶然性、暂时性或者动感的线索，他会在人像摄影中寻找一些比较“典型”的元素。[5]今天，有人认为其摄影中采用的这些做法，呈现了魏玛政府时期“新摄影”的两大主线：一条是主张进行正规且概念性试验，以拉斯洛·莫霍利-纳吉和其他包豪斯学院派摄影师为代表的派系；另一条是以伦格尔-帕奇、卡尔·布洛斯菲尔德（Karl Blossfeldt）以及奥古斯特·桑德为代表的超然而静态的影像派系。因此，若将伦格尔-帕奇定义为“客观主义摄影师”，实际上是剥离了他充满主观性的人生与摄影生涯之间的关系。

阿尔伯特·伦格尔-帕奇于1897年出生于维尔茨堡，是家中第三个孩子，父母是恩斯特·卡尔·阿尔伯特·伦格尔-帕奇（Ernst Karl Robert Renger-Patzsch）和乔安娜·弗雷德里克·多斯（Johanna Frederike Dose）。他的父亲在维尔茨堡经营一家音乐和常规美术用品店，他的这个姓来自两次改姓的母亲（她曾先后嫁给伦格尔和帕奇）。1899年，全家人迁到了德累斯顿，阿尔伯特在那里上了小学。在松德尔斯豪森过了几年，一家人于1910年搬回了德累斯顿，三个男孩都进入克鲁伊茨中学。在一战爆发的第一年，阿尔伯特的哥哥鲁道夫不幸死于战争。两年后，刚完成化学课业的阿尔伯特被征召入伍，最终在“普通职员化学中心”担任助理。[6]战后，他在德累斯顿的科技学院又学了一年化学。据美国艺术史学家唐纳德·卡斯比特（Donald Kuspit）所称，“到了1921年，伦格尔-帕奇意识到他的‘浪漫想法’根本无法和化学家这样的职业兼容”。[7]

虽然我们可以说伦格尔-帕奇是一个浪漫主义者，但他在战争期间还保持着牺牲主观性、成全客观性的个性，同时又总会有意识地将自己定位为艺术家，而且还认为技术精湛与视觉敏锐就是自己艺术创作的基础。1920年，伦格尔-帕奇为哈根市的一家出版社福克旺公司——其经营者是摄影家和评论家恩斯特·富尔曼（Ernst Fuhrman）——担任摄影师。1922年，他成了这家公司的摄影业务主管，负责掌管公司的摄影档案。他在之后的回忆中称，当时人们很难理解他为何要放弃化学，转行从事“这个没有什么尊严可言的职业”。[8]

伦格尔-帕奇在1922年开始拍摄植物系列照片，之后还为富尔曼出版的《植物世界》（*The World of Plants*）系列丛书提供了植物和花卉照片，这套书的前两册在1924年出版。他经常捕捉一些展示自然规律的特写镜头，认为自然规律“很稳定，人类无法理性地用数据来表达和理解自然”。[9]他对大自然的痴迷在《树木》（*Baüme*，1962）和《岩石》（*Gestein*，1966）等图书中也有所体现，这两本书都是在他60岁时出版的。据卡斯比特所言，伦格尔-帕奇“为了拍摄某一棵树在晨光中的样子，甚至不惜赶60—80公里远的路程”。[10]

1923年，伦格尔-帕奇出于经济原因，放弃了在哈根的工作，到柏林为一家照相馆拍摄照片。同年，他在汉堡和艾格尼丝·冯·布伦瑞克（Agnes von Braunschweig）结婚。1925年，他在罗马尼亚一家批发药店做了一段时间的会计员之后，在达姆施塔特的出版社欧瑞格公司（这也是富尔曼成立的出版社）就职。同样是在1925年，他出版了自己的第一本书《哈本伯格的唱诗班》（*The Choir Stalls of Cappenberg*），该书由欧瑞格公司在柏林出版。他和艾格尼丝的第一

冬天的云杉林，1926 年

个孩子萨宾在达姆施塔特降生。两年后，儿子恩斯特也在巴德-哈尔茨堡出生，当时伦格尔-帕奇已经离开欧瑞格，从事自由摄影师职业。据称伦格尔-帕奇如此频繁地更换工作和住所的原因，与他的“个人意志和难以向他人妥协的个性有关”。[11]

1927年，伦格尔-帕奇的摄影作品，引起了卡尔·格奥尔格·海斯（Carl Georg Heise）——当时吕贝克市文化艺术博物馆的主任——的注意。海斯在伦格尔-帕奇的主要作品集《美丽的世界》（*Die Welt ist Schön*）的出版过程中发挥了巨大作用。这本书在1928年出版，其中收录了100多张植物、动物、人物、风景、建筑、机械和商品照片。该书的编辑海斯在序言中强调了这些照片的象征意义，并提出特定不变的自然结构和形式其实也能够与工业产品兼容。学者马修·西姆斯（Matthew Simms）认为，该书的文字主张“自然与科技和谐共存的理念”。[12]

这本书面世后广受好评，艺术史学家海因里希·施瓦兹（Heinrich Schwarz）认为该书是“摄影界一场真正的变革”。[13]托马斯·曼恩（Thomas Mann）在《柏林画报》（*Berliner Illustrirte Zeitung*）上将伦格尔-帕奇称为一个“探求者和发现者”。他还驳斥了让艺术性向机械化让步的观点，将其称为“灵魂衰退与堕落”的表现，并提出了科技本身能否呈现精神特质这个问题。[14]但也有许多评论者拿书名说事，比如著名的文化理论家沃尔特·本杰明就认为这个书名最值得批判。他称这本书需要一个“能够将它从商业中解放出来，并赋予其革命性价值的标题”，[15]且认为这些照片与广告摄影相似，称这种摄影手法“能够呈现宇宙的意义，但却不能反映人类与之相关的任何一点迹象”。[16]伦格尔-帕奇坦然接受了这些批评，之后也承认《美丽的世界》“不过是一本展现事物的书，应该更名为‘万物’”。[17]

在《美丽的世界》出版的同一年，伦格尔-帕奇和家人搬到了鼓励艺术家定居的埃森市。此时，伦格尔-帕奇的部分商业摄影工作是为埃森市福克旺博物馆的收藏品拍摄照片。他也收到了大量工业摄影任务，其中之一是去阿尔费尔德的法格斯工厂拍照——该工厂由沃尔特·格罗皮厄斯和阿道夫·梅耶（Adolf Meyer）于1910年设计，主要产品是鞋楦。通常来说，这种任务要求具有现代知名度的摄影师来完

圆底烧瓶，斯科特玻璃厂，耶拿市，1934 年

成，而他通过自己强大的图片排版和裁剪能力赢得了机会。在这个时期，伦格尔–帕奇还曾在鲁尔区为一本书拍摄作品，但该书后来并没有成功出版。[18]他在这个地区拍摄的照片，呈现了德国郊区的乡村风情与逐渐工业化的环境之间的强烈对比。

1956年，伦格尔–帕奇表示亨利·卡蒂埃–布列松和比尔·勃兰特等人是他所欣赏的摄影师，因为他们开创了“摄影的新纪元”。[19]1937年，他在描写自己的摄影技巧时，曾经透露：“我只用9×12相机、拍摄动物和小孩的反光相机，以及作为其他用途的折叠相机。我使用各种焦距的镜头，一般为8—30厘米，偏爱低速快门，不喜欢特大镜头的相机。我还喜欢使用低感光度的底版，除非当时拍摄的物体要求使用其他底版……我特别喜欢用三脚架，甚至不惜为此放弃自己不想随身带包的喜好……他们无须咨询我的意见，就可以直接冲印照片。”[20]

这种坦率的陈述表明他并不看重相机的操作特性，而更重视如何恰如其分地展现镜头下的物体特征。

伦格尔–帕奇接手的一些商业任务通常极为枯燥，比如拍摄骨科矫形的照片（1926—1928年）、玻璃器皿（1932年）、欧洲的医疗建筑（1938年）和备用零件（20世纪50年代）。但这些工业产品在他的镜头下却能焕发异彩，比如在他为耶拿市的斯科特玻璃厂拍摄的照片中，那些普通的烧杯居然也能拍出设计感。1933年，他开启了首次也是唯一的授课经历（尽管有许多学校邀他授课），在埃森市的福克旺设计学校传授摄影知识。他的前任马克思·布查兹（Max Burchartz）在纳粹党上台后就离职了，伦格尔–帕奇在这所学校授课7个月后，也在未说明原因的情况下离开了。

伦格尔–帕奇参加了无数作品展，还为许多书提供照片，其范围涵盖现代工业产品、城镇和乡村地志研究等各个领域。在二战期间，他受委托在法国北部拍摄抵抗德军的防御工事，因此免于参战。在这次战争中，他拍摄的大量资料遭到空袭的破坏。伦格尔–帕奇曾在1944年举家搬到瓦梅尔，并在这几年中继续接一些商业合约、出书和摄影展的业务，相继赢得了不少奖项和演讲邀请。

1966年，也就是伦格尔–帕奇逝世的前3年，他告诉朋友弗里茨·肯培（Fritz Kempe）：“我很早就对摄影不感兴趣了。对于我拍摄的那些东西，更是心生厌恶。”[21]伦格尔-帕奇的客观性理念（摄影师抑制个人主观意志的理念），并不意味着他真的“拒绝自己内心的任何艺术观点”。[22]实际上可以说，他是以坚持“客观性”的策略来掩盖自己的主观意识的。需要注意的是，他也曾使用过“魔法”这个词来描述那些物品。[23]伦格尔-帕奇说过，“我们迫切需要用新眼光审视旧观念，以重新看待问题”，这表明他并不打算抛弃那些“旧观念”，而是希望将传统审美观念，比如德国文化传统中的浪漫主义变成更符合当今科学标准的观点。[24]如果浪漫主义都能经受如此严苛的考验，那么仅仅用神秘主义根本就不足以解释更深层次的意义。

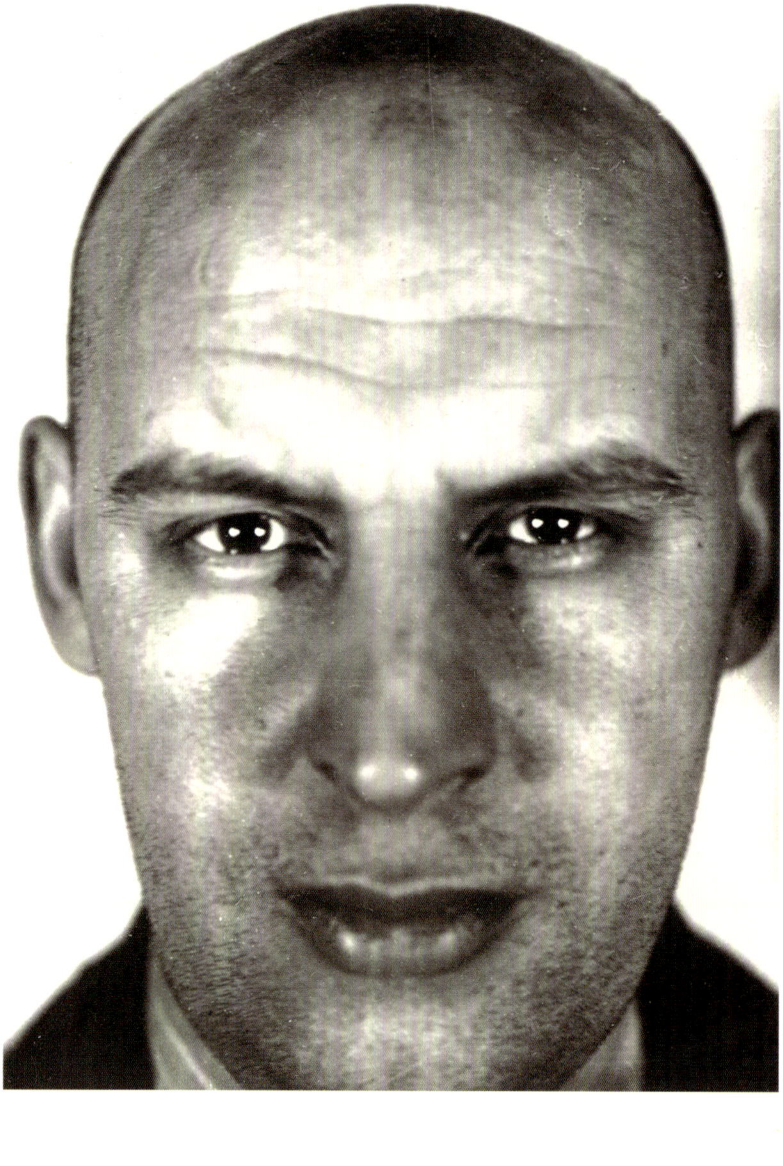

个人肖像，1924 年

亚历山大·罗钦可（Alexander Rodchenko）

1891—1956

我们必须变革自己的视觉思维。

——亚历山大·罗钦可

与许多伟大的摄影师一样，亚历山大·罗钦可也并没有专攻摄影一个领域，他同时还是位油画家、图像设计师和装饰艺术家。作为一名构建主义者，他致力于在多种媒介中运用先锋派原则，其中不但包括摄影、油画、图像和装饰设计，还包括雕塑、建筑、舞台设计、电影、服装、纺织、家具、书籍插画、广告、诗歌、散文和评论。尽管如此，他只将摄影视为现代艺术，并成了摄影艺术的积极倡导者。他以擅长挖掘手持相机的拍摄技巧而得名，常使用动态和新奇的视角变革思维模式。在1917年俄国革命之后，罗钦可为新的苏维埃社会创造全新的文化形式而付出了巨大的贡献。但在20世纪30年代早期，他却常被人谴责为形式主义者，人们指责他是为艺术而创造艺术，并非为了改善社会而创作，他有一段时间因西方资产阶级文化意识形态而备受诟病。但罗钦可绝非苏联的思想叛徒，他甚至很后悔当初割裂了政治、艺术同个人意志、主观性与人文主义的关系。

亚历山大·罗钦可是家中第二个孩子，父亲米哈伊尔·米哈伊洛维奇·罗钦可（Mikhail Mikhailovich Rodchenko）是斯摩棱斯克的一个农夫，曾在铁路工作期间自学识字。罗钦可的父亲到了圣彼得堡后，并没有一份稳定的工作，他在沮丧中染上了酗酒和赌博的毛病。[1]罗钦可的母亲奥尔加·叶夫多基莫夫娜·鲍图索瓦（Olga Evdokimovna Paltusova）曾先后做过保姆和洗衣女工。到了19世纪90年代初，这对夫妻和两个儿子住在圣彼得堡一处不寻常的建筑中。罗钦可曾回忆说，他在“涅夫斯基的彼得堡俄罗斯俱乐部的一个剧院舞台上出生”，他父亲在那里当“道具工人”。[2]一家人住在公寓的四楼，用罗钦可的话来说，他们住的其实只不过是“一个简单的阁楼”。[3]罗钦可宣称，“每条艺术路径都是童年、少年、环境、年轻时的幻想这一系列印象相加的结果”，[4]他在这个俱乐部没有玩具、玩伴，也没有任何可供自己消遣的东西，[5]他的“艺术路径”只能取决于自己的创造性。

罗钦可生平的重大事件在许多传记和自传性描述中说法不一。1905年，全家人搬到了喀山市；两年后，罗钦可的父亲过世。当时的罗钦可是个困惑而忧郁的少年。虽然家人希望他成为牙医助手，但他的愿望却是学画；他还很怕服兵役，1910年秋进入喀山美术学校时，他的愿望就是成为米哈伊尔·弗鲁贝尔（Mikhail Vrubel）和保罗·高更（Paul Gauguin）那样的画家。1913年底，他开始研究未来主义。当画家戴维·布林克（David Burliuk）和诗人瓦西里·卡缅斯基（Vasily Kamensky）、弗拉基米尔·马雅可夫斯基（Vladimir Mayakovsky）访问喀山时，他就坚定了参与未来主义运动的决心。他曾在1913年8月的日记中提到瓦尔瓦拉·斯蒂潘诺娃（Varvara Stepanova）这个女同学的名字，[6]后来他们成了合伙人及艺术合作者，并最终在1941年结为伉俪。

1916年3月，罗钦可与斯蒂潘诺娃在莫斯科相聚，他参加了弗拉基米尔·塔特林（Vladimir Tatlin）在罗夫卡大街一家商店中举办的未来主义作品展。此时的罗钦可除了创作未来主义油画之外，还用墙纸制作几何抽象体及拼贴画。1921年，他在莫斯科的“5×5=25”展览上，展示了三幅单色油画：一幅红色，一幅蓝色，一幅黄色。但在同一年，他又放弃了油画，表示“我们不应该仅仅满足于表现过程和构造。”[7] 1921年1月杜撰出的“构成主义”一词，强调的是纯艺术行为与更实际的设计工作之间的结合。罗钦可深信艺术必须对社会发挥有益作用，他先后在比罗博物馆、莫斯科美术文化博物馆和艺术文化中心从事多种工作。1930年，他还曾为高级艺术技术研讨会（先锋派艺术家和建筑艺术家聚集地）授课。

据罗钦可自己所述，他是通过蒙太奇照片开始接触摄影的。[8]在1918年时，他和斯蒂潘诺娃开始从报纸、明信片和邮票上剪下图片做拼贴画，其中一些作品刊登在某些杂志上。他首件重要的蒙太奇照片作品是为弗拉基米尔·马雅可夫斯基的诗歌《为它》（*Pro eto*，1923）制作的插图。[9]这些作品主要是用剪报和马雅可夫斯基及情人莉莉娅·布瑞克（Lilya Brik）的照片——由艾布拉姆·斯泰伦伯格

（Abram Sterenberg）拍摄——制作而成。1923年，罗钦可开始为一些国营食品杂货店和百货商店设计广告。

罗钦可于1924年开始从事摄影，还购买了自己的首台相机（可能是一台中画幅的Iochim相机，支持玻璃底版和单张胶片），并在家中设立了一个临时暗室。他此时已经是《艺术左方》（*LEF*，1923年创刊）杂志圈子中的成员之一，为该杂志及其继承者《新艺术左方》（*Novyi LEF*）拍摄了所有的封面。20年代中晚期，罗钦可还参与了电影制作，某些评论认为这些早期的人物轮廓和连贯的空间背景，展示了电影的影响力。1925年左右，他开始经常使用可装胶卷的柯达袖珍相机，并尝试不同寻常的视角，也就是后来在苏联被称为“罗钦可前缩透视法”和“罗钦可透视”的方法。[10]斯蒂潘诺娃和罗钦可唯一的孩子瓦瓦拉（Vavara）曾回忆，父亲的摄影方法就是不停地围绕着模特走动，连模特都不知道究竟拍摄开始了没有。

1928年，罗钦可成了由先锋派画家、设计师、建筑师和电影导演组成的“十月协会”的一名成员。两年后，罗钦可与鲍里斯·伊格纳托维奇（Boris Ignatovich）组建了“十月协会”的摄影部，这个小组比1931年就解散的“十月协会”略为长寿。据学者和资料管理人玛格丽塔·图比塞（Margarita Tupitsyn）所称，这个小组的成员主张“摄影革命……它的宗旨是传播和弘扬社会主义生活方式及共产主义文化”。[11]但这个小组的意识形态仍然没有跟上苏联无产阶级新闻摄影学会（ROPF）的要求，后者倡导的是更为叙事化和宣传式的苏维埃摄影理念。1928年，《苏联摄影》（*Sovetskoe foto*）发表了一篇文章刊登了罗钦可拍摄的3张照片，并将其与3位西方摄影家伊拉·W.马丁（Ira W.Martin）、阿尔伯特·伦格尔-帕奇和拉斯洛·莫霍利-纳吉拍摄的照片进行对比，批判罗钦可抄袭西方艺术模式。1932年，罗钦可拍摄的一系列苏联童子军的照片刊登在ROPF控制的《无产阶级摄影》（*Proletarskoe foto*）这本杂志上。该杂志批评《先锋号角》（*Pioneer with a Trumpet*, 1930）这类作品并没有颂扬实验摄影艺术的胜利，而是有意扭曲年轻爱国者的形象。“十月协会”摄影部因频频遭到媒体的抨击，为避开资产阶级形式主义的嫌疑，不得不将罗钦可替换成伊格纳托维奇（Ignatovich），并由后者担任领袖。[12]

罗钦可与西方当代艺术其实并无多少瓜葛，在整个20年代他都不知道欧洲摄影艺术发展的情况，也从未通过朋友圈和同事了解过美国摄影界的状况。1922年，罗钦可的摄影作品发表在柏林杂志《事》（*Veshch*）上。1925年，他访问了巴黎，为一家工人俱乐部设计的室内装修在“现代工业与装饰艺术国际展览会”的苏联展示馆亮相。他在巴黎期间买了一台Debrie Sept cine相机，用于拍摄静态和活动的照片；3年后，他又买入了一台徕卡相机。1928年1月，阿尔弗雷德·H.巴尔（Alfred H.Barr，纽约现代艺术博物馆首任董事）在莫斯科拜访了罗钦可夫妇。1929年，罗钦可有14幅作品进入了斯图加特摄影作品展“电影与摄影”。整个30年代，除了通过国家机构的安排，他与西方建立的任何人际关系都会遭到政府怀疑。

1932年，国营出版社Izogiz指派罗钦可去拍摄莫斯科，最终挑出一组系列照片——包括以他女儿为主角的《广播听众》（*Radio Listener*）等著名照片——制作成明信片。据称他在此时再次迷上了电影，尤其是沃尔特·鲁特曼（Walter Ruttman）的《柏林：大城市的交响乐》（*Berlin: Symphony of a Great City*，1927）以及吉加·维尔托夫（Dziga Vertov）的《拿着摄像机的男人》（*Man with a Movie Camera*，1929）。1933年，政府出台了禁止在莫斯科大街上拍照的法律，罗钦可的摄影行为也开始被限制在官方活动、马戏团、剧院和外派任务这些领域。同年，他再次为出版社Izogiz前往卡累利阿共和国（与芬兰接壤）拍摄白海—波罗的海的运河建设工程，这是斯大林第一个五年计划的展示成果。1937年，他的某些作品进入了普希金艺术博物馆的“苏联首届摄影艺术展”。

回顾在普希金博物馆的这次展览，罗钦可不无遗憾地感叹“我本该把一切做得与众不同，做得更好”。[13] 1937年12月，他更坚定了转移阵地的决心：“今天我想了很多，还是认为我的艺术创作应该做出决定性的转变。我应该做一些更温情、人性、普适的事情，以回击法西斯主义者、阿谀小人和官僚主义者；不去嘲讽人类，而是像母亲一样温柔地亲近他；现在的人已经很孤独了，几乎都快被彻底遗忘了。”[14]尽管有人称他的批评是针对法西斯，但他之后在日记所写的内容则显示，他真正所指的是社会体制所造成的人性损失。此后，他又

弗拉基米尔·马雅可夫斯基，1924 年

阅兵，1928 年 9 月

开始为戏剧、芭蕾、马戏团和其他娱乐形式摄影，以此来对抗官方推广的文化（马戏团也是他在1935年油画创作的主题之一）。其中某些照片使用了柔焦的Thambar镜头，令其呈现出一种朦胧的浪漫色彩，传递出人性与政治怀旧感。

在二战期间，罗钦可仍被谴责为资产阶级形式主义者，甚至在1951年还一度被苏联艺术家联盟的莫斯科分支Mosskh驱逐。他过世一年后才被恢复了名誉，斯蒂潘诺娃在莫斯科的新闻传播中心组织举办了他的首场个人作品展。讽刺的是，这场作品展并没有遭到审查，从而展示了他在20年代与西方存在深厚交集的那些作品。尽管罗钦可和爱德华·韦斯顿等人在地理和意识形态上的距离如此遥远，但从他们运用新摄影语言表达出的现代活力可以看出，他们都奉行一种几乎相同的摄影信条。

个人肖像，约 1904 年

奥古斯特·桑德（August Sander）

1876—1964

（摄影）可以用深刻的美，或者极可怕的准确度还原事物，
但它也可能极具欺骗性。
——奥古斯特·桑德

阿尔弗雷德·德布林（Alfred Döblin）在给奥古斯特·桑德的《我们时代的面孔》（*Face of Our Time*，1929）这本书的引言中写道："我们可以用任意方式自由解读他的摄影作品。"[1]事实上，外人始终是用一种特殊的方式解读桑德的作品及其生平事迹。他的人像摄影受到那个时代一流评论家的赞许，并因此名留摄影界和20世纪的艺术史。虽然他为当代德国社会而编撰的人像摄影作品集《20世纪的人类》（*People of the 20th Century*）得到了非同凡响的高度评价，但他的风景摄影作品却几乎无人问津。作为一名新客观主义的先锋艺术家，他自然不太可能只专注于同一个摄影题材。有证据表明，桑德的人像摄影和风景摄影都始于同一个创作动机：以一种更高级的摄影境界，为逐渐向商业化堕落的艺术找回一片喘息的空间。

桑德出生于德国莱茵兰—巴拉丁的黑尔多尔夫，该地区是一个采矿镇，桑德的父亲就曾是名采矿工，后来经营了一个家庭小农场。奥古斯特·桑德的父亲曾经教儿子画画，以培养他的兴趣；母亲喜欢研究药草，经常带儿子外出采药。[2]奥古斯特·桑德家中有9个孩子，他小时候在本地的新教小学就读，后来就和当地人一样，到本地的矿场打工。有一天，他帮一名在矿场拍摄的摄影师海因里希·施梅克（Heinrich Schmeck）搬运器材，摄影师邀请他进帐篷看自己的作品，桑德被眼前的景象惊呆了。他在叔叔的帮助下，省钱购置自己的摄影设备——一台13×18厘米相机，以及Aplanat镜头和三脚架；父亲则帮他在家里的谷仓附近搭建了一间暗室。桑德描述自己接触摄影世界的情形时如是说："我第一次看到有人能够用一台相机捕捉远处的风景。"[3]

桑德在1897年入伍服役，并在特里尔市驻军时的业余时间担任

本地一名摄影师的助理。1899—1901年，他服完兵役之后，不停地以摄影师助理的身份在各个城镇间奔波。1901年，他在奥地利的林兹落脚，后进入格雷夫摄影工作室任职。1902年，他同安娜·赛得马切（Anna Seitenmacher）结婚，并在同年底生了第一个孩子埃里希（Erich）——他们后来又生了3个孩子，第二个儿子在1907年出生，一对双胞胎则生于1911，但其中一个产后不久就夭折了。在1902年，桑德与一名生意合伙人接管了林兹工作室。但不久之后这段合作关系就解散了，1904年桑德开始一人独挑大梁。

桑德在林兹期间开始因摄影而得名，并在国际展览和国内大赛中获奖。虽然他反对靠后期修饰底片来讨好拍摄对象，但仍然喜欢手工冲印照片，以令其更为生动写意。1906年，他在林兹的兰德宫展馆中展出的100幅大型摄影作品中，多为风景照，部分为彩色作品。1909年11月，桑德出售了林兹工作室，全家暂时搬到了特里尔。次年，桑德又迁到了科隆，经过短时间的调整后，成立了自己的工作室。

桑德一生的代表作品《20世纪的人类》起源于商业项目。大约1911年时，因为缺乏人手，他自己骑自行车寻找可在户外拍摄的人像摄影客户。这本书的第一幅作品展现的是韦斯特林的农夫。据桑德所称，这些常与大地近距离接触的人，最接近该项目创建的原型，但他在作品中也融入了自己的主观意识。他在之后宣称，自己的首个严肃的摄影作品其实在少年时期就完成了，而他在家乡时拍摄的那些早期的人像，无论是面部表情和姿势，还是人物轮廓和服装，都没有经过人工修版，这些为其摄影风格的成熟奠定了基础。1912年，桑德在信笺的抬头中附上了一幅风景照片，这表明他仍然钟情于乡野之趣。

1914年战争即将降临时，桑德被征入预备队中，只能靠安娜拍摄去前线的战士照片来养家。在魏玛政府时期经济萧条的环境下，桑德在军队中又找到了一位新客户，并由后者负责他的膳食，他则再次成了一名巡回摄影师。

1927年，桑德在科隆艺术协会举办“20世纪的人类”作品展。他为这次展览撰文时将其称为“以摄影照片呈现的文化作品”，并补充表示“对我来说，再也没有比拍摄照片，还原我们这个时代的风貌更顺理成章的事情了”。[4]《20世纪的人类》中有7个章节在后来的扩展版中分别命名为“农夫”、“手艺商人”、“妇女”、“阶级和职业”、“艺术家”、“城市”和“最后的人类”。据桑德所称，这个项目呈现了“人们从面朝黄土背朝天的生活，走向文化的顶点，而后又变成最高级的白痴”整个过程。[5]这并不是一种机械时代的视觉社会学，而是传统商业书籍中呈现的前现代社会阶级的升级版。

《我们时代的面孔》收录了另一个大型项目中的60张照片。德布林在这本书的引言中写道：“桑德能够占据领先地位，原因就在于他已经掌握了一种分析社会的工具。”评论者通常将桑德所用的方法部分地归结于其完全成熟的美学和概念上的策划，却忽视了他这一生的作品多来自商业人像摄影实践的事实。他并没有使用成熟的社会学分类，也没有采用什么科学的方法。正如学界所言，这其中的某些人物分类（比如“艺术家”一项）远比其他人物更有代表性。有些学者指出，客观性既是他需要的结果也是他使用的方法，但桑德提到这个项目时表示他追求的是“呈现精神的自然流露”。[6]

《20世纪的人类》中的多数人像摄影看上去很像人种志，部分原因在于这些模特通常看起来就像是摆放出来展示的标本。桑德使用了“蔡司镜头、正色片、相应的灯光滤镜，以及清晰的细纹光面相纸”来获得这一系列的照片。这种相纸常用于工业摄影和建筑摄影，因此增加了一种拍摄中的客观分离感。[7]在20世纪初期，桑德与科隆进步艺术家团体成员往来密切，他的某些客观人像也曾刊登在这个团体的期刊《从a到z》（*a–z*）上。[8]

《我们时代的面孔》还受到了沃尔特·本杰明等同时代人物的好评，沃尔特·本杰明称赞桑德不加修饰地还原了社会本相。但正因为这本书如实再现了摄影对象的生活面目，没有粉饰太平，导致这本书在纳粹党崛起之时被官方封杀。尽管桑德表示自己的项目并没有任何政治意图，但他的儿子埃里希（德国社会主义工人党的活跃分子）还是在1934年被捕了，这一点难免让人怀疑他本人的政治立场。我们无法知悉当时的真相，因此不能说明究竟是因为桑德帮儿子印刷其党派的文件，还是因为他本身就有反法西斯的倾向，才导致《我们时代的面孔》这本书在两年后被封杀。

1944年，桑德创作了一个新项目：拍摄人体的部分（其中有些是剪辑自己原来的底片创作而成），以此来象征阶级和劳动人民。同一年，埃里希在狱中因为阑尾炎未得到治疗而死亡，桑德在科隆的公寓兼工作室也被空袭炮弹炸毁。1946年，一场大火烧了他深藏在地下室的所有物品，其中包括2.5万张底片。尽管接二连三遭遇噩运，桑德仍然继续创作，在摄影界的风头不减当年。1951年，他的作品参加了第二届世界影像博览会并引起了爱德华·斯泰肯的关注，后者挑选了他的大量作品来参加1955年的“人类大家庭”展览。1960年，桑德获得了德意志联邦共和国一级勋章，但此时的他已经成了丧妻无子的孤家寡人——安娜在3年前就过世了。

桑德既是一个喜欢引用歌德诗句的浪漫主义者，又是一位重视客观性的现代主义者。《20世纪的人类》既体现了他对乡村的深厚情谊，又同时反映了他对更高层次的大都会文化的理解。这本书表达了作者在社会、经济和政治的剧烈动荡之下，渴望回归平静稳定的心情。其最引人注目之处在于桑德根本无法体现的层面——毕竟在那个时代，一个过于主观性的项目，最终总会让作者赔上性命。

年轻的农夫，1925 年 7 月

在工作室的个人肖像，约1929年

爱德华·斯泰肯（Edward Steichen）

1879—1973

我所有作品都是商业项目。

——爱德华·斯泰肯

爱德华·斯泰肯生前身后所获得的荣誉可能超过了他同时代的其他摄影师，曾主持了史上访问量最高的展览——1955年纽约现代艺术博物馆举办的“人类大家庭”展览。但对于摄影师安塞尔·亚当斯等部分人来说，斯泰肯是摄影界的“反基督主义者”。[1]他是国际“画意摄影派”的中心人物，是20世纪初康泰纳什集团的首席摄影师，曾在1929年发表“为艺术而创作艺术的做法已经走向末路”的言论。[2]作为纽约现代艺术博物馆的摄影部主任，他最受关注的是4个以平民为主题，强调传达信息而不仅仅是摄影本身的作品展。我们不能将他对批评者的妥协理解为他否认摄影的地位，而要看到他重视摄影这种沟通媒介的意义。

爱德华·让·斯泰肯出生于卢森堡，他是让-皮埃尔·斯泰肯（Jean-Pierre Steichen）和玛丽·肯普（Marie Kemp）夫妇的第一个孩子，据他自己所称，母亲“引导和影响了我的一生”。[3]玛丽曾在怀孕期间把丈夫送去美国寻找新生活，[4]之后她才带着18个月的爱德华一起赶赴美国，但当时的让-皮埃尔却几乎穷得叮当响。这家人在密歇根州的汉考克落脚后，玛丽自己做起了裁缝生意，还开了一家女帽店。丈夫则因为身体状况不佳，被迫放弃了在铜矿场的工作，在百货店中当会计员。1888年，玛丽将9岁的儿子送到了威斯康星州密尔沃基郊区的一所天主教寄宿学校，并在这里又开了一家女帽店，而由丈夫负责料理家事。

斯泰肯父母都鼓励他成为艺术家，于是在15岁那年他离开学校去美国美术公司（一家商业艺术公司）当学徒。一年之后，母亲给了他一笔钱购买柯达“侦探”相机。不久他又入手了一台4×5英寸的柯达

Primo折叠相机，并在家中的地下室搭了一间暗室。他在美国美术公司期间，说服公司用摄影照片制作更好的包装和广告图片。后来他在回忆时称，这次经历让他坚定了从事“实用型”摄影的决心。[5]

学徒身份已经无法满足斯泰肯的艺术抱负，他在1896年7月发起组建了密尔沃基艺术学生联盟，该团体的宗旨是为对艺术感兴趣的工作者创造一起学习油画和素描的环境。他的审美品位主要归功于他在当地图书馆看的那些书籍，比如惠斯勒和莫奈等人的作品。在文学方面，他主要受到妹妹莉莲（Lilian）的影响，喜欢的作家包括易卜生（Ibsen）、肖（Shaw）和梭罗（Thoreau）。看到纽约摄影俱乐部的期刊《摄影说明》（*Camera Notes*）之后，他决心让自己的摄影技巧实现他所谓的“漫射”效果。[6]1898年，美国美术公司为他提供了一个每周50美元的职位。有了这笔收入之后，他就开始天天惦记着巴黎梦，立志亲自前往这个“罗丹雕塑的艺术家们生活和工作的地方”。[7]

1900年4月，也许是因为自己的名字终于出现在《摄影说明》，斯泰肯终于壮着胆子去纽约找这家杂志的编辑阿尔弗雷德·施蒂格利茨，这次会面让他发现两人在艺术上居然有不少共同语言。斯泰肯从纽约动身前往法国，希望能够进入巴黎的画室。因此他到达巴黎之后，就开始以此为基地，逐步探索欧洲其他各国的情况。在1900年9月去了伦敦后，他的作品进入了阿尔弗雷德·施蒂格利茨的老对手弗雷德·霍兰德·达伊（Fred Holland Day）组织举办的作品展“新美国摄影学派”。1901年，该作品展举办到了巴黎，法国艺术摄影家罗伯特·德马奇（Robert Demachy）将斯泰肯称为新美国学派的“后起之秀”。[8]

1902年，斯泰肯在巴黎的一家画廊举办了自己的首个作品展，同时展出油画和摄影作品。此时他结合摄影处理方法和油画工具（笔法和水彩洗涤剂），以便让最终冲印出来的照片看上去不像摄影。他还试验了彩色摄影。1902年8月，他曾短暂返回密尔沃基，之后又回到纽约，在第五大道291号租了一套公寓兼工作室，做起了人像摄影师。1903年10月，斯泰肯与在巴黎相识的密苏里音乐家克拉拉·史密斯（Clara Smith）结婚。两人在巴黎相遇之时，斯泰肯正与施蒂格利茨合作创办新的摄影期刊《摄影作品》（*Camera Work*），该杂志第二期（1903年4月刊）的专题就是斯泰肯的作品。在斯泰肯搬到第五大道293号的新公寓后，原先的291号就成了施蒂格利茨发起创办的艺术摄影师团体“摄影分离派”的总部。

1906年10月（此时他们的第一个孩子玛丽已满2岁），斯泰肯一家再度飞往巴黎。斯泰肯的计划是做一名油画家，并为施蒂格利茨在291号的艺术展物色当代艺术作品。当1907年施蒂格利茨到达巴黎时，斯泰肯参加了卢米埃尔兄弟的彩色照片处理方法发布会。他和施蒂格利茨在该年夏天怀着满腔热情实践彩色摄影，而斯泰肯的第二个孩子凯特·罗迪纳（Kate Rodina，又称罗迪）就是在那一年5月出生的。常帮父亲料理花园的斯泰肯也开始迷上了养花，[9]同时他每年都要在欧洲和纽约两地间飞行。

1914年9月，德国大军压境时，斯泰肯一家人放弃了在法国沃兰基斯的别墅，飞回了美国。此时他和克拉拉之间的矛盾终于爆发，并在1915年5月正式决裂，克拉拉和凯特曾因此而暂时回到巴黎。1917年，斯泰肯（已在1900年3月拿到美国国籍）加入美军，虽然出生证明上仍然保留原名，但从这个时候起他就开始用“爱德华”签名。[10]

1917年8月，斯泰肯成了美军通信兵团新成立的摄影部的首位中尉。他在当年11月被派往法国，在1918年第二次马恩战争期间，被安排在法国沃兰基斯的家中办公。在同一年，他还负责空中摄影的工作。他晋升为少校时，仍然坚守岗位，协助同盟国完成空中拍摄任务。1919年，法国授予他荣誉军团骑士勋章，这还只是他在战时收获的多项荣誉之一。大约在此时，他的名字因克拉拉的诉讼而频频出现在纽约媒体上，克拉拉指控她的一名好友与丈夫有染，离间“他们夫妻感情”。[11]克拉拉败诉后，两人在1922年正式离婚。

从1914年开始，斯泰肯的摄影风格逐渐从画意摄影转变为现代主义摄影，但他并没有因为战争而完全投身于所谓的“直接”摄影。在1914年和1915年夏，斯泰肯拍摄了一系列以自然为题材、命名很诗意的摄影作品，比如1915年的《莲花》（*Lotus*）。1919年他回到了在法国沃兰基斯的宅子，在那里住到了1923年，期间偶尔会飞到纽约。他在抑郁中回想起女儿罗宾的建议，开始从自然中寻找艺术灵感，并对和谐的几何图形产生了浓厚的兴趣。在20世纪20年代早期，他受到爱因斯坦相对论的影响，制作了一系列现代主义风格的抽象艺术品，其中包括1920年创作的《时空统一体》（*Time-Space Continuum*）。为了实现摄影技术上的精湛技艺，他还反复拍摄相同的杯子和茶托，创作了上千张相差无几的底片。

1923年他回到纽约定居后，又开始陷入一轮创作低潮。《名利场》发表了一篇文章将他定位为“最伟大的在世人像摄影师”，但同时也指出他已经放弃摄影而从事油画。[12]他向该杂志编辑写信说明他并没有放弃摄影，并由此结识了该杂志的经营者康泰·蒙特罗斯·纳什（Condé Montrose Nast）。斯泰肯后来就成了康泰纳什出版集团的首席摄影师，为《名利场》拍摄人像，为《时尚》拍摄时装照。斯泰肯在《时尚》的摄影作品深受前任“画意摄影派”摄影师阿道夫·德·梅耶尔（Adolphe de Meyer）的影响，但他不久就自创了一种结合最新时尚装饰艺术，独特而不乏魅力的摄影风格。他为《名利场》拍摄的人像包括弗雷德·阿斯泰尔、格里塔·嘉宝（Greta Garbo）和查理·卓别林（Charlie Chaplin）等一流明星，并结合自己的独创风格为这些名人拍出了与众不同的魅力。

1923年，斯泰肯为《时尚》前往法国拍摄时曾经回到沃兰基斯的旧居。据称他在这次故地重游中，烧掉了自己的画作，以示从此只对摄影一心一意。[13]据艺术史学家娜塔莉·赫斯德弗（Nathalie Herschdorfer）所称，他也正是在这次行程中与达纳·德斯卜罗·格洛弗（Dana Desboro Glover）结婚，后者是他于1921年在纽约相遇的一名女演员和业余摄影师。[14] 1924—1931年间，斯泰肯除了为康泰纳什集团工作之外，还承接了J.沃尔特·汤普森广告公司的一些业务。1926年，事业有成的斯泰肯（年收入超过3.5万美元）却因为过度劳累而导致神经衰弱。[15]两年后，他就在康涅狄格州的雷丁西部买了一座农场和240英亩地，开始研究园艺，伺弄花草。1929年，他的朋友兼妹夫卡尔·桑德堡（Carl Sandburg）出版了一本介绍他生平的书，书中声称“所有优秀艺术品都应该具有商业性”，有评论质疑这并非他本人的说法。1938年，这位可能是当时全球最有名的摄影师从康泰纳什辞职，并关闭了自己在曼哈顿的工作室。他和达纳去墨西哥旅行，在那里用35毫米的康泰克斯相机和柯达彩色胶片拍照。他仍然没有放弃摄

穿着夏帕瑞丽连衣裙的琼 • 克劳福德（Joan Crawford），1932 年

影，继续出席和参加作品展，并在农场建造了夫妻两人的新家。

1941年秋，被美国空军拒绝之后，报国无门的斯泰肯开始筹办将在纽约现代艺术博物馆举办的抗战主题的作品展。12月7日珍珠港被袭击后，战争就打响了。1942年夏，他举办了“走向胜利”主题作品展，取得了异常好评。该年初，斯泰肯成了美国海军预备役的少校，负责监管空中摄影部门，并因此被派遣到华盛顿办公。1943年底，他的团队被派往南太平洋的“USS列克星敦号”航空母舰拍摄海军的日常生活。他们到达那里时，这艘船就被日军战舰袭击了。1945年初，斯泰肯与广告理事汤姆·马洛尼（Tom Maloney）为纽约现代艺术博物馆和美国海军联合举办了“太平洋军队”的主题作品展。该年10月退伍时，已经67岁的他第二次获得了杰出贡献奖章。

据斯泰肯所称，他是因为马洛尼的关系，才获得了纽约现代艺术博物馆的职位。斯泰肯于1946年被任命为该博物馆摄影部主任，并在次年正式上任。该年冬天，安塞尔·亚当斯写信给前任馆长南希·纽霍尔抱怨：“我宁可把自己的照片都烧掉，也不愿意交给斯泰肯保管。”[16]斯泰肯在纽约现代艺术博物馆任职的15年中，最成功的一次展览就是“人类大家庭”，这个主题来源于亚伯拉罕·林肯（Abraham Lincoln）的一次演讲内容。这次展览共有来自68个国家的273位摄影师提供了1万张照片，最终只有503幅作品入围，并按照人类从出生到死亡等不同主题进行了分类。这个纽约现代艺术博物馆史上成本最昂贵的主题展访问了37个国家，最后于1995年在卢森堡落脚。后来，斯泰肯提到这次展览的起因时，表示这与他小时候就有的“顽固和偏执”性格有关。[17]

在纽约现代艺术博物馆任职后，他就放弃了摄影，不过后来又开始在康涅狄格州的家中向窗外拍摄，还拿起摄像机拍摄风景。1961年春，纽约现代艺术博物馆举办了他的作品回顾展。从这时起，他就开始经历了一系列健康问题和情绪波动。1957年，达纳死于癌症。他的健康状况也因为悲伤过度而不断下滑，1959年他两次中风。1960年3月，已经80岁高龄的斯泰肯又娶了年仅26岁的文案写手乔安娜·陶布（Joanna Taub）。据乔安娜所述，她丈夫“有很强的控制欲”，对亲人的要求就是“默默地对他死心踏地”。[18]用她的话来说，这场婚姻是一场“共同的幻灭”。[19]

尽管斯泰肯也像阿尔弗雷德·施蒂格利茨一样重视艺术创作中的个人表达，但从来没有发表过金钱并不重要的言论。他似乎从母亲与父亲这两个移民故事的结局（母亲获得成功，父亲则惨淡收场）中得到了启示，善用后者的失败鞭策自己向前者看齐。尽管他这一生作品涉猎题材广泛，但这并不意味着他是数量优先、无视质量的摄影师。斯泰肯始终坚守内心的“原则”（即施蒂格利茨所说的为艺术而生），但同时也清楚只是为了守则而死守“原则”根本没有意义。他一生在纽约现代艺术博物馆主持操办的40多场展览中，仅有4场遭到诟病，其中3场是与二战有关的主题，另外一场则是有关经济大萧条时代的摄影展（举办于古巴导弹危机时期）。可以这样说，斯泰肯的确希望在国家有难时，能够通过摄影为国效力。

个人肖像，弗莱因威尔德，1886 年

阿尔弗雷德·施蒂格利茨

(Alfred Stieglitz)

1864—1946

我为摄影奉献了一切，只差没为它自杀了。

——阿尔弗雷德·施蒂格利茨

阿尔弗雷德·施蒂格利茨是史上最拥护“摄影是一种艺术形式”这个说法的人之一，也是美国现代艺术推广中最有影响力的人物之一，画家马吕斯·德·萨亚斯（Marius de Zayas）曾在1909年的一幅漫画中将他称为“创意的助产士”。阿尔弗雷德·施蒂格利茨不但是一流的艺术摄影师，还潜心研究“观念摄影的意义”，[1]曾通过著名的摄影期刊以及他自己创办的杂志《摄影作品》提出相关理念。他推崇欧洲手工创作的工匠精神，反对新世界的物质主义，其创办期刊和画廊的初衷就是推动美国人创造力的发展。他自己也成为美国文化界的教父之一，既倡导自由精神又要求其信徒忠于艺术。他是个著名的话痨，据称曾经一人对着两个朋友滔滔不绝地唠叨了18个小时。[2]作为派系成员之一，他却能让其他人在潜意识中产生“施蒂格利茨的成就、麻烦、故事、美德、疾病、挫折和胜利，都是超越其他成员的大事”这种感觉。[3]而他自己却认为，他与派系中的其他成员并非同道中人，他的年龄和教养都决定了他必须反抗物质主义和肤浅的文化。

阿尔弗雷德·施蒂格利茨出生于新泽西州的霍博肯，父亲是爱德华·施蒂格利茨（Edward Stieglitz），母亲是海德薇·维尔纳（Hedwig Werner），两人都是从德国来到纽约的移民。父亲爱德华从犹太教徒转变成无神论者，是一家毛线批发公司的主管。阿尔弗雷德在家中6个孩子中排行老大，所以总比其他几个弟妹受到更多关注。[4]他身上背负着父母的期望，在学校成绩很拔尖，以便讨喜怒无常的父亲的欢心。1871年夏，全家搬到了曼哈顿，阿尔弗雷德先后就读于沙利耶学院、文法学校和纽约市立学院。从1874年开始，施蒂格利茨一家人每年都在阿迪朗达克山脉的乔治湖过暑假，并于1886年在此购置了一处房产。这是阿尔弗雷德一生经常回去的地方。

1881年初，48岁的爱德华·阿尔弗雷德决定退休，并带着家人去了欧洲。施蒂格利茨在卡尔斯鲁厄上了一年学后（他的双胞胎弟弟也曾在此就学），就进入了柏林皇家理工学院攻读机械工程学位；他还参加了柏林大学其他学科的课程。他并不喜欢自己的专业，大部分课余时间不是去看戏剧，就是研究音乐、象棋和赛马。证据显示，他至少在1882年就开始接触艺术摄影了。[5] 1883年，他寄宿在雕塑家、工作室摄影师埃德曼·恩克（Erdmann Encke）家中时，也购买了一台相机、一套显影工具和一本操作手册，开始自学相机的操作技术，捣鼓摄影。大约在此时，他参加了赫尔曼·威廉·沃格尔（Hermann Wilhelm Vogel）教授的光化学课程，且不断进行摄影实验。

在家中其他人返回纽约时，施蒂格利茨和双胞胎兄弟却留在了欧洲。1887年，施蒂格利茨在瑞士和意大利徒步旅行的过程中拍摄的一些照片，赢得了由彼得·亨利·爱默生担任评委的摄影大赛冠军。他早期的摄影作品具有绘画式的风格，主要呈现了具有怀旧特点的风景照和乡村人像摄影。1890年春，施蒂格利茨前往维也纳，进入约瑟夫·玛丽亚·埃德尔（Josef Maria Eder）创办的印刷和摄影学校就读。大约在1890年9月，施蒂格利茨回到了纽约，在父亲及一位朋友的安排下，在新成立的天然色公司（这是一家印刷公司）谋了一个职位。随后一年，他说服自己的两个好友入伙，用施蒂格利茨父亲提供的资金买下了这家公司，并将其重新命名为天然色雕刻公司。但后来他就发现自己同纽约嘈杂喧嚣的氛围格格不入，加上难以管束桀骜不驯的工人，无比怀念德国及其旧世界的价值观。

1891年初，施蒂格利茨加入了业余摄影师学会；两年后，他又担任了《美国业余摄影师》（*American Amateur Photographer*）杂志的义务编辑。1893年2月，他借了一台手持式相机，拍摄了“冬”、“第五大道”等一系列作品，这次经历让他产生了自己买一台手持式相机的念头。该年夏天，他恋上了生意合伙人约瑟夫的妹妹埃米琳·欧博迈亚（Emmeline Obermeyer）。施蒂格利茨每年能从父亲那里拿到3000美元，而同样财富可观的埃米琳也能给他这笔钱。两人在1893年结婚，于次年春天前往欧洲度蜜月。但施蒂格利茨在这里却发现妻子只对肤浅的东西感兴趣，比如社交、购物和时尚。他们的女儿凯瑟琳（Katherine）于1898年9月出生后，全家在麦迪逊大道1111号安家。施蒂格利茨晚年时回忆称，他热爱艺术，但他和妻子、父亲追求的价值观存在很大分歧，所以曾经一度生活困窘。

施蒂格利茨推广摄影的意识，与家庭责任感一样与日俱增。1896年5月，他成了纽约摄影俱乐部的创始成员之一。他通过广告推广，将该协会的期刊《摄影说明》从一家内部机构转变成了按季集资的独立机构，并在1897年7月成了该杂志的编辑。1898年，他参加了宾夕法尼亚州美术学院的"费城摄影沙龙"作品展，这是首次在美国博物馆举办的摄影艺术作品展。

1900年或1901年左右，摄影俱乐部就他在《摄影说明》的控制地位一事发生冲突，施蒂格利茨的健康状况受到影响，被迫在乔治湖休养。他一生中曾多次遇到这种因陷入困境而濒于崩溃的情况。1902年3月，施蒂格利茨在纽约的国家艺术俱乐部组织了由"摄影分离派"主办的"美国画意摄影展"。这是他为数周前才刚组建的团体举办的首个作品展，也是对"传统的画意摄影的反抗"。此时，施蒂格利茨还负责打理一家新摄影期刊的事务。1902年12月，第一期的《摄影作品》（1903年1月刊）面世，它展示了施蒂格利茨所谓的真正的艺术摄影作品。他的新朋友爱德华·斯泰肯负责设计封面、版式和排印，1905年他还帮助"摄影分离派"在第五大道291号成立了利特尔画廊。该画廊后来被简称为291号，头三季的展览就吸引了5万人次的访客。[6]

1907年，他和家人前往欧洲时，施蒂格利茨和斯泰肯掌握了彩色底片上色的处理方法。1909年，施蒂格利茨再次带着家人去欧洲时，通过斯泰肯进入了利奥（Leo）和格特鲁德·施泰因（Gertrude Stein）——这两人是现代主义艺术和文学创作的赞助者——在巴黎的沙龙。施蒂格利茨通过《摄影作品》和291号这两个窗口，向美国介绍了大量欧洲一流的先锋派艺术家，比如马蒂斯（法国画家、雕刻家和版画家）、塞尚（Cézanne）和毕加索等人，这些人后来在纽约的"现代艺术国际展览"（1913年）中斩获了更高的声誉。施蒂格利茨还通过居住在巴黎的美国画家人脉，结识了约翰·马林（John Marin）、马克斯·韦伯（Max Weber）和阿尔弗雷德·毛雷尔（Alfred Maurer）等人，他十分推崇这些画家的作品。但他向自己的期刊引进这些艺术家作品的举动，却让他和一些赞助人渐行渐远。1910年，在与圈内一些成员在纽约水牛城奥尔布赖特艺术馆举办的“画意摄影国际展览”之后，他对画意摄影的兴趣也走到了尽头。

1915年，施蒂格利茨在3位朋友的怂恿下，支持创办了291号的期刊《达达》（*Dada*）杂志，并成立了291号画廊的附属机构现代画廊。施蒂格利茨曾在现代画廊中展示了马塞尔·杜尚臭名昭著的作品《喷泉》（*Fountain*），那就是一个瓷器的尿壶，上面的落款是“R.Mutt”，当时这件作品已在1917年春被“美国独立学会”封杀。《摄影作品》最后一期是主推保罗·斯特兰德作品的双月刊。因为施蒂格利茨反对一切形式的商业主义，所以他做的这些事情都是亏本营生，并且多数成本是他个人自掏的腰包。《摄影作品》最后一期出版后，这份杂志的赞助者已经不足40人了。

291号的最后一场展览是1917年4月为乔治亚·欧姬芙（Georgia O'Keeffe）举办的作品展。战事不断的欧洲，像鸡肋一样的婚姻，这一切都让施蒂格利茨心生沮丧，不过欧姬芙的作品，以及他们之间的书信往来又让他重新恢复了元气。他们之间往来的书信超过了5000封，这充分说明施蒂格利茨极具吸引男性和女性的人格魅力。施蒂格利茨提出了关闭291号和停办《摄影作品》的诸多理由，还提到自己的经济状况几乎一直很不稳定，事实也的确如此。他从欧姬芙那里得到的慰藉，可能也对他做出的这个决定产生了一定影响。

欧姬芙于1918年到达纽约继续抚慰施蒂格利茨。埃米琳·施蒂格利茨有一天回到家发现欧姬芙坐在那等她丈夫，就给丈夫下了最后通牒：要么和这位画家断绝往来，要么就搬出这套公寓。施蒂格利茨选择了后者，他搬出去和欧姬芙住在出租屋里。最初他们会用衣服或毯子隔开两人睡觉的空间，但到1918年7月，两人正式确立了关系。施蒂格利茨为欧姬芙拍摄的那张著名的裸照，就是他们同居期间的产物。[7]施蒂格利茨的女儿在当年9月到达乔治湖的家时，发现欧姬芙仍在那里，尽管施蒂格利茨承诺她以后不会再来了，此事还是让女儿耿耿于怀，从此疏远了父亲。

施蒂格利茨继续操办着美国现代主义作品展，其中多数是在安德

乔治亚 · 欧姬芙，1917 年

森画廊举办。也许是为了回应某些批评，他决定拍摄一系列没有主题的照片。1923年，他在安德森画廊展示的人像摄影作品是在乔治湖取景，有一系列照片的标题是《音乐：云朵十连拍》（*Music: A Sequence of Ten Cloud Photographs*，1922），这些抽象图形表达了他希望让观众看到他在曝光那一刻的内心感受。1925年，他开始使用“等价物”这个词做标题，原因是“我有一个生活愿望，就是希望有时候能通过摄影呈现与之相等的东西。”[8] 1923年，他女儿凯瑟琳在得了抑郁症之后又患上了精神分裂症。欧姬芙则希望在此时嫁给施蒂格利茨，希望两人的正常关系能够让凯瑟琳有所好转。于是在1924年12月11日两人正式成婚，但凯瑟琳并没有恢复，余生都在精神分裂的状态中度过。

1925年11月，施蒂格利茨在安德森画廊的303号房间成立了知己画廊，专供7位美国画家（其中两位就是他自己和欧姬芙，而且他是其中唯一的摄影师）举办作品展。1928年，施蒂格利茨与年轻的已婚妇人桃乐茜·诺曼（Dorothy Norman）发展了婚外恋（他们在两年前初次相遇）。诺曼和保罗·斯特兰德一起筹资创办了新画廊“美国地方”，这个画廊由诺曼帮忙打理，于1929年12月在麦迪逊大道509号开业。1932年，施蒂格利茨在这个画廊举办了作品展，呈现了他从1930年开始拍摄的纽约印象。在这期间，施蒂格利茨除了以诺曼为模特拍摄人像，教她摄影技巧之外，还替她出版了一本诗集（1933年）。在这之前，欧姬芙已经经历了一场神经衰弱，施蒂格利茨意识到自己与诺曼的私情给欧姬芙造成心理创伤之后，就停止了与情妇的往来。[9]到了20世纪30年代，在经济上完全依赖他人的施蒂格利茨，现在则是依靠自己的妻子。而此时的欧姬芙虽然对丈夫仍然忠诚，但也开始经常返回自己在新墨西哥的家中。

施蒂格利茨的作品回顾展原本计划于1940年举办，这是纽约现代艺术博物馆新成立的摄影部门的首秀，但因为施蒂格利茨将毕加索介绍到美国而得罪了博物馆的董事，导致这一计划泡汤。1946年7月5日，施蒂格利茨发生了心绞痛（他在1938年已被诊断出心脏病），6天之后就倒下了，并于7月13日病逝。他的骨灰被家人撒（另一说法是埋葬）在乔治湖附近。[10]

阿尔弗雷德·施蒂格利茨这位跨越19世纪和20世纪的摄影家是

两个时代的古怪集合体：他既是约翰 · 罗斯金（John Ruskin）、拉尔夫 · 沃尔多 · 爱默生（Ralph Waldo Emerson）和沃尔特 · 惠特曼式的文化倡导者，又是先锋派艺术的信徒。施蒂格利茨认为自己赞助艺术是“为自己也为他人的真正解放而战斗”。[11]他使用摄影、现代艺术、性关系和与年轻人的友谊等途径来实现这种解放，虽然他是个特殊人物，但他的传记仍然是那种常见的题材——儿子忤逆专制的父亲，坚持为艺术而放弃财富。施蒂格利茨这一生有两个深刻的际遇——少年时的德国，成年时的纽约，这两者将这名移民的一颗爱国之心一分为二。他从自己与欧洲的渊源中认识到自己是个美国人，并不停地切换这两种思维，用其中之一鞭笞另一者。

保罗·斯特兰德肖像，1919 年（阿尔弗雷德·施蒂格利茨 摄）

保罗·斯特兰德（Paul Strand）

1890—1976

我从来没说过我是个直接摄影师。

——保罗·斯特兰德

保罗·斯特兰德是美国所谓的直接摄影的早期支持者之一（直接摄影否定摄影应该模仿美术的主张）。虽然他刚起步时是个画意派摄影师，但他发展出了一种吸收摄影客观性的美学风格。他的作品流露出对美国先锋派艺术的渴望，他早期的“直接摄影作品”（拍摄于1915—1916年）就是现代主义美学和艺术摄影融合的典型。他被阿尔弗雷德·施蒂格利茨以及爱德华·斯泰肯等人称为最有影响力的美国摄影师，但学界并没有推出关于他的传记书籍。他的左翼政治倾向，显然也是他个人生活和创作中不可分割的一部分，但他究竟是否有此立场至今仍然让许多学者困惑不已。这一点也许要归咎于学界缺乏他的详细传记，以及人们无法确定他的政治意识形态——若不能更完整地了解他的生平，我们就无从知晓他的政治立场。但这也许就是他的无奈之处，毕竟在麦卡锡时代，言多必失。

斯特兰德的母亲是玛蒂尔德·阿恩斯（Mathilde Arns），父亲是雅各布·斯特兰德（Jacob Strand），他是一个家居用品店的销售员。1893年，这个犹太家庭搬到了曼哈顿第83大街的西314号。1904年，斯特兰德进入了纽约一家私立的文理学校。他当时已经是青少年，深受学校的人文主义和伦理哲学课程的影响。1907年，他进入了由刘易斯·海因（当时是自然科学教师，之后成了社会纪实摄影的先驱）授课的班级，这位老师带着班上的学生去参观阿尔弗雷德·施蒂格利茨创办的利特尔画廊，还说服学校让他创建一间暗室，开设摄影课程。1908年，斯特兰德加入了纽约摄影俱乐部，在这里使用大量暗室器材并掌握了画意摄影派所青睐的复杂冲印技巧。

1911年，12岁的斯特兰德得到了自己的第一台相机，决定开始

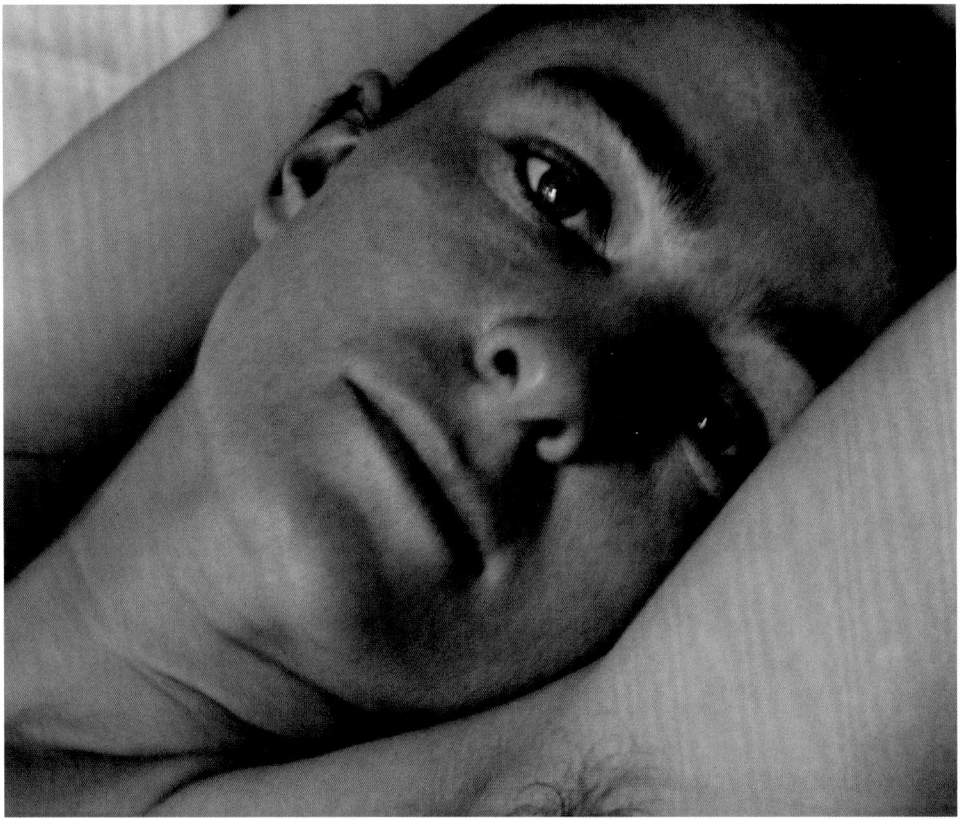

通过这项爱好赚点钱。[1] 该年春天，他取出自己的积蓄，去欧洲游历了将近 6 周，打算在那里给美国游客拍照赚钱，但这个计划并没有成功。[2] 即便是他拍摄广告图片，最终的结果也不甚理想——比如他拍摄的 Hess-Bright 球架，在 1922 年的先锋派杂志《金雀花》上已经出现过同款了。斯特兰德的审美眼光步步高升之后，开始放弃画意摄影，改成拍摄快乐风格的照片，并采用了机器时代的审美观。虽然他的审美风格大约在 1916 年左右呈现了“直接摄影”（展现锋利而非柔和的特征）的特点，但他仍然在铂金相纸上冲印照片，这一点或许可以说明他重视照片的美感而非纪录性的特点。

阿尔弗雷德・施蒂格利茨是斯特兰德这一生中至关重要的一个人物。他不但是斯特兰德的导师，还给他介绍了乔治亚・欧姬芙。虽然有人称斯特兰德和乔治亚・欧姬芙曾经是恋人，但后者最终选择的归

丽贝卡，纽约，约 1923 年

宿却是施蒂格利茨。1922 年 1 月，斯特兰德同油画家丽贝卡 · 索尔兹伯里（Rebecca Salsbury）结婚。但施蒂格利茨与斯特兰德，这两人与这两个女人之间纠缠不清的关系，最终在 1924 年因为私情和职业嫉妒心导致师徒关系破裂。斯特兰德与施蒂格利茨所维持的关系，比他们同女人的情谊长了 8 年，二人彻底分道扬镳之后，斯特兰德曾有一段时间集中拍摄风景照和自然照。1932 年，斯特兰德夫妇在施蒂格利茨创办的画廊"美国地方"中举办了联合作品展。据称，虽然这对夫妇曾多方支持施蒂格利茨的项目，但施蒂格利茨在当时却并没有为他们提供什么帮助，之后他们就不告而别飞往新墨西哥。[3]

斯特兰德与导师和妻子之间的隔阂（他同妻子在 1934 年离婚），也是他受邀前往墨西哥的一个重要因素。1934 年，他接受了墨西哥教育部秘书处提供的职位，担任电影艺术和摄影主任，开始拍摄电影《渔网》（*Redes*）——该电影于 1936 年在美国以《海浪》（*The Wave*）的片名上映，这部电影讲述的是一个渔夫在圣克鲁兹海滩上的故事。1934 年末，墨西哥政府取消国家对电影项目的扶持之后，斯特兰德就回到了美国。两年后，他娶了女演员弗吉尼亚 · 史蒂文斯（Virginia Stevens），此女 1940 年时为他出版了他在墨西哥街头拍摄的作品集。斯特兰德的这些照片采用了人工操作的照相凹版印刷方法，此外还开发了一种能够强化相片的漆。[4] 这种漆可以让照片呈现出一种可传递信息的意象，而不仅仅是截取生活中的现实片段。

斯特兰德回到美国后继续与左翼倾向的电影公司往来，比如在 1936 年协助成立了前沿电影公司。对于某些观察者来说，真正挑起斯特兰德激进主义情绪的并非电影，而是戏剧。1935 年，他在前往莫斯科的旅途中加入了一群来自 Group Theater 团体的电影导演之中。据某位学者所称，斯特兰德曾希望与谢尔盖 · 艾森斯坦（Sergei Eisenstein）合作，但当时这位电影导演被官方视为政治思想不正确的人物。[5] 而斯特兰德本人则是"同时相信美国、苏联和中国革命的人……也从来不曾动摇对斯大林的忠诚"，对他来说，文化并非逃避政治的世外桃源，而是政治的战场。[6] 1944 年，他在纽约现代艺术博物馆发表了演讲，谴责法西斯对艺术的威胁；1949 年，他在意大利佩鲁贾的国际电影大会上表明，他相信"动态再现主义"能够将世界变得更美好。[7] 但同时，斯特兰德也相信在麦卡锡时代，只有在境外才能推动美国的改革。

1949 年，斯特兰德离开美国前往法国，与摄影家黑兹尔·金斯伯里（Hazel Kingsbury）搬到了巴黎，并在这里开始创作一系列关于特定国家与社会的摄影作品集。受到舍伍德·安德森（Sherwood Anderson）的短篇故事集《小镇畸人》（*Winesburg, Ohio*，1919）等文学作品的启发，他开始萌生了创作"乡村人像摄影"的念头。据斯特兰德所称，意大利电影导演切萨雷·扎瓦蒂尼（Cesare Zavattini）向他介绍了自己的出生地卢扎拉之后，他才真正找到了自己心中的理想社会。1955 年，他出版的作品集《一个国家》（*Un Paese*）可以影射一个乡村，也可以是一个国家，它浓缩了斯特兰德内心的想法，并借用特例向大众表达他的所思所悟。对他来说，社会并非自身的终结者，也不是过去纯朴岁月的挽歌，而是治愈压抑之痛的良方。

黑兹尔·金斯伯里在 1951 年嫁给斯特兰德之后，她的名字就成了黑兹尔·斯特兰德，她对斯特兰德的艺术创作发挥了不容小觑的作用，比如在 1954 年陪伴他前往赫布里底群岛（位于苏格兰西部）地区，协助他创作了其最著名的代表作 *Tir a'Mhurain*（1962 年）。在之后的行程中，她始终相伴左右，比如去埃及（1959 年）、罗马尼亚（1960 年）和加纳（1963—1964 年）时，她承担了所有的调查工作。他们埃及之行的最终成果是出版了《生在埃及》（*Living Egypt*，1969），其中的文字出自斯特兰德的朋友詹姆斯·奥尔德里奇（James Aldridge）之手。斯特兰德受到奥尔德里奇的感染，对迦玛尔·阿卜杜勒·纳塞尔（Gamal Abdel Nasser）这种由社会主义者统治之下的埃及变化产生了极大的兴趣。而这些类似项目必须 10 年以上才能看到成效，而他的摄影创作却并不仅仅是一种记录行为。

1955 年，斯特兰德在巴黎西北部的一座小村庄奥热瓦勒购置了一幢房子。大约在 1970 年，斯特兰德的健康状况开始恶化，无法远行，只能在自家花园中摄影，最后出版了作品集《门前的风景》（*On My Doorstep*，1976）。从某个方面来看，他晚期的这些作品主要呈现了人工培植与自然野生的动态冲突，其中的代表作是《掉落的苹果》（*Fallen Apple*，1972）。正如 20 世纪 20 年代初的情况一样，斯特兰德在这一系列作品中追求的仍然是自然形式与永恒规律之间的和谐。他暮年

时的摄影作品普遍采用了一种隐喻式的标题。

1922 年，斯特兰德发现在“早期的基督教世界”中，只有艺术家才能够“在主题外衣的伪装之下享受奢侈的经验主义”。[8] 27 年后，他声称美国现代摄影师只有离开美国，才能追求有主题的政治批评和现代主义美学。我们越是了解斯特兰德的创作方式，就会越清楚他所重视的并非“直观性”而是客观性。对他来说，经验主义这种他所推崇的政治主张，既呈现了个体的解放，又象征了不同于个人主义教条的集体和大众式的理性主义。

教堂，兰乔斯陶斯德，新墨西哥，1931 年

东松照明，1999 年（大西 摄）

东松照明（Shōmei Tōmatsu）

1930—2012

摄影比语言更有说服力。

——东松照明

这位摄影师拍摄了以长崎岛原子弹轰炸事件（1945年8月9日）为主题的最触人心弦的照片，他拍的是一只手表永远停止在上午11：02的瞬间，他在长崎原子弹事件16年后访问了这座城市并拍下了这张照片。在二战期间，东松照明还是个少年，所以并没有亲自参战，但战争所造成的破坏却如一场大浩劫铭刻在他记忆中。虽然没有上战场，但他也亲历了战争带来的创伤：满目疮痍的城市、随处可见的美军部队、日本投降后产生的巨大心理反差，这一切都让他们长期抵触西方价值观。东松照明通过摄影传达出了民族与个人的这些心理创伤，深刻地感觉到了美军驻扎日本及其遗留下来的美军基地等一系列事件带来的重大变化，并投入20多年时间用相机探索这个主题背后的意义。对东松照明来说，用摄影手段还原这些经历，远比语言更有说服力。

东松照明出生于日本爱知的名古屋，12岁时进入名古屋工程与科学学校，主修电子学（他在1946年毕业）。在战争期间，学生上课时间并不固定，在1944年，他曾在钢铁厂当车床操作学徒，制造飞机的零件。[1]据东松照明所言，他只在空袭期间去了一次避难所，后来就选择待在自己的房间，透过镜子观看远方的炮火。[2]战争之后，他开始从农场偷蔬菜，用母亲的和服换取食物。[3]因为军国主义精神的影响，他从小就和父母有代沟，再加上1945—1946年冬天父母不肯给他食物，只能靠偷窃才能维生。

东松照明在1950年开始接触摄影，当时他使用的是从大哥那里借来的相机。同年，他考进了爱知大学的经济系。[4]入学后，他加入了大学的摄影社团，并提交了19幅参展作品，之后就成了全日学生摄影联盟的活跃分子。[5]据称东松照明早期的摄影风格曾受到大学的一位俄语教授玛塔里基·熊泽尚（Mataroku Kumazawa）的影响，后者批判他的作品充满了达达主义风格，认为“达达主义没有前途”。[6]熊泽尚试图说服东松照明相信，并不是只有超现实主义作品才能体现艺术内涵，而要善于从每天的日常生活中发现艺术。

据说是熊泽尚将东松照明推荐到了岩波摄影社（这是岩波书店出版公司的一家印刷机构），这家印刷公司制作了一系列小规格的摄影集，每一本都反映了日本生活某个方面的主题。在1954年毕业之后，东松照明就前往东京担任摄影师。1956年，因为排斥那种认为图片次于文字的观念，他选择了担任自由职业摄影师，其作品不时会刊登在日本的摄影杂志上。虽然这些照片多为纪录性作品，但这些杂志刊登的照片却并非严格意义上的新闻摄影作品，它们更重视图像的美感和诗意，其次才是故事性。

1957—1960年是东松照明最有创造力的时期，他也在此时奠定了自己的摄影艺术家地位。1957年，他的一组关于儿童上学的照片在首届“十双眼”作品展上亮相，这些照片虽然采用了新闻摄影式的标题，但图像却充满诗意。东松照明采用的摄影风格不需要他从特定角度入手就能传达主题思想，这一点也明显不同于新闻摄影。1959年，他的首次个人作品展“人们”在东京举办。同年，他成了Vivo图片社的创始人之一（Vivo效仿了马格南图片社的集体原则）。

1959年9月26日，东松照明在名古屋的家乡遭遇台风，他出生的老屋被洪水冲走了。[7]我们无法判断此事对他造成了多大的影响，只知道他在这个时候“有点居无定所，放弃了在东京的房子和大部分家当，有时在Vivo图片社过夜，有时住在市中心的一些低档宾馆中。”[8]他的创作也发生了变化：在1960—1961年期间，他创作了“柏油”系列，虽然这组照片呈现的是现实主义风格，但其中的街景却并非采用与人眼平行的视角，而是从路面的角度进行拍摄。这组照片似乎反映了他重视主观性甚于主题的摄影风格。

1961年，日本反原子弹、氢弹委员会出版了《1961年广岛—长崎记录》（*Hiroshima-Nagasaki Document 1961*），其中收录了东松照明拍摄的与长崎相关的一系列照片。东松照明于1960年接到这个拍摄项目，并在该书出版后仍然持续跟拍长崎原子弹爆炸事件之后的幸存者，

妓女，名古屋，1958 年

展示他们因辐射而导致身体畸形的惨状。1966年，东松照明出版了自己的原子弹系列摄影作品集《11：02的长崎》（*11:02 Nagasaki*），该书以停止的手表等一系列事物来象征原子弹造成的破坏。

与《1961年广岛—长崎记录》明确表达反核信息的方式不同，东松照明这一生中历时最长的创作项目却呈现了一种矛盾的复杂情绪，它拍摄的主题是战后的美军基地。从“基地”系列（1959年）开始，东松照明推出了大量讲述日本被“美国化”的摄影集和书籍。其中有许多照片采用了“拼贴画风格”，用扁平的图片空间传达了日本人遇见旧敌时无精打采的模样。[9] 1972年，东松照明去了刚刚回归日本的冲绳县首府那霸。此时已经身为人父的东松照明，万般滋味涌上心头，原先对美军占据时期的怀旧情感开始被另一种情绪覆盖——他对战前的日本所遭遇的损失，从未像现在这般感同深受。

东松照明不但是位知名的摄影家，还是一名教师和馆长。他于1965年开始在东京的多摩美术大学授课；1966年到1973年左右，在东

无题（岩国），选自“嚼口香糖和巧克力”系列，1960年

京造型大学担任副教授。他对日本教育和文化的贡献于1995年受到官方嘉奖，日本政府授予他石咀宝生勋章,但他的声名并不仅限于日本国内。早在1974年，他的作品就在美国展出；1984年，他在日本的个人作品展在欧洲进行了巡展。他在日本举办了许多作品展，在海外也参加了各种大小的展览。

虽然东松照明最著名的作品是单色照片，但“基地”和“太阳铅笔”（1971年）等一系列近期项目中也出现了彩照作品。1987年，他在心脏手术之后搬到了千叶市，并在那里展开了较为密集的彩色摄影实践，开始用宝丽莱相机拍摄被海水冲到岸上的物品。之后，他继续用胶卷拍摄这一主题的作品，并将这个系列称为“塑料”。从“太阳铅笔”和“樱花开放”（1980年）系列可以看出，他已经开始淡化对战前时代的怀旧情绪。但也有学者指出，东松照明的摄影作品呈现了一种幻灭感。

东松照明可能会用现实主义风格来创作，但他却是用当前的手法来呈现自己记忆中的关键经历：二战的毁灭性及其后续影响。1945年8月听到日本天皇宣布投降的消息时，这位少年几乎无动于衷，但成年后的他却选择了用新闻报道或回顾历史事件的视角，拍摄出了他与上一代人之间的距离。[10] 1960年时，有人谴责他的摄影是一种虚无主义，逃避了相对主义所表达的明确意义。但这些批评者们似乎没有看到，其创作风格的倾向与其传达的深刻感受和意义之间的联系。

个人肖像，1908 年

爱德华·韦斯顿（Edward Weston）

1886—1958

我必须先考虑爱德华·韦斯顿。

——爱德华·韦斯顿

爱德华·韦斯顿是20世纪最受赞誉的美国摄影师之一，他认为摄影是一种自治、自主的艺术形式，并且是推崇这一理念的关键人物之一。韦斯顿的传记表明他热衷于追求上升的体验，而摄影则为他创造了实现渴望和解释动机的途径。他对洛杉矶波希米亚文化的迷恋，以及对摆脱传统观念和道德桎梏的追求，断送了他短暂的人夫与人父生活。他专注于自我，将一生视为自我探索的旅程，将摄影视为释放个人意志和才能的途径。尽管如此，真正让他展现自我的媒介其实是他的个人日志，这份文件既描述了他的生活，又体现了他的摄影创作。这位最著名的“直接摄影艺术”的倡导者，却为了回应画意摄影过分强调审美的主张，选择了修改、编辑、删除、删改，甚至销毁了他的部分个人日志。其日志中记载的那些看似如实还原自己摄影生活的内容，实际上就是一本以爱德华·韦斯顿为主角而精心撰写的创意小说。

爱德华·亨利·韦斯顿（Edward Herry Weston）出生于伊利诺伊州密歇根湖岸的高地公园。他是家中第二个孩子，父亲爱德华·伯班克·韦斯顿（Edward Burbank Weston）是一名医生，母亲是艾丽丝·珍妮特·布雷特·韦斯顿（Alice Jeannette Brett Weston）。他只有一个年长他7岁的姐姐玛丽。韦斯顿刚出生不久，一家人就迁到了芝加哥。在他才四五岁时，母亲就过世了，他对母亲唯一的记忆就是“一双黑色而犀利的眼睛，可以说是一双喷着火焰的眼睛”。[1]据摄影师及作家南希·纽霍尔所称，韦斯顿不喜欢父亲再娶的后母和她带过来的儿子，[2]于是爱德华和玛丽开始在情感上疏远了家庭。两姐弟和父亲都承认，对于韦斯顿而言，姐姐玛丽才是母亲的替身。

韦斯顿承认自己是个穷学生，[3]他没有拿到文凭就退学了。[4] 1902

阁楼的犄角，1921 年

年他16岁时，父亲给他一台柯达Bulls-Eye相机。韦斯顿后来回忆称，得到这件礼物之后，他又节省了11美元，再去购买了一台二手的5×7英寸相机和三脚架等器材。[5]韦斯顿拒绝使用业余相机，偏爱需要更高技术和更费精力的设备，以划清同业余人士的界线。他之后使用8×10英寸相机拍摄艺术作品，用5×7英寸的禄来福来相机拍摄商业广告。[6]韦斯顿的艺术风格成熟后，他就开始冲印和出售自己的个人作品，自由裁剪提交给商业雇主的底片，既保持艺术的完整性，又兼顾商业的实际需求。

韦斯顿将日志称为自己的“流水账”，也就是摄影工作室用来记录条目的分类账或登记簿。现存的两个账簿主要记述了他两次旅居墨西哥的事件、写给蒂娜·莫多蒂（Tina Modotti）的书信，以及从1927年开始做的8年笔记（当时他从墨西哥回到了加州）。这些账簿后来在20世纪60年代获得了出版，那时他已经是一位过世的国际知名摄影师，而他刚开始做这些记录时还不过是个自恋的小伙子。但这并不是说这些日志就是他未经修饰的自然流露，至少在1928年8月时发表于《创意艺术》（*Creative Art*）的摘录内容，就是用一种便于他人阅读的语气撰写而成的。[7]

所有从这些账簿中摘录的内容，甚至可能比多数日志和日记更不可靠，这是由它们的特殊属性所决定的——这些日志在60年代出版的时候，其中韦斯顿在墨西哥的这部分生活记录，只不过是他的秘书和情人克里斯特尔·甘格（Christel Gang）从一些原文件（韦斯顿的亲笔手稿）上更正过来的副本。这些副本后来又根据韦斯顿的朋友克拉伦斯·B.麦吉（Clarence B.McGehee）——据称也曾经是他的情人——的建议进行了一番修改。[8]这个账簿虽然存在他从墨西哥回来后的那8年生活经历的原件，但这部分也曾被韦斯顿用铅笔和剃刀改动过。南希·纽霍尔将这些日志编辑成册进行出版时，又删除了那些她所谓的“冗余信息”。[9]因此，现存的日志已经移除了韦斯顿的多个原文条目。

韦斯顿离开学校后曾在一家著名的芝加哥百货商店马歇尔·费尔德公司当跑腿伙计，后来一路晋升为销售员。[10] 1906年，20岁的韦斯顿去加州拜访了梅（May）及其丈夫所在的天堂岛。他在加州时决定要成为一名职业摄影师，后来就回伊利诺斯学习摄影技术。他再次退学回到天堂岛时，就在一家本地人像摄影工作室上班并由此掌握了摄影知识。1909年1月30日，韦斯顿同他姐姐的朋友弗罗拉·钱德勒（Flora Chandler）结为夫妻。根据他日志的描述，妻子弗罗拉·韦斯顿是摄影史上最大的"反派角色"——她心胸狭窄，充满资产阶级情调，竭斯底里地阻止丈夫追求个人自由。他们生了4个儿子：（爱德华）钱德勒、（西奥多）布雷特、（劳伦斯）尼尔和科尔。据南希·纽霍尔所述，韦斯顿的艺术实践就是为自己的儿子拍照，他在工作室中甚至搭建了一处独属于弗罗拉家庭的地方。[11]

研究韦斯顿的学者贝丝·盖茨·沃伦（Beth Gates Warren）指出，他主要的艺术突破（也就是从画意摄影转向现代主义摄影），很大程度上受到了他和玛格丽特·马瑟（Margrethe Mather）关系的影响。马瑟原名是艾玛·卡罗琳·扬格伦（Emma Caroline Youngren），是一名无政府主义者和波希米亚人，正式职业是摄影师，业余时间偶尔会卖淫。[12]马瑟和韦斯顿于1913年首次见面时，她决定去拜访自己在天堂岛发现的一间工作室。次年春天，他们俩都成了洛杉矶"画意摄影派"这个新团体的成员。当时她可能已经是韦斯顿的情人和模特，到了1918年2月，他们就经常出双入对地出入工作室。[13] 1923年5月初，韦斯顿一把火烧掉了自己最早的日志，所以现在就找不到他在天堂岛的生活经历，以及他与马瑟之间关系的描述了。[14]

不管马瑟究竟有多大的影响力，韦斯顿的摄影风格都会逐渐从画意摄影转向现代主义，因为他阅读过关于阿尔弗雷德·施蒂格利茨和保罗·斯特兰德的文章，深受两人创作风格的启发，并且在1917年还曾同他们的作品一起在费城参展。[15]据沃伦所称，从韦斯顿于1920年给马瑟拍摄的照片来看，"他曾经有几个月的时间反复徘徊和犹豫着，究竟要不要投入现代主义的怀抱。"[16] 1922年，韦斯顿前往纽约会见了施蒂格利茨、查尔斯·席勒（Charles Sheeler）和格特鲁德·卡斯贝尔（Gertrude Käsebier）等艺术家。韦斯顿去纽约就是为了向施蒂格利茨展示自己的作品，但他并没有拜倒在这位艺术家的光芒之下，甚至还认为自己的某些作品与这位大师的水平不相上下。[17]韦斯顿从纽约去芝加哥看望了家人之后，就创作了融合现代主义设计活力和象征主义元素的人物肖像。

1921年，韦斯顿与24岁的女演员蒂娜·莫多蒂发展出了一段私情。1922年初，莫多蒂前往墨西哥城与其合伙人、艺术家和诗人鲁贝·德·埃布里·里奇（Roubaix de l'Abrie Richey）会面，但她刚到达不久，后者就死于天花。该年3月，莫多蒂为里奇操办了他生前筹备的墨西哥艺术馆作品展，韦斯顿和马瑟的作品也在展览之列。这次展览大获成功，韦斯顿的个人作品也因此热卖，这也是他离开马瑟的天堂岛工作室，前往墨西哥的原因之一。莫多蒂要求韦斯顿教她摄影，她则负责为其经营在墨西哥城的工作室。[18] 1923年7月29日（韦斯顿与马瑟旧情复燃一周后），韦斯顿在13岁的儿子钱德勒的陪伴下，乘坐“SS科利马号”轮船前往墨西哥。

据他所称，尽管他于1923年10月在阿兹台克地区举办的作品展在墨西哥城引起了轰动，但仍然不得不接受工作室（位于卢塞恩街12号）的商业项目安排，这一点让他甚为不悦。[19]韦斯顿与莫多蒂除了拍摄人像摄影，还尝试了拍摄静物：他拍摄玩具和葫芦，而她则拍摄马蹄莲。[20] 1925年初，韦斯顿和钱德勒返回加州，留下莫多蒂照看工作室。但他马上又产生了返回墨西哥城的念头，这次随行的是13岁的儿子布雷特。[21]此时马瑟已被逐出了他们在天堂岛的工作室，韦斯顿也并没有与她联系，而是同朋友约翰·海格曼（Johan Hagemeyer）在旧金山举办了联合作品展。

韦斯顿和布雷特于1925年8月前往墨西哥，并在途中拍摄了自己最著名的一系列作品，其中包括一张陶瓷的坐便器照片《原谅》（*Excusado*，1925），以及“我最好的裸体集”（My finest set of nudes），后者的模特是人类学家安尼塔·布伦纳（Anita Brenner）。[22] 1926年4月或6月，布伦纳邀请韦斯顿为她的书籍《圣坛后的偶像》（*Idols behind Altars*，1929）拍摄插图。该年6月，韦斯顿、蒂娜和布雷特（当时也已经成为摄影师）三人开始了穿越墨西哥之旅。

1926年韦斯顿返回天堂岛时发现，因为被三段私情缠身，他根本无法尽情发挥创造力。当他遇到舞蹈家贝莎·沃德尔（Bertha Waddell）时，才再一次焕发艺术灵感。贝莎·沃德尔是他的模特，自然也不可避免地变成了他的情人。大约在此时，韦斯顿同艺术家亨丽埃塔·肖尔（Henrietta Shore）成了朋友，也许是从她使用的贝壳受到了启发，韦斯顿在自己的一系列新静物作品中也融入了这一元素。但也有人称，这个创意来自马瑟。[23]他最终转向现代主义是在1929年，当时他决定用光面相纸冲印照片。该年1月，他和布雷特返回了加州的卡梅尔，并在这里开始运用自己拍摄静物时掌握的技巧进行户外摄影。数月之后，桑娅·诺斯科亚克（Sonya Noskowiak）走进了他和布雷特的生活，后来就成了他有实无名的妻子，韦斯特也像对待几位前任一样向她传授摄影技巧。

1932年，韦斯顿第二次在旧金山的德扬博物馆举办了摄影作品展，这次展览主要是来自F64小组——其成员包括威拉德·范·戴克（Willard Van Dyke）、安塞尔·亚当斯和伊莫金·坎宁安等人——的作品，呈现了一种直接摄影的风格。这个团体的名称源于相机的最小光圈设置f/64，这种光圈设置能够清晰呈现拍摄对象的细节。他们利用这种摄影手法拍出了增强自然界神奇与神秘感的高清照片。虽然这个组织的寿命并不长，但它仍然是其成员职业生涯中的一个重要跳板。

1934年，韦斯顿与诺斯科亚克分手之后又马上遇到了一位年轻的女作家查莉丝·威尔逊（Charis Wilson）。韦斯顿离开卡梅尔，搬到了圣莫尼卡，和儿子布雷特以及威尔逊共同居住。韦斯顿在圣莫尼卡北部的欧神诺沙丘上拍摄了一系列查莉丝躺在沙地上的裸照，后来两人在1939年结为夫妻。1938年，韦斯顿成了首位获得古根海姆奖金的摄影师，他和查莉丝也搬到了卡梅尔高地，韦斯顿的儿子尼尔在此为他们建造了一幢房子。1941年，韦斯顿受托为沃尔特·惠特曼的《草叶集》（*Leaves of Grass*，初版在1855年发行）提供插图，他为了这个拍摄任务走了美国24个州。在二战快结束时，韦斯顿在纽约现代艺术博物馆举办了作品回顾展，并在此期间同查莉丝分手。1947年，他的摄影活动因为帕金森病而严重受限。

若要更全面地了解韦斯顿账簿所述内容的原貌，我们可能需要参照莫多蒂于1923年或1924年在墨西哥拍摄的韦斯顿肖像，其中之一曾在1990年出现于出版的账簿封面。从这些照片中可以看出，韦斯顿这位人像摄影大师自己入镜时，却呈现出了他给别人拍摄时所厌恶的种种非自然状态。他们在墨西哥当地一家人像摄影工作室拍照时，两人摆出

蒂娜在阿扎特，墨西哥，1923 年 4 月

已婚夫妇的造型，假装很欣赏摄影师的装饰、道具和技术。韦斯顿这个一本正经的人物，能伪造出一种看似坚持呈现真实性的风格，但他的所言所行却露了马脚，让我们由此察觉到他极力想掩饰的异样。

伊冯夫人（个人肖像），1940 年

伊冯夫人（Madame Yevonde）

1893—1975

不原创，毋宁死！

——伊冯夫人

伊冯·腓利门·坎伯斯（Yevonde Philone Cumbers）于1893年出生于伦敦南郊，是一个富庶而温馨的资产阶级之家的女子。她少年时颇有反叛精神，曾在学校接触了开明思想，后来加入了女子选举运动。她不愿意继续过着一眼望得到头的平凡生活，决定通过就业逃避婚姻和生育，并偶然间萌生了成为摄影师的念头，后来就真成了一流的社会和艺术摄影师，最著名的作品是20世纪30年代用Vivex上色处理冲印出来的照片。她深受超现实主义风格（尤其是曼·雷作品）的影响而创作的人物肖像、静物、人体及广告摄影等作品，均呈现了大胆用色及富有创造力的构图特点。

伊冯的父亲弗雷德里克·坎伯斯（Frederick Cumbers），是约翰斯通—坎伯斯印刷制造商的董事，母亲则是埃塞尔·韦斯特顿（Ethel Westerton），她还有一个妹妹维丽娜（Verena）。1899年，一家人从伦敦南部的斯特里汉姆搬到了肯特的布罗姆利。坎伯斯一家人将女儿们送到各种学校，但据伊冯所称，她对每个学校都不满意；可是请老师在家授课似乎也没有更好，她们的家庭女教师“身材高大，除了其中一位之外，其他全部都是白痴”。[1]直到14岁那年，伊冯才终于发现了一所适合自己的学校——萨里的一所进步的寄宿学校Lingholt。两年后，两姐妹被送到了比利时韦尔维耶的一所女修道院学校。伊冯再次发现这里的生活无聊至极，便要求搬到巴黎，和维丽娜在索邦大学就读，并寄宿在一个专供女学生居住的家庭里。1910年，伊冯参加了女子选举运动，之后大部分时间都在怂恿巴黎的女权运动者到伦敦参加游行示威。

伊冯在巴黎就读期间，学校老师曾要求她们为自己心目中的女英雄撰写一篇文章。伊冯选择的是玛丽·沃斯通克拉夫特（Mary Wollstonecraft）这名政治激进分子——曾在1792年发表作品《女权辩护》（*A Vindication of the Right of Woman*），但却受到了班上女教师的斥责。老师在课后问她为何要成为妇女参政论者，并建议她放弃这种“让女性失望和幻灭的念头”。而当伊冯反问为何有些女性会“失望和幻灭”时，老师的回答是：“因为从来没有男人爱她们。”[2]伊冯回到伦敦南部的家里时，意识到那些尊贵小姐参加聚会、跳舞和与人调情等养尊处优的生活并不适合她，她也并不认为成为妻子和母亲有何乐趣可言。她开始投入更多时间参加妇女选举运动：组织会议，发表演讲，沿街叫卖《女权运动者》（*The Suffragette*）这份报纸。但据她所称，因为害怕被送进监狱，没有采取更激进的行动。

伊冯决定外出就业，据她的自传所述，她曾经考虑过成为医生、建筑师、农夫、作家、演员或护士，但后来都被她否决了。她在《女权运动者》的广告上看到康奈尔工作室正在招收摄影师的学徒，她就去圣约翰伍德参加了面试，但最后考虑到这份工作需要出差远行就拒绝了。她改而去了伦敦梅菲尔区可胜街39a的查尔斯工作室，找到了当时一流的人像摄影师拉利·查尔斯（Lallie Charles），接受了3年的学徒工作。一开始她只是做一些诸如清点底片之类的杂活，但后来颇有进展，开始处理修版和固定支架等事项。1914年，这家工作室倒闭了，当时距离她完成学徒期只差6个月，可真正属于她的作品只有一张。伊冯决定离开这里，自己创办一家工作室。她在父亲的资金赞助下，收购了伦敦维多利亚街92号的一家工作室，从原来的业主手中购买了摄影器材，包括相机、站台和Dallmeyer 4a人像镜头。

“伊冯夫人”（这是她自称的艺名）最初是模仿查尔斯风格进行拍摄，但很快就形成了自己的风格，并用戏剧灯光投射在暗色背景上，在墨色的相纸上冲印出更丰满典型的效果。与查尔斯一样，她的客户也多是女性。从1914年开始，伊冯的人像摄影开始经常刊登在《闲谈者》（*Tatler*）、《旁观者》（*Bystander*）、《素描》（*The Sketch*）及其他社会杂志和报纸上。1916年，她暂时放弃了工作室的业务，在一家乳牛场当“二把手”。伊冯对这份工作的薪水甚为不满：“农场主每周只给我15先令……”[3]看到女儿日渐消瘦、闷

琼·莫德（Joan Maude），1932 年

闷不乐，弗雷德里克·坎伯斯认为伊冯继续在此逗留简直就是在“受罪”，还不如回自己的工作室。[4]因为与农场主口角不断，加上自己的健康状况不佳，她最终选择回到了伦敦。

伊冯后来还是结婚了，把少年时所谓的自我牺牲精神献给了丈夫埃德加·米德尔顿（Edgar Middleton）——记者、剧作家和后来的自由主义政治家，曾在1935年出版自传《我本可以成功》（*I Might Have Been a Success*）。他们在1920年度蜜月时，米德尔顿告诉妻子，他并不想要孩子。她在之后的回忆中表示，此事完全出乎她的意料，于是又做出了一个自我牺牲的决定——放弃自己的工作在家当全职太太，但米德尔顿否定了这个想法，所以伊冯还是找了一份全职工作。可回家时屋子里总是空无一人，因为米德尔顿每天都要在《威斯敏斯特公报》（*Westminster Gazette*）工作到晚上10点左右才会回家，而且每周大部分时间都在撰写自己的剧本。1927年，他的首部戏剧《波提乏之妻》（*Potiphar's Wife*）在伦敦的地球剧院上演并获得成功。但据其妻所称，米德尔顿因为投资不理性，把编剧赚来的钱拿到股市打了水漂。伊冯在自传中回忆：“当时我们多么快乐、年轻和自由啊！”[5]但她对自己婚姻的描述则表明，她可能也遭遇了“失望和幻灭”。

1921年，伊冯搬到了维多利亚街100号一间更大的工作室。同年，她成了职业摄影师协会首位出席国会的女性。她发表的演讲主题是“从女性角度看人像摄影”，并分享了她“访问伦敦所有女性摄影师”的研究结果。[6]她宣称女性比男性更适合从事人像摄影，原因就在于女性更具“个性、机智、耐心和直觉”等方面的天赋，但她的演讲内容发表在《英国摄影杂志》上时曾引起了小规模的争论。[7]后来，她于1936年在巴黎举办的商务与职业女性国际联盟大会上再次发表演讲，并提出“当今女性在摄影界的影响力，超越了现代生活的其他任何一个阶段”。[8]

从20年代开始，伊冯拍摄了不少富有创意的人像作品以及商业人物肖像。其中的典型包括1921—1922年和1923—1924年刊登在社会杂志《年度黑影照片》（*Photograms of the Year*），以及出现在一流摄影展览中的作品。她为Eno's Fruit Salts品牌拍摄的一系列广告图片也相当有名，这一系列作品曾刊登在1925年的《旁观者》中，不过她最具知名度的摄影作品多集中在30年代。她在这个时期曾采用D.A.斯潘塞（D.A.Spencer）博士的Vivex上色处理方法，在自己早期黑白照片的基础上，通过分期和照明处理技巧，创作出充满生机活力的人像和静物作品。

1932年，伊冯在伦敦萨克维尔街的阿尔巴尼画廊举办了个人作品展，据称这是英国首个含有彩色人物肖像照片的摄影展。次年，她搬到了梅菲尔区的伯克利广场28号的新工作室，并于1935年展示了著名的“女神和其他人”系列照片。1935年3月5日在克拉里奇举办的义卖活动中（目的是支持伦敦盲人基金会），她从那些社会女性所捐献的服装中获得了拍摄这一系列照片的灵感。这组照片呈现了超现实主义的人物肖像，其中道具包括一具被塞满的牛头、一条橡胶蛇和一把手枪。而镜头下的这些现代人物则变成了古希腊和古罗马的女神化身，比如亚历山大·黑格（Alexandra Haig）、布赖恩·吉尼斯（Bryan Guinness）、安东尼·伊甸（Anthony Eden）、布里奇特·波利特（Bridget Poulett）和惠灵顿公爵夫人（The Duchess of Wellington）等。

伊冯是在彩照还不为人重视的时期，开始全身心投入彩色摄影的，并以高度的热情和信念向世人推广彩照。她的“女神”系列中有不少照片被《时代》杂志誉为“目前最直接的彩色摄影作品之一”。[9] 1937年，她乘坐轮船“玛丽皇后号”时，为《财富》杂志拍摄的两个系列作品进入了纽约现代艺术博物馆的“1839—1937年摄影展”。1940年，她因彩色摄影成果而被提名为皇家摄影学会成员。同年，伊冯出版了她坦率而不加粉饰的自传《相机中的世界》（*In Camera*），并拍摄了她最后一幅彩色作品——一张自嘲式的个人肖像。照片中的她一头黑发，举着“女神”系列中的一张底片。因为二战爆发时Vivex工厂关闭，她的彩色摄影创作也被迫中止。

埃德加·米德尔顿于1939年逝世，结束了这段19年的婚姻。他过世后，伊冯从他们在内殿的公寓，搬到了皮米里科的多尔芬广场，并在战争期间又搬到了萨里的法纳姆，以便躲避炮弹轰炸。战争结束之后，她就搬回了伦敦的肯辛顿，1955年又将工作室迁到骑士桥的特雷弗街16a。在50至60年代期间，伊冯重新拍摄了著名画家、演员和作家的黑白照片，并抓住机会展示自己的作品。她还试验了对比度和阴影效果，这种暗室操作技巧可以创作出具有鲜明对比和色差的风格化效果。1964年，71岁的伊冯前往埃塞俄比亚为这个国家及其国王海尔·塞拉西（Haile Selassie）拍摄照片。1973年，皇家摄影学会举办了一场个人摄影作品展，庆祝伊冯进入人像摄影界60周年。1975年，伊冯在撰写第二部自传期间去世。

伊冯的内心其实是个怀有崇高自我牺牲精神的浪漫主义小孩，但她在自传中却表示自己已经“在日常生活的压力下”变成了一个现实主义者。[10]从她的政治理念和摄影生涯来看，她其实是个轻微的女权主义者和精英主义分子，但她最重要的身份还是社会摄影师和妻子。尽管如此，她还是在自传中表明自己反对一切形式的伪善和传统观念。在埃德加死后，她表示自己很庆幸丈夫当初没有同意她放弃事业，并这样总结道：“如果必须在婚姻和事业间做出选择，我选择事业，但我永远不会放弃女性的身份。”[11]

安米尔班克小姐扮演亚马逊皇后——彭忒西勒亚，选自“女神”系列，1935 年

注　释

引　言

1. 马伦·斯坦格在 *Paul Strand:Essays on His Life and Work*（纽约，1990 年），第 86 页中提到，比琳达·拉思伯恩的 *Portrait of a Marriage:Paul Strand' s Photographs of Rebecca*，引用了阿尔弗雷德·施蒂格利茨于 1933 年 12 月 22 日写给瑞贝卡·斯特兰德的一封信。
2. 据比琳达·拉思伯恩所述，她历时 5 年调查和撰写沃克·埃文斯的传记（比琳达·拉思伯恩，*Walker Evans:A Biography*，波士顿 / 纽约，1995 年）。

亚当斯

题词：安塞尔·亚当斯，1973 年，出自安妮·哈蒙德所著的 *Ansel Adams:Divine Performance*（康涅狄格州纽黑文 / 伦敦，2002 年），第 138 页。

1. 安塞尔·亚当斯著：*Ansel Adams:An Autobiography*（1985 年），玛丽·斯特里特·亚林德也参与撰写了其传记 *Ansel Adams:An Autobiography*（波士顿，1986 年），第 4 页。
2. 同上，第 11 页。
3. 同上，第 49 页。
4. 阿尔弗雷德·施蒂格利茨与安塞尔·亚当斯的通信，详见 *Ansel Adams:Letter,1916—1984*（1988 年），该书由玛丽·斯特里特·亚林德与安德里亚·格雷·斯蒂尔曼编辑（马萨诸塞州波士顿 / 伦敦，2001 年），第 129 页。
5. 详见 *Ansel Adams:An Autobiography*，第 9 页。
6. 同上，第 23 页。
7. 同上，第 50 页。
8. 同上，第 54 页。
9. 同上。
10. 详见 *Ansel Adams:Letter,*1916—1984，第 26 页。
11. 详见 *Ansel Adams:An Autobiography*，第 109 页。
12. 同上，第 110 页。
13. 同上，第 76 页。
14. 出自哈蒙德在 *Ansel Adams:Divine Performance* 第 94 页所引述的安塞尔·亚当斯言论。
15. 出自约翰·扎科夫斯基在 *Ansel Adams at 100* 展览作品集（旧金山现代艺术博物馆，2001—2002 年）第 39 页，引自的安塞尔·亚当斯言论。
16. 见 *Ansel Adams:An Autobiography*，第 110 页。f/64 是指用大画幅照相机的最小孔径来摄影的手法，它拍出来的照片从前景到远景都会呈现同样清晰绚丽的画质。
17. 语出安塞尔·亚当斯，引自哈蒙德 *Ansel Adams:Divine Performance*，第 80 页。
18. *Ansel Adams:Letter,*1916—1984，第 128 页。
19. *Ansel Adams:An Autobiography*，第 263 页。
20. 扎科夫斯基著 *Ansel Adams at 100*。
21. 哈蒙德著 *Ansel Adams:Divine Performance*。
22. *Ansel Adams:An Autobiography*，第 90 页。

阿尔瓦雷斯·布拉沃

题词：曼纽尔·阿尔瓦雷斯·布拉沃，1971 年，引自劳拉·冈萨雷斯·弗洛里斯所著的 *Manuel Álvarez Bravo: Syllables of Light*，以及劳拉·冈萨雷斯·弗洛里斯与热拉尔多·莫斯克拉合著的 *Manuel Álvarez Bravo* 作品集（巴黎，法德波姆 / 马德里，曼弗雷德基金会，2012—2013），第 32 页。

1. 语出奥克塔维奥·帕斯，引自吉列尔莫·谢里丹 *The Eyes in His Eyes:Manuel Álvarez Bravo*，引自罗斯·肖莎娜编辑的 *Manuel Álvarez Bravo: Ojos en los ojos-The Eyes in His Eyes* 展览作品集（罗斯画廊，加州圣莫妮卡，2007 年）。
2. 尼桑·N. 佩雷斯著 *Dreams-Visions-Metaphors:Coversations with Don Manuel*，引自尼桑·N. 佩雷斯与伊恩·杰弗里的 *Dreams-Visions-Metaphors:The Photographs of Manuel Álvarez Bravo* 展览作品集（耶路撒冷，以色列博物馆，1983 年）。
3. 同上，第 7 页。
4. 语出曼纽尔·阿尔瓦雷斯·布拉沃，引自苏珊·基斯麦瑞克的 *Manuel Álvarez Bravo* 展览作品集（纽约现代艺术博物馆，1997 年），第 13 页。
5. 同上，第 14 页。
6. 苏珊·基斯麦瑞克著 *Manuel Álvarez Bravo*，第 14 页。
7. 语出曼纽尔·阿尔瓦雷斯·布拉沃，引用来源同上，第 12 页。
8. 语出曼纽尔·阿尔瓦雷斯·布拉沃，引自弗洛雷斯的 *Manuel Álvarez Bravo*，第 19 页。
9. 罗伯特·特哈达著 *Equivocal Documents*，引自弗洛雷斯与莫斯克拉的 *Manuel Álvarez Bravo*，第 46 页。
10. 语出曼纽尔·阿尔瓦雷斯·布拉沃，引自 *El Soñador*（1931 年）中的描述，*The Collection Online*，www.metmuseum.org（2014 年 3 月访问）。
11. 语出曼纽尔·阿尔瓦雷斯·布拉沃，引自基斯麦瑞克的 *Manuel Álvarez Bravo*，第 37 页。
12. 语出安德烈·布列塔，引自热拉尔多·莫斯克拉的 *I accept what is to be seen*，弗洛雷斯与莫斯克拉的 *Manuel Álvarez Bravo*，第 36 页。
13. 语出曼纽尔·阿尔瓦雷斯·布拉沃，引自基斯麦瑞克的 *Manuel Álvarez Bravo*，第 36 页。
14. 弗洛雷斯著 *Manuel Álvarez Bravo*，第 31 页。
15. 阿曼达·霍普金森著 *Manuel Álvarez Bravo*（伦敦，2002 年），第 3 页。
16. 莫斯克拉著 *I accept what is to be seen*，第 34 页。
17. 基斯麦瑞克著 *Manuel Álvarez Bravo*，第 12 页。
18. 佩雷斯著 *Dreams-Visions-Metaphors:-Coversations with Don Manuel*，第 7 页。

阿勃丝

题词：黛安·阿勃丝，引自杜恩·阿勃丝与马文·以色列编辑和设计的 *Diane Arbus*（纽约，1972 年），第 15 页。

1. 黛安·阿勃丝，引自伊丽莎白·萨斯曼和杜恩·阿勃丝的 *A Chronology*，桑德拉 S. 菲利普斯等著 *Diane Arbus:Revelations*（纽约，2003 年），第 144 页。
2. 帕特里克·博斯沃思著 *Diane Arbus:A Biography*（伦敦，1985 年），第 9 页。
3. 苏斯曼和阿勃丝著 *A Chronology*，第 123 页。
4. 黛安·阿勃丝著 *Autobiography*，高校作业，1940 年，重制版本见苏斯曼和阿勃丝著 *A Chronology*，第 127 页。
5. 黛安·阿勃丝，引自苏斯曼和阿勃丝的 *A Chronology*，第 124 页。
6. 同上，第 127 页。
7. 同上，第 124 页。
8. 苏斯曼和阿勃丝著 *A Chronology*，第 123 页。
9. 黛安·阿勃丝，同上，第 125 页。
10. 苏斯曼和阿勃丝著 *A Chronology*，第 127 页。
11. 同上，第 129 页。
12. 黛安·阿勃丝，同上，第 130 页。
13. 同上。
14. 艾伦·阿勃丝，引自苏斯曼和阿勃丝著 *A Chronology*，第 131 页。
15. 黛安·阿勃丝，引自 *Diane Arbus*，第 8—9 页。
16. 同上，第 3 页。
17. 苏珊·桑塔格著 *On Photography*（1977 年，伦敦，2008 年版）中的文章 “America,Seen through Photographs,Darkly”。

18. 菲利浦·克瑞尔著 *History of Photography*, 卷 36, 编号 4（2012 年 11 月）第 434 页中的文章 “On Diane Arbus:Establishing a Revisionist Framework of Analysis”。
19. 黛安·阿勃丝，引自苏斯曼和阿勃丝著 *A Chronology*, 第 176 页。
20. 黛安·阿勃丝，引自菲利浦斯等著 *Revelations*, 第 70 页。

阿杰特

题词：尤金·阿杰特，1926 年，曼·雷曾在保罗·希尔和托马斯·库珀为 *Camera* 杂志（1975 年 2 月）撰写的文章 “Interview:Man Ray” 中引用此话，该文重印版本详见保罗·希尔和托马斯·库珀的 *Dialogue with Photography*（初版 1979 年，斯托克波特，2005 年），第 23 页。
1. 皮埃尔·西尔维·布尔汉，“Atget, the Posthumous Pioneer”,引自珍-克劳德·勒格玛尼等编著 *Atget:The Pioneer* 展览作品集(巴黎 Hôtel de Sully/ 国际摄影中心，纽约，2000—2001 年），第 7 页。
2. 西尔维·奥伯纳和纪尧姆·勒加尔著 *Atget:une rétrospective* 展览作品集(巴黎，法国国家图书馆 / 柏林，马丁-格罗皮乌斯-巴乌，2007—2008 年），第 37 页。
3. 勒格玛尼等编著 *Atget:The Pioneer*, 第 185 页。
4. 贝伦尼斯·阿博特著 *The World of Atget*（1964 年），纽约，1974 年版，第 14 页。
5. 见题词。
6. 曼·雷，引自希尔与库珀的 “Interview”，第 23 页。
7. 皮埃尔·马克·奥伦在尤金·阿杰特的 *Arget:photographe de Paris*（1930 年）一书的 “序言”，纽约，2008 年版。
8. 以马内利·苏格兹，引自布尔汉著 *Posthumous Pioneer*, 第 7 页。
9. 沃尔特·本杰明著 *The Work of Art in the Age of Mechanical Reproduction*（1936 年）第 6 章，访问网址 www.marxists.org/reference/subject/philosophy/works/ge/benjamin.htm（访问时间 2014 年 11 月）。
10. 安德烈亚斯·克拉斯著 *Archive of Visions-Inventory of Things*: *Eugène Atget*, 该文收录于汉斯·克里斯汀·亚当著 *Eugène Atget, Paris 1857—1927*, 科隆 / 伦敦，2000 年版，第 87 页。
11. 阿博特著 *The World of Atget*, 第 14 页。
12. 同上，第 20 页。
13. 尤金·阿杰特，引自勒格玛尼等编著 *Atget:The Pioneer*, 第 186 页。
14. 阿比盖尔·所罗门-戈多，引自 *Photography at the Dock:Essays on Photographic History,Institutions,and Practices*（明尼阿波利斯，1991 年）第 29 页的文章 “Cannon Fodder:Authoring Eugène Atget”。
15. 阿博特著 *The World of Atget*, 第 9 页。
16. 同上，第 8 页。

艾夫登

题词：理查德·艾夫登著 *An Autobiography*, 伦敦，1993 年。
1. 亚当·哥尼特的文章 ‘*The Light Writer*’，引自玛丽·沙那汉著 *Evidence,1944-1994:Richard Avedon*（展览作品集（惠特尼美国艺术博物馆，纽约，1994 年 3—6 月）第 107 页中的文章 *The Light Writer*。
2. 理查德·艾夫登，引自哥尼特著 *The Light Writer*, 第 107 页。
3. 引用同上。
4. 哥尼特著 *The Light Writer*, 第 108 页。
5. 戴维·安森，《新闻周刊》（1993 年 9 月 13 日）中的文章 “Avedon”，网址 www.newsweek.com/avedon-192914（2014 年 9 月访问）。
6. 哥尼特著 *The Light Writer*, 第 111 页。
7. 理查德·艾夫登，引自哥尼特著 *The Light Writer*, 第 112 页。
8. 沙那汉编辑的 *Evidence*, 第 107 页。
9. 卡罗·斯奎尔著 ‘*Let' s Call it Fashion' :Richard Avedon at Harper' s Bazaar*, 详见卡罗·斯奎尔和文斯·阿雷提所编 *Avedon Fashion,1944-2000:The Definitive Collection* 展览作品集(纽约，国际摄影中心，2009 年 5—9 月），第 157 页。
10. 同上。
11. 同上，第 158 页。
12. 同上，第 159 页。
13. 斯奎尔著 *Let's Call it Fashion*,第 172 页。
14. 理查德·艾夫登，引自安森著 *Avedon*。
15. 斯奎尔著 *Let's Call it Fashion*,第 170 页。
16. 理查德·艾夫登，引自安森著 *Avedon*。
17. 理查德·艾夫登，引自斯奎尔著 *Let' s Call it Fashion*, 第 181 页。
18. 文斯·阿雷提著，引自斯奎尔和阿雷提著的 *Avedon Fashion* 第 265 页中的文章 “In *Vogue* and After”。
19. 同上，第 272 页。

伯克-怀特

题词：玛格丽特·伯克-怀特，1927 年 12 月 6 日的日记，引自韦基·戈德堡著 *Margaret Bourke-White:A Biography*, 伦敦，1987 年，第 77 页。
1. 玛格丽特·伯克-怀特著 *Portrait of Myself*, 伦敦，1964 年。
2. 见题词注释。
3. 约瑟夫·怀特，引自戈德堡著 *Margaret Bourke-White:A Biography*, 第 1 页。
4. 同上，第 9 页、第 23 页。
5. 同上，第 24 页。
6. 同上，第 32 页。
7. 玛格丽特·伯克-怀特著 *Portrait of Myself*, 第 28 页。
8. 戈德堡著 *Margaret Bourke-White:A Biography*, 第 127 页。
9. 编者注，语出《生活》杂志（1936 年 11 月 23 日），同上，第 177 页。
10. 戈德堡著 *Margaret Bourke-White:A Biography*, 第 194 页。

勃兰特

题词：比尔·勃兰特著 *A Statement*（1970 年），引自尼格尔·瓦布顿著 *Bill Brandt*: *Selected Texts and Bibliography*, 牛津，1993 年，第 32 页。
1. 保罗·德拉尼著 *Bill Brandt:A Life*, 伦敦，2004 年，第 24 页。
2. 同上，第 29 页。
3. 勃兰特著 *A Statement*, 第 29 页。
4. 比尔·杰伊和尼格尔·瓦布顿著 *Brandt:The Photography of Bill Brandt* 展览作品集（1999 年在伦敦巴比肯艺术画廊展出，此后进入巡展），第 80 页。
5. 比尔·勃兰特，引自瓦布顿著 *Bill Brandt*: *Selected Texts and Bibliography*, 第 6 页。
6. 比尔·勃兰特著 “Pictures by Night”(1952 年），引自瓦布顿著 *Bill Brandt*: *Selected Texts and Bibliography*, 第 41 页。
7. 勃兰特著 *A Statement*, 第 31 页。
8. 同上，第 32 页。
9. 查普曼·莫蒂默在比尔·勃兰特著 *Perspective of Nudes*（伦敦，1961 年）第 11 页的 “引言”。
10. 比尔·勃兰特著 *Camera in London*（伦敦，1948 年），第 11 页。
11. 勃兰特著 *A Statement*, 第 30 页。
12. 比尔·勃兰特 1978 年 5 月 30 日致诺曼·霍尔遗孀的书信，现被私人收藏。
13. 德拉尼著 *Bill Brandt:A Life*, 第 216 页。
14. 比尔·勃兰特，同上，第 272 页。
15. 勃兰特著 *Camera in London*,第 10 页。
16. 比尔·勃兰特，引自杰伊和瓦布顿著 *Brandt:The Photography of Bill Brandt*, 第 91 页。

布拉塞

题词：布拉塞著 *Brassaï*, 巴黎，1952 年。
1. 布拉塞著 *Letters to My Parents* 中的 “前言”（1978 年），由皮特·莱基和巴尔纳·埃特翻译，芝加哥 / 伦敦，1997 年。
2. 布拉塞著 *Letters to My Parents*,第 11 页、第 250 页。
3. 同上，第 33 页。
4. 同上，第 11 页。
5. 布拉塞著 *Brassaï*, 名词短语。
6. 乔治·D. 佩因特，引自安妮·威尔克斯·塔克著 *Education of a Young Artist*, 该文收录于布拉塞的 *Letters to My Parents*, 第 247 页。
7. 布拉塞著 *Letters to My Parents*, 第 133 页。
8. 布拉塞著 *Brassaï* 中的前言，第 17 页。
9. 引自安道尔·霍瓦特著 *Hallway to Par-*

nassus（1980 年），该文收录于布拉塞的 *Letters to My Parents*，第 231 页。
10. 布拉塞著 *Brassaï*，名词短语。
11. 布拉塞著 *Brassaï* 中的前言，第 14 页。
12. 阿兰·萨亚格和安霓可·莱昂内尔－玛丽著 *Brassaï: 'No Ordinary Eyes'* 展览作品集（伦敦海沃德画廊，2001 年），第 171 页。
13. 布拉塞著 *Letters to My Parents*，第 223 页。
14. 同上，第 221 页。
15. 黛安·伊丽莎白·波里尔著 *Brassaï:An Illustrated Biography*，詹妮弗·卡库翻译，巴黎 / 伦敦，2005 年，第 154 页。
16. 萨亚格和莱昂内尔－玛丽著 *Brassaï: 'No Ordinary Eyes'*，第 285 页。

卡 恩

题词：克劳德·卡恩著 *Disavowals* 或 *Cancelled Confessions*，苏珊·德穆斯翻译，伦敦，2007 年，第 183 页（初版于 1930 年，原名为 *Aveux non avenus*）。
1. 安德烈·布列塔，引自加文·詹姆斯·鲍尔著 *Claude Cahun:The Soldier with No Name*，温彻斯特，2013 年，第 22 页。
2. 鲍尔著 *Claude Cahun:The Soldier with No Name*，第 5 页。
3. 同上，第 8 页。
4. 卡恩著 *Disavowals*，第 6 页。
5. 克里斯廷·冯·欧森著 *The Lives of Claude Cahun and Marcel Moore*，引自路易丝·唐尼著 *Don' t Kiss Me:The Art of Claude Cahun and Marcel Moore*，伦敦 / 泽西，2006 年，第 15 页。
6. 鲍尔著 *Claude Cahun:The Soldier with No Name*，第 25 页。
7. 同上，第 28 页。
8. 胡安·韦森特·阿利亚加、弗朗西斯·勒彼里耶整理的 *Claude Cahun* 展览作品集（巴黎，法德波姆，2011 年 5—9 月，之后进入巡展），第 70 页。

卡梅伦

题词：朱莉娅·玛格丽特·卡梅伦 1864 年 12 月 31 日致约翰·赫歇尔的书信，现存于英国布拉德福德的国家媒体博物馆。
1. 艾格尼丝·格蕾丝·韦尔德著 *Glimpses of Tennyson and of some of His Relations and Friends*，伦敦，1903 年，第 65 页。
2. 艾丽丝·泰勒著，引自亨利·泰勒的 *Autobiography*，伦敦，1877 年，第 2 卷，第 39 页。
3. 威尔弗雷德·瓦尔德著 *The Dublin Review*（1912 年 1 月）第 68 页中的文章 "Tennyson at Freshwater"。
4. 朱莉娅·玛格丽特·卡梅伦致约翰·赫歇尔的书信（日期不详），现存于伦敦皇家协会。
5. 朱莉娅·玛格丽特·卡梅伦回忆录手稿 *Annals of My Class House*（1874 年），现存于英国约克郡布拉德福德的国家媒体博物馆。
6. 朱莉娅·玛格丽特·卡梅伦 1878 年 2 月 5 日致玛丽亚·杰克逊的书信，现存于纽约公共图书馆。
7. 韦尔德著 *Glimpses of Tennyson*，第 65 页。
8. 劳拉·特鲁布里奇著 *Memories and Reflections*，伦敦，1925 年，第 34—35 页。
9. 艾丽丝·泰勒著，引自亨利·泰勒的 *Autobiography*，第 2 卷，第 153 页。
10. A.T. 里奇著 *Alfred,Lord Tennyson and His Friends*，伦敦，1893 年，第 14 页。
11. 乔治·弗雷德里克·瓦特 1859 年 9 月 15 日致亨利·泰勒的书信，现存于伦敦国家肖像馆。
12. A.T. 里奇著 *Thackeray' s Daughter:Some Recollections of Anne Thackeray Ritchie*，海丝特·萨克莱富勒、维奥莱特·哈默斯利编撰，都柏林，1951 年，第 116 页。
13. 朱莉娅·玛格丽特·卡梅伦著 *Victorian Portraits of Famous Men and Fair Women*，由弗吉尼亚·伍尔夫和罗杰·弗里作序，伦敦，1926 年。

卡 帕

题词：罗伯特·卡帕，引自亚历克斯·克肖著 *Blood and Champagne:The Life and Times of Robert Capa*，伦敦，2002 年，第 5 页。
1. 理查德·惠朗著 *Robert Capa:A Biography*，伦敦 / 波士顿，1985 年，第 4 页。
2. 同上，第 8—9 页。
3. 同上，第 19 页。
4. 同上，第 21 页。
5. 克肖著 *Blood and Champagne*，第 13 页。
6. 惠朗著 *Robert Capa:A Biography*，第 47 页。
7. 同上，第 49 页。
8. 克肖著 *Blood and Champagne*，第 13 页。
9. 鲍勃·卡帕分享海外摄影经历，工作日晨间广播节目 *Hi Jinx* 中的访谈，WEAF，1947 年 10 月 20 日，网址：www.icp.org/robert-capa-100（2014 年 8 月访问）。
10. 伯纳德·勒布伦、米歇尔·列斐伏尔、伯纳德·马修西瑞编著 *Robert Capa:The Paris Years,1933—1954*，尼古拉斯·艾略特翻译，纽约，2012 年，第 108 页。
11. 同上，第 6 页。
12. A.D. 科尔曼著，见 Photocritic International（博客）文章 Robert Capa on D-Day，2014 年 6—12 月，www.nearbycafe.com/artandphoto/photocritic/major-stories/robert-capa-on-d-day（2015 年 1 月访问）。
13. 惠朗著 *Robert Capa:A Biography*，第 270—271 页。
14. 克肖著 *Blood and Champagne*，第 6 页。
15. 同上，第 74 页。

卡蒂埃－布列松

题词：亨利·卡蒂埃－布列松著 *La Photographie et une intelligence*，引自伊夫·布尔代在 *Photo*（1968 年 12 月 15 日，第 95 页）中的文章 'L'Univers noir et blanc d'Henri Cartier-Bresson'。
1. 克劳德·库克曼著 *Henri Cartier-Bresson,Master of Photographic Reportage*，引自菲利浦·阿尔巴扎等编著 *Henri Cartier-Bresson:The Man,the Image and the World-A Retrospective*，伦敦，2003 年。
2. 引自 *Henri Cartier-Bresson:The Impassioned Eye*，海因茨·布特勒，亨利·卡蒂埃－布列松基金会等编撰，2003 年。
3. 珍·莱马里著 *A Passion for Drawing*，引自阿尔巴扎等编著 *Henri Cartier-Bresson*，第 325 页。
4. 皮埃尔·阿苏利纳著 *Henri Cartier-Bresson:A Biography*（伦敦，2012 年），第 21 页。
5. 亨利·卡蒂埃－布列松著 *Images à la sauvette*（巴黎，1952 年），作者从法语翻译成了英语。
6. 克莱蒙·克罗克斯著 *Henri Cartier-Bresson: Here and Now* 展览作品集（巴黎，蓬皮杜中心，2014 年 2—6 月），第 19 页。
7. 艾格尼丝·塞任著 *Scrapbook Stories*，引自马丁·弗兰克等编撰 *Henri Cartier-Bresson: Scrapbook-Photographs* 1932—1946 展览作品集（巴黎，亨利·卡蒂埃－布列松基金会 / 纽约，国际摄影中心，2006—2007 年），第 27 页。
8. 克罗克斯著 *Henri Cartier-Bresson: Here and Now*，第 22 页。
9. 同上，第 23 页。
10. 安德烈·皮埃尔·德芒迪亚格著，引自皮特·盖洛斯著 *Henri Cartier-Bresson: The Modern Century* 展览作品集（纽约现代艺术博物馆，2010 年 4—6 月，之后进入巡展），第 25 页。
11. 引自库克曼著 *Henri Cartier-Bresson,Master of Photographic Reportage*，第 393—394 页。
12. 杜鲁门·卡波特著，引自塞任的 *Scrapbook Stories*，第 21 页。
13. 亨利·卡蒂埃－布列松著 *The Decisive Momen*，纽约，1952 年。
14. 克罗克斯著 *Henri Cartier-Bresson: Here and Now*，第 219 页。

迪卡罗瓦

题词：罗伊·迪卡罗瓦，引自埃尔顿·C. 法克斯著 *Seventeen Black Artists*，纽约，1971 年，第 187 页。
1. 同上，第 168 页。
2. 皮特·盖洛斯和谢里·特纳·迪卡罗瓦著 *Roy DeCarava: A Retrospective* 展览作品集（纽约现代艺术博物馆，1996 年 1—5 月，之后进入巡展），第 12 页。
3. 罗伊·迪卡罗瓦，美国国家公共广播的 *Fresh Air* 节目采访特里·格罗斯，华盛顿特区，1996 年 5 月 8 日。
4. 罗伊·迪卡罗瓦，引自法克斯著 *Seven-*

teen Black Artists，第 176 页。
5. 盖洛斯和特纳·迪卡罗瓦著 *Roy DeCarava: A Retrospective*，第 18 页。
6. 同上，第 19 页。
7. 罗伊·迪卡罗瓦著，引自艾弗·米勒在 *Callaloo* 第 13 卷，编号 4，1990 年秋第 847 页中的文章“ ‘*If It Hasn' t Been One of Color*”：*An Interview with Roy DeCarava*’。
8. 本杰明·布罗尔著 *Blue Notes in Black and White: Photography and Jazz*，芝加哥 / 伦敦，2011 年，第 221 页。
9. 罗伊·迪卡罗瓦著，引自法克斯著 *Seventeen Black Artists*，第 184 页。
10. 布罗尔著 *Blue Notes in Black and White*，第 242 页。
11.11. 罗伊·迪卡罗瓦，引自法克斯著 *Seventeen Black Artists*，第 186 页。
12. 罗伊·迪卡罗瓦著，引自 *Conversations with Roy DeCarava*，卡罗尔·帕罗特·布卢导演，WNET-TV/PBS，1983 年。

道奇森

题词：查尔斯·路特维奇·道奇森 1872 年 3 月 7 日的日记，其他引自道奇森日记的内容，详见爱德华·沃克林著 *Lewis Carroll' s Diaries:The Private Journals of Charles Lutwidge Dodgson*（*Lewis Carroll*），第 10 卷，卢顿，1993—2007。
1. 罗杰·泰勒和爱德华·沃克林著 *Lewis Carroll,Photographer:The Princeton University Library Albums*，普林斯顿 / 牛津，2002 年，第 240 页。
2. 道奇森日记，1855 年 8 月 27 日。
3. 泰勒和沃克林著 *Lewis Carroll:A Biography*，第 13 页。
4. 道奇森日记，1856 年 1 月 16 日。
5. 查尔斯·路特维奇·道奇森 1885 年 3 月 1 日致艾丽丝·哈格里夫的书信，引自莫顿 N. 科恩著 *Lewis Carroll:A Biography*，伦敦，1995 年，第 101 页。
6. 道奇森日记，1863 年 6 月 27 日。
7. 同上，1855 年 8 月 4 日。
8. 凯瑟琳·罗伯森著 *Men in Wonderland:The Lost Girlhood of the Victorian Gentleman*，普林斯顿 / 牛津，2001 年。
9. 道奇森日记，1880 年 5 月 29 日。
10. 查尔斯·路特维奇·道奇森 1881 年 12 月 8 日致亨特夫人的书信，引自沃克林编 *Diaries*，2003 年，第 7 卷，第 280 页、第 511 页。
11. 查尔斯·路特维奇·道奇森 1881 年致亨德森夫人的书信，引自科恩著 *Lewis Carroll:A Biography*，第 168 页。

杜瓦诺

题词：罗伯特·杜瓦诺，*Doisneau: Portrait of the Artists*，巴黎 / 伦敦，2008 年，第 9 页。
1. 罗伯特·杜瓦诺，引自皮特·汉密尔顿著 *Robert Doisneau:A Photographer' s Life*，纽约 / 伦敦，1995 年，第 180 页。
2. 罗伯特·杜瓦诺，引自艾格尼丝·塞任、珍－弗朗西斯·谢弗里耶著 *Robert Doisneau:From Craft to Art*，哥廷根，第 24 页。
3. 同上，第 21 页。
4. 汉密尔顿著 *Robert Doisneau:A Photographer's Life*，第 26 页。
5. 引用同上。
6. 罗伯特·杜瓦诺，引自塞任和谢弗里耶著 *Robert Doisneau:From Craft to Art*，第 18 页。
7. 汉密尔顿著 *Robert Doisneau:A Photographer' s Life*，第 50 页。
8. 同上，第 46 页。
9. 同上，第 62 页。
10. 同上，第 70 页。
11. 同上，第 92 页。
12. 埃德蒙达·查尔斯－鲁，同上，第 226 页。
13. 罗伯特·杜瓦诺，引自凯特·布什和马克·司拉登著 *In the Face of History: European photographers in the Twentieth Century* 展览作品集（伦敦巴比肯艺术馆，2006—2007 年），第 229 页。
14. 引用同上。
15. 汉密尔顿著 *Robert Doisneau:A Photographer' s Life*，第 338 页。
16. 同上，第 234 页。

爱默生

题词：P.H. 爱默生，*Photography: A Pictorial Art*，引自 *Amateur Photographer*，第 3 卷，编号 76，1886 年 3 月 19 日，第 139 页。
1. 史蒂芬·海德著，引自约翰·泰勒著 *The Old Order and the New:P.H.Emerson and Photography,*1885—1895 展览作品集（布拉德福德，国家摄影、电影和电视博物馆 / 洛杉矶，J. 保罗·盖蒂博物馆，2006—2007，第 12 页。
2. P.H. 爱默生著 *Caóba,the Guerilla Chief:A Real Romance of the Cuban Rebellion*，伦敦，1897 年，第 217 页。
3. P.H. 爱默生著 *The English Emersons:A Genealogical Historical Sketch of the Family from the Earliest Times to the End of the Seventeenth Century*，伦敦，1898 年，第 114 页。
4. 同上，第 127 页。
5. 爱默生著 *A Pictorial Art*，第 188 页。
6. 同上，第 187 页。
7. P.H. 爱默生著 *Naturalistic Photography for Students of the Art*，伦敦，1889 年，第 9 页。
8. P.H. 爱默生著 *Naturalistic Photography for Students of the Art*（第 2 版），伦敦，1890 年，第 24 页。
9. 爱默生著 *The English Emersons:A Genealogical Historical Sketch of the Family from the Earliest Times to the End of the Seventeenth Century*，第 120 页。
10. 贝利的原话是那本书“堪比茶话会上投下的一枚重磅炸弹”，语出 R. 蔡尔德·贝利在 *Camera Work* 第 18 卷，1907 年 4 月，第 24 页中的文章“Pictorial Photography”。因为这种比喻从来没有提到出处，所以有人怀疑这究竟是不是爱默生所言。
11. P.H. 爱默生著 *The Death of Naturalistic Photography*（1890 年），后以 *A Renunciation* 为题重新印刷在 *British Journal of Photography* 第 38 卷，编号 1603，1891 年 1 月 23 日，第 55 页。
12. P.H. 爱默生著 *Further Notes on the Emerson alias Emberson Family of Counties Herts and Essex*，伦敦，1919 年，第 15 页。
13. P.H. 爱默生著 *Penultimate Notes on the Emerson alias Emberson Family of Counties Herts and Essex*，伊斯特本，1925 年，第 17 页。
14. “Peter Henry Emerson”，出自 *Luminous Lint*，www.luminous-lint.com/app/photographer/Peter_Henry_Emerson/A/（2014 年 2 月访问）。
15. P.H. 爱默生著 *The Emersons alias Embersons of Ipswich,Massachusetts Bay Colony*（*1638*），*and of Bishop's Stortford,co.Herts,England*（*1578*），汉普郡南伯恩，1912 年，第 47 页。

埃文斯

题词：沃克·埃文斯，引自詹姆斯·R. 梅洛著 *Walker Evans*，纽约，1999 年，第 75 页。
1. 约翰·萨考斯基著，引自 *Walker Evans* 引言，纽约，1971 年，第 20 页。
2. 沃克·埃文斯，引自比琳达·拉思伯恩著 *Walker Evans:A Biography*，波士顿，2000 年，第 20 页。
3. 同上，第 29 页。
4. 沃克·埃文斯，引自梅洛著 *Walker Evans*，第 54 页。
5. 拉思伯恩著 *Walker Evans:A Biography*，第 35 页。
6. 阿尔弗雷德·施蒂格利茨，引自梅洛著 *Walker Evans*，第 88 页。
7. *Walker Evans at Work:754 Photographs Together with Documents Selected from Letters,Memoranda,Interviews,Notes*，纽约，1982 年，第 70 页。
8. 沃克·埃文斯，引自梅洛著 *Walker Evans*，第 374 页。
9. 沃克·埃文斯，引自乔丹·贝尔的文章“Walker Evans:In the Realm of the Commonplace”，该文章收录于杰夫·L. 罗森海姆等编撰的 *Walker Evans* 展览作品集（曼弗雷基金会，马德里），第 28 页。
10. 沃克·埃文斯，引自 *Walker Evans at Work*，第 125 页。
11. 詹姆斯·艾杰与沃克·埃文斯合著的 *Let Us Now Praise Famous Men*（1941 年，伦敦，2001 年版），第 10 页。

12. 拉思伯恩著 *Walker Evans:A Biography*, 第169页。
13. 同上, 第72页。
14. 维亚·桑德斯, 引自梅洛著 *Walker Evans*, 第360页。
15. 克莱门特·格林伯格, 同上, 第495页。
16. 沃克·埃文斯, 引自拉思伯恩著 *Walker Evans:A Biography*, 第279页。

芬 顿

题词: 罗杰·芬顿, 1852年, 引自拉里J.沙夫著 *Roger Fenton-A Family Collection:Sun Pictures,Catalogue Fourteen* 展览作品集(小汉斯P.克劳斯,纽约,2005年), 第24页。
1. 罗杰·芬顿, 出自 *Chemist*(第3卷, 编号29, 1852年2月)文章"Photography in France"。
2. 罗伯特·亨特1852年3月19日致威廉·亨利·福克斯·塔尔博特的书信,网址:http://foxtalbot.dmu.ac.uk/letters/letters.html(2014年7月访问)。
3. 沙夫著 *Roger Fenton-A Family Collection:Sun Pictures,Catalogue Fourteen*, 第38页。
4. 罗杰·芬顿1855年5月13日致格蕾丝·芬顿的书信。网址: http://rogerfenton.dmu.ac.uk/index.php(2014年1月访问)
5. 引用同上。

霍瓦登

题词: 奥斯卡·雷兰德, 出自 *British Journal of Photography*(1865年1月27日)中的文章"In Memoriam", 第58页。
1. 戴维·厄斯金1842年9月7日致蒙斯图特·埃尔芬斯通的书信, 引自弗吉尼亚·多迪尔著 *Clementina,Lady Hawarden:Studies from Life,1857-1864* 展览作品集(维多利亚与亚伯特博物馆,伦敦,1999年), 第18页。
2. 蒙斯图特·埃尔芬斯通1854年8月5日致安妮·邦廷的书信, 引自多迪尔著 *Clementina,Lady Hawarden:Studies from Life*,1857—1864, 第19页。
3. 蒙斯图特·埃尔芬斯通1847年7月18日致卡塔莉娜·宝琳娜·埃尔芬斯通的书信, 引自多迪尔著 *Clementina,Lady Hawarden:Studies from Life,1857—1864*, 第19页。
4. 安妮·邦廷1856年5月20日致蒙斯图特·埃尔芬斯通的书信, 引自多迪尔著 *Clementina,Lady Hawarden:Studies from Life,1857—1864*, 第19页。
5. 无名氏著 *British Journal of Photography*(1863年1月15日)中的文章"Exhibition", 第31页。

霍 克

题词: 汉娜·霍克, 出自她1929年在海牙个人作品展的序言, 之后重印在道恩·埃兹等编撰的 *Hannah Höch* 展览作品集(伦敦白教堂画馆, 2014年1—3月), 第140页。
1. 丹尼尔·F.埃尔曼的文章'*The Rebellious Collages of Hannah Höch*', 该文章收录于埃兹等著 *Hannah Höch* 展览作品集, 第9页。
2. 埃兹等著 *Hannah Höch* 展览作品集中的文章"A Glance over My Life",1958年, 第234页。
3. 引用同上。
4. 引用同上。
5. 埃兹等著 *Hannah Höch* 展览作品集中的文章"On Embroidery,"1918年, 第72页。
6. 埃兹等著 *Hannah Höch* 展览作品集中1959年采访爱德华·罗迪蒂的内容, 第184页。
7. 同上, 第187页。
8. 同上, 第183页。
9. 埃兹著 *Hannah Höch* 展览作品集中的文章"Hannah Höch and the 'New Woman'", 第29页。
10. 埃兹等著 *Hannah Höch* 展览作品集中的文章"A Few Words on Photomontage", 第142页。
11. 埃兹著 *Hannah Höch and the 'New Woman'*, 第23页。
12. 阿道夫·波恩, 引自埃兹等著 *Hannah Höch* 展览作品集中的文章"Dada", 1920年, 第73页。
13. 霍克与罗迪蒂的访谈内容, 第188页。
14. 埃兹著 *Hannah Höch and the 'New Woman'*, 第29页。
15. 汉娜·霍克, 引用同上。
16. 汉娜·霍克, 引自埃兹等著 *Hannah Höch* 展览作品集中的文章"Fantastic Art", 1946年, 第233页。
17. 引用同上。

柯特兹

题词: 安德烈·柯特兹, 引自米歇尔·弗里斯兰和安妮-洛尔·瓦纳沃伯克著 *André Kertész* 展览作品集(巴黎, 法德波姆, 2010—2011年, 后进入巡展), 第13页。
1. 罗伯特·古罗, 引自罗伯特·古罗和布鲁斯·西尔弗斯坦著 *André Kertész: The Early Years* 展览作品集(纽约,布鲁斯·西尔弗斯坦画馆, 2005年10—11月), 第8—9页。
2. 安德烈·柯特兹, 引自安妮·霍伊等编辑的 *Kertész on Kertész:A Self-Portrait*, 纽约/伦敦, 1985年, 第38页。
3. 古罗和西尔弗斯坦著 *André Kertész: The Early Years*, 第14页。
4. 莎拉·格里诺等著 *André Kertész* 展览作品集(华盛顿特区, 国家艺术馆/洛杉矶郡立艺术博物馆, 2005年), 第4页。
5. 科林·福特, 引自皮特·鲍基等著"Eyewitness:Hungarian Photography in the Twentieth Century"展览作品集(伦敦皇家艺术学院, 2011年)中的文章 *Photography:Hungary's Greatest Export*, 第13页。
6. 古罗和西尔弗斯坦著 *André Kertész: The Early Years*, 第14页; 格里诺等著 *André Kertész* 展览作品集, 第5页。
7. 弗里斯兰和瓦纳沃伯克著 *André Kertész* 展览作品集, 第328页。
8. 引用同上。
9. 古罗和西尔弗斯坦著 *André Kertész: The Early Years*, 第16页。
10. 格里诺等著 *André Kertész* 展览作品集, 第60页。
11. 古罗和西尔弗斯坦著 *André Kertész: The Early Years*, 第18页。
12. 安德烈·柯特兹, 引自格里诺等著 *André Kertész* 展览作品集, 第12页。
13. 格里诺等著 *André Kertész* 展览作品集, 第2页。
14. 弗里斯兰和瓦纳沃伯克著 *André Kertész* 展览作品集, 第12页。
15. 格里诺等人著 *André Kertész* 展览作品集, 第12页。
16. 同上, 第80页。
17. 安德烈·柯特兹, 引自霍伊著 *Kertész on Kertész:A Self-Portrait*, 第90页。
18. 罗伯特·古罗在 *André Kertész: The Polariods* 展览作品集中的引言(代托纳比奇,东南摄影博物馆,2007—2008年), 第10页。
19. 弗里斯兰和瓦纳沃伯克著 *André Kertész* 展览作品集, 第331页。
20. *The Polaroids*, 第12页。
21. 安德烈·柯特兹, 同上, 第17页。
22. 同上, 第20页。
23. 格里诺等著 *André Kertész* 展览作品集, 第14页。

勒·格雷

题词: 古斯塔夫·勒·格雷, 1852年, 引自塞尔维·奥伯纳等著 *Gustave Le Gray, 1820—1884* 展览作品集(洛杉矶, J.保罗·盖蒂博物馆, 2002年7—9月), 第44页。
1. 卡尔·马克思著 *Capital:A Critique of Political Economy*(1867年), 网络版本取材于1887年的英文初版, www.marxists.org/archive/marx/works/download/pdf/CapitalVolume-I.pdf,p.293(2014年1月访问)。
2. 安妮·卡蒂埃-布列松, 引自奥伯纳等著 *Gustave Le Gray*, 第291页。
3. 保罗·德拉罗什, 同上, 第210页。
4. 莱昂·马德拉斯, 同上, 第337页。
5. 纳达尔, 同上, 第22页。
6. 莱昂·马德拉斯, 同上, 第337页。
7. 古斯塔夫·勒·格雷, 同上, 第48页。
8. *Journal of the Photographic Society*(1856年12月22日), 引自肯恩·雅各布森著 *The Lovely Sea-View:A Study of the Marine Photographs Published by Gustave LeGray, 1856—1858*(佩奇斯桥, 2001

年），第 51 页、第 33 页。

9. 霍普·金斯利著 *Seduced by Art:Photography Past and Present* 展览作品集（伦敦国家美术馆，2012—2013 年，之后进入巡展），第 169 页。
10. 尚博尔伯爵，引自奥伯纳等著 *Gustave Le Gray*，第 180 页。
11. 古斯塔夫·勒·格雷 1862 年致纳达尔的书信，同上，第 188 页。

曼·雷

题词：曼·雷，引自曼弗雷德·黑汀著 *Man Ray, 1890-1976*，科隆，2012 年新版，第 140 页。

1. 曼·雷著 *A Self-Portrait*（1963）年，波士顿，1998 年，第 15 页。
2. 同上，第 33 页。
3. 同上，第 36 页。
4. 同上，第 47 页。
5. 同上，第 71—72 页。
6. 同上，第 80 页。
7. 同上，第 88 页。
8. 同上，第 100 页。
9. 同上，第 138 页。
10. 菲利普·普罗杰著 *Man Ray/Lee Miller:Partners in Surrealism*，伦敦 / 纽约，2011 年，第 31 页。
11. 曼·雷著 *A Self-Portrait*，第 259 页。
12. 同上，第 267 页。
13. 特伦斯·佩珀著 *Man Ray Portraits* 展览作品集（伦敦国家肖像馆，2013 年 2—5 月，之后进入巡展），第 206 页。
14. 同上，第 207 页。
15. 曼·雷著 *A Self-Portrait*，第 290 页。
16. 同上，第 314 页。
17. 同上，第 261 页。

梅普尔索普

题词：罗伯特·梅普尔索普，引自帕特丽夏·莫里斯罗著 *Robert Mapplethorpe:A Biography*，伦敦，1995 年，第 89 页。

1. 帕蒂·史密斯著 *The Coral Sea*（1996 年），纽约 / 伦敦，2012 年，第 21 页。
2. 罗伯特·梅普尔索普，引自莫里斯罗著 *Robert Mapplethorpe:A Biography*，第 26 页。
3. 帕蒂·史密斯著 *Just Kids*，伦敦，2010 年，第 66 页。
4. 罗伯特· 梅普尔索普，引自基斯·哈特利著 *Robert Mapplethorpe* 展览作品集（爱丁堡，苏格兰现代艺术美术馆，2006 年），第 11 页。

莫霍利 – 纳吉

题词：拉斯洛·莫霍利–纳吉著 *Vision in Motion*（1947 年），芝加哥，1961 年，第 28 页。

1. 克里斯蒂娜·帕索斯著 *Moholy-Nagy*，伦敦，1985 年，第 10 页。
2. 赫伯特·莫德林斯的文章‘*Light Years of a Life*: *The Photogram in the Aesthetic of Lászó Moholy-Nagy*’，引自雷纳特·海涅等著 *Moholy-Nagy:The Photograms:Catalogue Raisonné*，奥斯特菲尔德尔恩，2009 年，第 15 页。
3. 见海涅等著 *Moholy-Nagy:The Photograms:Catalogue Raisonné*，第 307 页。
4. 拉斯洛·莫霍利–纳吉著‘A New Instrument of Vision’，摘自 *Telehor*（第 1 卷，1936 年）中的‘From Pigment to Light’；后经莉兹·威尔斯重印为 *The Photography Reader*，伦敦，2002 年，第 93—94 页。
5. 奥利瓦·马里拉·鲁比奥的文章‘*Chronology*’，该文章收录于 *Lászó Moholy-Nagy*: *The Art of Light* 展览作品集（2010 年，马德里，后进入巡展）中的文章“The Art of Light”，第 14 页。
6. 拉斯洛·莫霍利–纳吉，引自帕索斯著 *Moholy-Nagy*，第 398 页。
7. 鲁比奥著‘The Art of Light’，第 12 页。
8. 拉斯洛·莫霍利–纳吉著 *The New Vision and Abstract of an Artist*，达芙妮·M. 霍夫曼翻译，纽约，1946 年，第 74 页。

迈布里奇

题词：埃德沃德·迈布里奇，1873 年，引自菲利普·普罗杰著 *Time Strands Still:Muybridge and the Instantaneous Photography Movement*，牛津，2003 年，第 141 页。

1. 梅班克·安德森，引自玛尔塔·布劳恩著 *Eadweard Muybridge*，伦敦，2010 年，第 14 页。
2. 埃德沃德·迈布里奇同上，第 17 页。
3. 同上，第 25 页。
4. 埃德沃德·迈布里奇同上，第 94 页。
5. 引自斯蒂芬·赫伯特的文章‘*Chronology*’，该文章收录于汉斯·克里斯汀·亚当著 *Eadweard Muybridge*: *The Human and Animal Locomotion Photographs* 科隆，2010 年，第 772 页。

纳达尔

题词：纳达尔，1855 年，引自玛丽亚·莫里斯·汉伯格等著 *Nadar* 展览作品集（巴黎奥赛博物馆 / 纽约大都会艺术博物馆，1994—1995 年），第 71 页。

1. 伊丽莎白·安妮·麦考利著 *Industrial Madness:Commerical Photography in Paris,1748—1871*，康乃迪克州，纽黑文，1994 年，第 106 页。
2. 查尔斯·波德莱尔，引自汉伯格等著 *Nadar*，第 31 页。
3. 阿方斯·卡尔，同上，第 14 页。
4. 纳达尔，同上，第 20 页。
5. 罗杰·格里夫斯，引自麦考利著 *Industrial Madness*，第 115 页、注释 37。
6. 纳达尔，1880 年，引自汉伯格等著 *Nadar*，第 23 页。
7. 查尔斯·菲利普，同上，第 27 页。
8. 欧内斯廷·勒菲弗尔，引用同上。

帕金森

题词：诺曼·帕金森，引自罗宾·缪尔著 *Norman Parkinson*: *Portraits in Fashion* 展览作品集（伦敦，国家肖像馆，2004—2005 年），第 9 页。

1. 路易斯·巴林著 *Norman Parkinson*: *A Very British Glamour*，纽约，2009 年，第 16 页。
2. 引用同上。据称他十分重视自己在皮谢尔度过的时光，约 40 年后，他收购了这个农场。戴维·吴敦著 *Norman Parkinson* 展览作品集（伦敦，克里斯皮特斯，2010 年 5—6 月），第 127 页。
3. 诺曼·帕金森著 *Lifework*，伦敦，1983 年，第 22—23 页。
4. 巴林著 *Norman Parkinson*: *A Very British Glamour*，第 46 页。
5. 马丁·哈里森著 *Parkinson:Photographs,1935—1990*，伦敦，1994 年。
6. 亚历山大·利伯曼，引自巴林著 *Norman Parkinson*: *A Very British Glamour*，第 76 页。
7. 芭芭拉·马伦，同上，第 78 页。
8. 马利特·艾伦，同上，第 144—145 页。
9. 塞瑞尔·休–琼斯，同上，第 83 页。
10. 引自缪尔著 *Norman Parkinson*，第 8 页。
11. 帕金森著 *Lifework*，第 114 页。
12. 诺曼·帕金森，引自巴林著 *Norman Parkinson*: *A Very British Glamour*，第 186 页。
13. 理查德·艾夫登，引自哈里森著 *Parkinson*。
14. 帕金森著 *Lifework*，第 33 页。

佩 恩

题词：欧文·佩恩于 1953 年在自己工作室开业时发表的感言，引自于 BBC 新闻节目 *American Photographer Penn Dies*，网址：http://news.bbc.co.uk/1/hi/8296030.stm（2013 年 8 月访问）。

1. 亚历山大·利伯曼的“引言”，引自欧文·佩恩、亚历山德拉·阿罗史密斯和尼古拉·马约基著 *Passage:A Work Record*，纽约，1991 年，第 6 页。
2. 佩恩著 *A Work Record*，第 50 页。
3. 欧文·佩恩，引自玛丽亚·莫里斯·汉伯格在 *ArtNews* 节目中“Irving Penn's Modern Venus”的内容（2002 年 2 月），网址：www.artnews.com/2009/10/01/when-irving-peen-shot-real-women（2013 年 8 月访问）。
4. 玛丽亚·莫里斯·汉伯格著 *Earthly Bodies:Irving Penn' s Nudes,1949—1950* 展览作品集（纽约大都会艺术博物馆，2002 年 1—4 月，之后进入巡展），第 14 页。
5. 同上，第 7 页。
6. 亚历山大·利伯曼的“引言”，引自欧文·佩恩著 *Moments Preserved:Eight Essays in Photographs and Words*，纽约 / 伦敦，1960 年，第 8 页。

7. 利伯曼为佩恩著 *A Work Record* 撰写的"引言"，第 7 页。
8. 佩恩著 *A Work Record*，第 286 页。
9. 利伯曼为佩恩著 *A Work Record* 撰写的"引言"，第 8 页。
10. 埃德蒙达·查尔斯·鲁，引自弗吉尼亚·A.海科特和安妮·拉科斯特著 *Irving Penn:Small Trades* 展览作品集(洛杉矶，J.保罗·盖蒂博物馆，2009—2010 年)，第 22 页。

伦格尔－帕奇

题词：阿尔伯特·伦格尔－帕奇，引自唐纳德·B.卡斯比特著 *Albert Renger-Patzsch: Joy before the Object*（纽约／马里布，1993 年），第 8 页。
1. 阿尔伯特·伦格尔－帕奇的文章 'Masters of the Camera Report'（1937 年），引自安·王尔德著 *Albert Renger-Patzsch: Photographer of Objectivity*（伦敦，1997 年），第 168 页。
2. 引用同上。
3. 同上，第 166 页。
4. 阿尔伯特·伦格尔－帕奇的文章 'Goals'（1927 年），引自王尔德等著 *Albert Renger-Patzsch: Photographer of Objectivity*，第 165 页。
5. 伦格尔－帕奇著 *Masters of the Camera Report*，第 167 页。
6. 尤尔根·王尔德的文章 'A Short Biography'，引自王尔德等著 *Albert Renger-Patzsch: Photographer of Objectivity*，第 171 页。
7. 卡斯比特著 *Albert Renger-Patzsch*，第 4 页。
8. 阿尔伯特·伦格尔－帕奇的文章 'A Lecture that was Never Given'(1966 年)，王尔德等著 *Albert Renger-Patzsch: Photographer of Objectivity*，第 169 页。
9. 阿尔伯特·伦格尔－帕奇，引自托马斯·詹曾著 *Photographing the "Essence of Things"*，出自王尔德等著 *Albert Renger-Patzsch: Photographer of Objectivity*，第 10 页。
10. 卡斯比特著 *Albert Renger-Patzsch*，第 7 页。
11. 同上，第 4 页。
12. 马休·西姆斯著 *Just Photography:Albert Renger-Patzsch's Die Welt ist schön*，刊于 *History of Photography*，第 21 卷，编号 3，1997 年秋，第 199 页。
13. 海因里希·施瓦茨，引自卡斯比特著 *Albert Renger-Patzsch*，第 5 页。
14. 乌利希·拉特著 *The Reception of Albert Renger-Patzsch's Die Welt ist schön*，出自 *History of Photography*，第 31 卷，编号 3，1997 年秋，第 193 页。
15. 沃尔特·本杰明，引自詹曾著 *Photographing the "Essence of Things"*，第 14 页。
16. 引用同上。
17. 伦格尔－帕奇著 *A Lecture*，第 169 页。
18. 詹曾著著 *Photographing the "Essence of Things"*，第 16 页。
19. 阿尔伯特·伦格尔－帕奇，引自卡斯比特著 *Albert Renger-Patzsch*，第 28 页。
20. 伦格尔－帕奇著 *Masters of the Camera Report*，第 168 页。
21. 阿尔伯特·伦格尔－帕奇，引自詹曾著 *Photographing the "Essence of Things"*，第 7 页。
22. 詹曾著 *Photographing the "Essence of Things"*，第 7 页。
23. 阿尔伯特·伦格尔－帕奇的文章"Goals"，第 165 页。
24. 阿尔伯特·伦格尔－帕奇，引自卡斯比特著 *Albert Renger-Patzsch*，第 8 页。

罗钦可

题词：亚历山大·罗钦可，引自亚历山大·拉夫连季等著 *Alexander Rodchenko: Revolution in Photography*，莫斯科，2008 年，第 1 页。
1. 亚历山大·罗钦可著 *Autobiographical Notes*，选自亚历山大·拉夫连季著 *Alexander Rodchenko: Experiments for the Future-Diaries,Essays,Letters,and Other Writings*，雅梅·甘布里尔翻译，纽约，2005 年，第 34 页。
2. 亚历山大·罗钦可，引自拉夫连季等著 *Alexander Rodchenko: Revolution in Photography*，第 205 页。
3. 引用同上。
4. 引用同上。
5. 罗钦可著 *Autobiographical Notes*，第 36 页。
6. 拉夫连季著 *Experiments for the Future*，第 50 页。
7. 亚历山大·罗钦可，引自海伦·勒基特、亚历山大·拉夫连季著 *Alexander Rodchenko: Revolution in Photography* 展览宣传册（伦敦海沃德画廊，2008 年 2—4 月），第 12 页。
8. 亚历山大·罗钦可著 *Reconstructing the Artist*，引自拉夫连季著 *Experiments for the Future*，第 297 页。
9. 拉夫连季等著 *Revolution in Photography*，第 205—206 页。
10. 约翰·E.博尔特著 *Long Live Constructivism !*，引自拉夫连季著 *Experiments for the Future*，第 19 页。
11. 玛格丽塔·图普辛，引自伯纳德·维尔著 *Avant-Garde Photography in the Soviet Union*，出自朱丽叶·哈金著 *Photography:The Whole Story*，伦敦，2012 年，第 210 页。
12. 罗钦可著 *Reconstructing the Artist*，第 297 页。
13. 亚历山大·罗钦可，引自拉夫连季著 *Revolution in Photography*，第 211 页。
14. 引用同上。

桑 德

题词：奥古斯特·桑德，引自克里斯托夫·施雷尔在 *August Sander* 展览作品集中的引言（伦敦，国家肖像馆，1997 年），第 21 页。
1. 阿尔弗雷德·多布林著 *Faces,Images,and Their Truth*，引自曼弗雷德·黑汀著 *August Sander, 1876—1964*（科隆／伦敦，1999 年），第 102 页。
2. 加布里尔·肯拉斯－肖勒鉴定桑德的母亲是贾丝廷·桑德，见黑汀著 *August Sander, 1876—1964*，第 243 页。
3. 奥古斯特·桑德，引自 *August Sander:-Photographs of an Epoch, 1904-1959* 展览作品集(费城艺术博物馆，1980 年 3—4 月)，第 15 页。
4. 奥古斯特·桑德，引自 *August Sander*(*NPG* 展览作品集)，第 21 页。
5. 同上，第 36 页。
6. 引用同上。
7. 奥古斯特·桑德，引自苏珊娜·兰格著 *A Testimony to Photography:Reflections on the Life and Work of August Sander*，出自黑汀著 *August Sander, 1876—1964*，第 108 页。
8. 兰格著 *A Testimony to Photography*，第 108 页。

斯泰肯

题词：爱德华·斯泰肯，引自卡尔·桑德堡 *Steichen,the Photographer*（1929 年），引自罗纳德·J.哥德瑞著 *Edward Steichen:Selected Texts and Bibliography*，牛津，1996 年，第 122 页。
1. 安塞尔·亚当斯 1946 年 1 月 7 日致南希·纽霍尔的书信，引自安塞尔·亚当斯著 *Ansel Adams:Letters and Images,1916—1984*（玛丽·斯特里特·艾林德、安德里亚·格雷·斯蒂尔曼整理，1988 年，第 166 页。
2. 爱德华·斯泰肯，引自桑德堡著 *Steichen,the Photographer*，第 123 页。
3. 爱德华·斯泰肯著 *A Life in Photography*，伦敦，1963 年。
4. 乔安娜·斯泰肯著 *Steichen's Legacy:-Photographs,1895—1973*，纽约，2000 年，第 11 页。
5. 爱德华·斯泰肯，引自佩内洛普·尼文著 *Steichen:A Biography*，纽约，1997 年，第 34 页。
6. 斯泰肯著 *A Life in Photography*。
7. 引用同上。
8. 罗伯特·德马尔奇，引用同上。
9. 尼文著 *Steichen:A Biography*，第 13 页。
10. 阿尔弗雷德·施蒂格利茨，引自斯泰肯著 *A Life in Photography*。
11. 克拉拉·斯泰肯，引自尼文著 *Steichen:A Biography*，第 470 页。
12. 引自娜塔莉·赫斯多弗著 *Chronology*，出自托德·布兰多和威廉·A.尤因著 *Edward Steichen:Lives in Photography*

展览作品集（巴黎法德波姆，2007 年 10—12 月，之后进入巡展），第 300 页。

13. 斯泰肯著 *A Life in Photography*。

14. 赫斯多弗著 *Chronology*，第 300 页。

15. 尼文著 *Steichen:A Biography*，第 519 页。

16. 安塞尔·亚当斯 1946 年 1 月 7 日致南希·纽霍尔的书信，引自亚当斯著 *Letters and Images*，第 166 页。

17. 斯泰肯著 *A Life in Photography*。

18. 乔安娜·T. 斯泰肯著 *The Soul of the Photographer*，引自布兰多和尤因著 *Edward Steichen:Lives in Photography*，第 248 页。

19. 斯泰肯著 *Steichen's Legacy*，第 15 页。

施蒂格利茨

题词：阿尔弗雷德·施蒂格利茨，引自凯思琳·霍夫曼著 *Alfred Stieglitz:A Legacy of Light*，纽黑文 / 伦敦，2011 年，第 412 页。

1. 阿尔弗雷德·施蒂格利茨，引自莎拉·格里诺、胡安·汉密尔顿著 *Alfred Stieglitz:Photographs and Writings*（第 2 版），波士顿，1999 年，第 197 页；重点在原版。

2. 理查德·惠朗著 *Alfred Stieglitz:A Biography*，纽约，1997 年，第 513 页。

3. 休·戴维森·劳著 *Steiglitz:A Memoir/Biography*，伦敦，1983 年，第 20 页。

4. 同上，第 7—8 页。

5. 惠朗著 *Alfred Stieglitz:A Biography*，第 71—72 页。

6. 帕姆·罗伯兹著 *Alfred Steiglitz,291 Gallery and Camera Work*，引自西蒙妮·斐利比、犹特·凯瑟耶著 *Camera Work:The Complete Photographs,1903—1917*，科隆，1997 年，第 26 页。

7. 引自惠朗著 *Alfred Stieglitz:A Biography*，第 403 页。

8. 阿尔弗雷德·施蒂格利茨，引自罗伯茨著 *Alfred Steiglitz*，第 33 页。

9. 惠朗著 *Alfred Stieglitz:A Biography*，第 544 页。

10. 同上，第 82 页。

11. 施蒂格利茨，引自霍夫曼著 *A Legacy of Light*，第 30 页。

斯特兰德

题词：保罗·斯特兰德向理查德·班森所述的话，引自凯瑟琳·邓肯著 *An Intimate Portrait*，出自 *Paul Strand:The World on My Doorstep,1950—1976* 展览作品集（德国埃森市，福克旺博物馆，1994 年，之后进入巡展），第 21 页。

1. 南希·纽霍尔著 *Paul Strand photographs, 1915—1945*，纽约，1945 年，第 3 页。

2. 内奥米·罗森布拉姆著 *The Early Yeara*，引自马伦·斯坦格著 *Paul Strand:Essays on His Life and Work*，纽约，1990 年，第 36 页。

3. 纽霍尔著 *Paul Strand photographs, 1915—1945*，第 48 页。

4. 同上，第 7 页。

5. 迈克·韦弗著 *Dynamic Realist*，引自斯坦格著 *Paul Strand:Essays on His Life and Work*，第 199 页。

6. 本·玛多，引自弗雷泽·麦当劳著 *Paul Strand and the Atlanticist Cold War*，出自 *History of Photography*，第 28 卷，编号 4，2004 年冬，第 364 页。

7. 韦弗著 *Dynamic Realist*，第 200 页。

8. 保罗·斯特兰德著 *Photography and the New God*，出自 *Broom:An International Magazine of the Arts*（1922 年 11 月），第 252 页。

东松照明

题词：东松照明，引自伊凡·瓦塔尼安等著 *Setting Sun:Writing by Japanese Photographers*，纽约，2006 年，第 32 页。

1. 利奥·罗宾芬等著 *Shomei Tomatsu:Skin of the Nation* 展览作品集（纽约，日本协会，2004—2005 年，之后进入巡展），第 212 页。

2. 东松照明，引自伊恩·杰弗里著 *Shomei Tomatsu*，伦敦，2001 年，第 3 页。

3. 罗宾芬等著 *Shomei Tomatsu:Skin of the Nation*，第 13 页。

4. 据伊恩·杰弗里所述，这是法律和经济部门。引自杰弗里著 *Shomei Tomatsu*，第 3 页。

5. 罗宾芬等人著 *Shomei Tomatsu:Skin of the Nation*，第 30 页。

6. 熊泽尚，同上，第 15 页。

7. 杰弗里著 Shomei Tomatsu，第 7 页。

8. 罗宾芬等著 *Shomei Tomatsu:Skin of the Nation*，第 30 页。

9. 杰弗里著 *Shomei Tomatsu*，第 13 页。

10. 罗宾芬等著 *Shomei Tomatsu:Skin of the Nation*，第 18 页。

韦斯顿

题词：爱德华·韦斯顿 1925 年 6 月 3 日致蒂娜·莫多蒂的书信，引自南希·纽霍尔编辑 *The Daybooks of Edward Weston*，第 2 卷，纽约，1990 年，第 121 页。

1. 韦斯顿著 *The Daybooks of Edward Weston*，第 53 页。

2. 南希·纽霍尔为 *The Daybooks of Edward Weston* 撰写的"引言"，第 17 页。

3. 韦斯顿著 *The Daybooks of Edward Weston*，第 3 页。

4. 莎拉·M. 劳著 *Tina Modotti and Edward Weston:The Mexico Years* 展览作品集（伦敦，巴比肯艺术馆，2004 年 4—8 月），第 11 页。

5. 韦斯顿著 *The Daybooks of Edward Weston*，第 3 页。

6. 本·玛多著 *Edward Weston:His Life*，纽约，1989 年，第 249 页。

7. 博蒙特·纽霍尔撰写的"前言"，引自韦斯顿著 *The Daybooks of Edward Weston*，第 13 页。

8. 贝丝·盖茨·沃伦著 *Margrethe Mather & Edward Weston:A Passionate Collaboration* 展览作品集（桑塔巴巴拉艺术博物馆，2001 年），第 31 页。

9. 纽霍尔为 *The Daybooks of Edward Weston* 撰写的"引言"，第 16 页。

10. 同上，第 18 页。

11. 同上，第 19 页。

12. 沃伦著 *Margrethe Mather & Edward Weston:A Passionate Collaboration*，第 23 页。

13. 同上，第 21 页。

14. 同上，第 32 页。

15. 纽霍尔为 *The Daybooks of Edward Weston* 撰写的"引言"，第 20 页。

16. 沃伦著 *Margrethe Mather & Edward Weston:A Passionate Collaboration*，第 23 页。

17. 韦斯顿著 *The Daybooks of Edward Weston*，第 5—6 页。

18. 莎拉·M. 劳著 *Tina Modotti and Edward Weston:The Mexico Years*，第 17 页。

19. 韦斯顿著 *The Daybooks of Edward Weston*，第 25 页。

20. 同上，第 19 页。

21. 引用由上，第 113 页。

22. 爱德华·韦斯顿，引自莎拉·M. 劳著 *Tina Modotti and Edward Weston:The Mexico Years*，第 28 页。

23. 沃伦著 *Margrethe Mather & Edward Weston:A Passionate Collaboration*，第 35 页。

伊 冯

题词：伊冯夫人，引自罗宾·吉布森和帕姆·罗伯茨著 *Madame Yevonde:Colour,Fantasy and Myth* 展览作品集（英国巴思皇家摄影学会 / 伦敦，国家肖像馆，1990 年），第 19 页。

1. 伊冯夫人著 *In Camera*，伦敦，1940 年，第 16 页。

2. 同上，第 24 页。

3. 伊冯夫人著 *In Camera*，第 115 页。

4. 同上，第 129 页。

5. 同上，第 158 页。

6. 同上，第 148 页。

7. 伊冯夫人著 *Photographic Portraiture from a Woman's Point of View* 刊于 *British Journal of Photography*（1921 年 4 月 29 日），第 251—252 页。

8. 伊冯夫人著 *In Camera*，第 268 页。

9.《泰晤士报》，1935 年 7 月 11 日。

10. 伊冯夫人著 *In Camera*，第 21 页。

11. 同上，第 284 页。

图片来源

2 © David Seymour/Magnum Photos 10, 13 © Ansel Adams Publishing Rights Trust/Corbis 15 Library of Congress, Prints and Photographs Division, Washington DC (LC-DIG-ppprs-00244) 18, 21, 23 © Colette Urbajtel/Archivo Manuel Álvarez Bravo SC 26, 31 © The Estate of Diane Arbus 34 Ulrich Museum of Art at Wichita State University 37 Bibliothèque Nationale de France, Paris 39 adoc-photos/Corbis 42, 47 Photograph Richard Avedon. © The Richard Avedon Foundation 50 Photo Oscar Graubner/The LIFE Images Collection/Getty Images 54, 55 Photo Margaret Bourke-White/Time Life Pictures/Getty Images 58, 63, 65 © Bill Brandt Archive 66 Indianapolis Museum of Art, USA/Mr and Mrs Richard Crane Fund/Bridgeman Images. © Estate Brassaï – RMN-Grand Palais 71 Private Collection/Photo Christie's Images/Bridgeman Images. © Estate Brassaï – RMN-Grand Palais 72, 76 Courtesy Jersey Heritage Collections 78 National Media Museum/Science & Society Picture Library 83, 84 The J. Paul Getty Museum, Los Angeles 86 Photo: The LIFE Picture Collection/Getty Images

89, 93 © Robert Capa/International Center of Photography/Magnum Photos 94 © Genevieve Naylor/Corbis 99, 100 © Henri Cartier-Bresson/Magnum Photos 102, 105, 106 © 2015 The Estate of Roy DeCarava. Courtesy DeCarava Images 110 adoc-photos/Corbis 113 Harry Ransom Humanities Research Center, University of Texas, Austin 117 The J. Paul Getty Museum, Los Angeles 118, 121 © Robert Doisneau/Rapho 124 British Library, London 127 The J. Paul Getty Museum, Los Angeles 128 NMPFT/Royal Photographic Society/Science & Society Picture Library 130 © Walker Evans Archive, The Metropolitan Museum of Art, New York/Art Resource/Scala, Florence. Anonymous gift, 1994 (1994.261.48) 133 © Walker Evans Archive, The Metropolitan Museum of Art, New York/Art Resource/Scala, Florence. Gilman Collection, Purchase, Ann Tenenbaum and Thomas H. Lee gift, 2005 (2005.100.322) 135 Library of Congress Prints and Photographs Division, Washington DC (LC-USZC4-8198) 138 The J. Paul Getty Museum, Los Angeles 142 Royal Photographic Society/National Media Museum/Science & Society Picture Library 144 National Media Museum/Science & Society Picture Library 147 Victoria & Albert Museum, London 150 Photo Berlinische Galerie, Landesmuseum für Moderne Kunst, Fotografie und Architektur. © DACS 2015 154 Private Collection/Bridgeman Images. © DACS 2015 156, 159, 160 © Estate of André Kertész/Higher Pictures

164 Bibliothèque Nationale de France, Paris 167 Yale University Art Gallery, New Haven, CT. Stephen Carlton Clark, B.A. 1903, Fund (1979.36) 170 The J. Paul Getty Museum, Los Angeles 172 Museum of Modern Art, New York/Scala, Florence. © Man Ray Trust/ADAGP, Paris and DACS, London 2015 175 The J. Paul Getty Museum, Los Angeles. © Man Ray Trust/ADAGP, Paris and DACS, London 2015 179 Lucien Treillard Collection, Paris. © Man Ray Trust/ADAGP, Paris and DACS, London 2015 180, 185 © Copyright The Robert Mapplethorpe Foundation. Courtesy Art + Commerce 188 Bauhaus-Archiv Berlin. Lucia Moholy © DACS 2015 193 The Metropolitan Museum of Art, New York. Gilman Collection, purchase,

Alfred Stieglitz Society gifts, 2005 (2005.100.298)/Art Resource/Scala, Florence. © Hattula Moholy-Nagy 194 Library of Congress Prints and Photographs Division, Washington DC (LC-USZC4-13816) 197 Boston Public Library 200 National Gallery of Art, Washington DC. Patrons' permanent fund (1995.36.105) 202 National Gallery of Art, Washington DC. Horace W. Goldsmith Foundation through Robert and Joyce Menschel (2000.21.1) 207 Bibliothèque Nationale de France, Paris 210, 212, 215 © Norman Parkinson Ltd/Courtesy Norman Parkinson Archive 218 © The Lisa Fonssagrives-Penn Trust

222 Photograph Irving Penn © Condé Nast Publications, Inc. 223 © The Irving Penn Foundation 226 Private collection. Bassenge Fotoauktionen GbR. Sabine Renger-Patzsch © DACS 2015 229, 231 © Albert Renger-Patzsch Archiv/Ann und Jürgen Wilde/DACS, London 2015 234, 239, 240 © Rodchenko & Stepanova Archive, DACS, RAO, 2015 242, 247 © Die Photographische Sammlung/SK Stiftung Kultur – August Sander Archiv, Köln/VG Bild-Kunst, Bonn and DACS, London 2015 248, 253 © Condé Nast Archive/Corbis 256 National Gallery of Art, Washington DC, Alfred Stieglitz collection (1949.3.9) 261 The J. Paul Getty Museum, Los Angeles. © J. Paul Getty Trust 264 National Gallery of Art, Washington DC, Alfred Stieglitz collection (1949.3.411) 266, 269 © Aperture Foundation Inc., Paul Strand Archive 270 Courtesy Office of Shōmei Tōmatsu – interface 273 Courtesy Michael Hoppen Gallery, London. © Shōmei Tōmatsu – interface 274 Courtesy Taka Ishii Gallery Photography/Film. © Shōmei Tōmatsu – interface 276 The J. Paul Getty Museum, Los Angeles. © Center for Creative Photography, The University of Arizona Foundation/DACS, 2015 278 Collection of Margaret Weston, Weston Gallery, Carmel, CA. © Center for Creative Photography, The University of Arizona Foundation/DACS, 2015 282 © Center for Creative Photography, The University of Arizona Foundation/DACS, 2015 284, 287, 291 © Yevonde Portrait Archive

索 引

J

K

L

M

N

O

P

Q

S

鸣 谢

我要对伦敦的家人埃尔·佩雷洛和加的夫表达我由衷的谢意，感谢他们毫无怨言地接受我编写本书时对他们的疏忽；感谢伦敦泰晤士＆哈得逊出版社为本书提供帮助的特里斯坦·德兰西、马克·拉尔夫、玛丽亚·拉纳诺、乔恩·克雷布和路易丝·拉姆塞等同仁；感谢伦敦索瑟比斯艺术学院的乔斯·汉克福－琼斯教授提供的精神支持及其他帮助；感谢萨拜娜·亚什科－吉尔的宝贵调研成果；感谢我在学院的同事以及摄影专业的导师们。

我还要感谢（过去和现在）在学院攻读摄影硕士学位的学生们，他们让我受益匪浅。

谨以此书献给伊恩。

朱丽叶·哈金

图书在版编目（CIP）数据

伟大摄影师传记 / （英）朱丽叶•哈金
(Juliet Hacking) 著 ; 范斌珍译. -- 北京 : 中国摄影
出版社, 2016.9

书名原文: Lives of —The Great Photographers
ISBN 978-7-5179-0512-7

Ⅰ. ①伟… Ⅱ. ①朱… ②范… Ⅲ. ①摄影师一列传
一世界 Ⅳ. ① K815.72

中国版本图书馆 CIP 数据核字 (2016) 第 221377 号

北京市版权局著作权合同登记章图字 : 01-2016-6821 号

伟大摄影师传记

作　　者: [英] 朱丽叶•哈金
译　　者: 范斌珍
出 品 人: 赵迎新
责任编辑: 刘　婷
版权编辑: 张　韵
装帧设计: 胡佳南
出　　版: 中国摄影出版社
　　　　地址: 北京东城区东四十二条 48 号　邮编: 100007
　　　　发行部: 010-65136125 65280977
　　　　网址: www.cpph.com
　　　　邮箱: distribution@cpph.com
印　　刷: 北京华联印刷有限公司
开　　本: 16 开
印　　张: 19
版　　次: 2016 年 9 月第 1 版
印　　次: 2016 年 9 月第 1 次印刷
I S B N　978-7-5179-0512-7
定　　价: 198.00 元